德州学院著作出版基金项目

山东鑫大公律师事务所合作项目

价格宏观调控
法律问题研究

**Jiage Hongguan Tiaokong
Falv Wenti Yanjiu**

徐丽红　著

中国社会科学出版社

图书在版编目(CIP)数据

价格宏观调控法律问题研究 / 徐丽红著 . —北京：中国社会科学出版社，
2013.10

ISBN 978 - 7 - 5161 - 3484 - 9

Ⅰ.①价…　Ⅱ.①徐…　Ⅲ.①价格 - 宏观经济调控 - 价格法 - 研究 -
中国　Ⅳ.①D922.294.4

中国版本图书馆 CIP 数据核字（2013）第 251997 号

出 版 人	赵剑英
责任编辑	宫京蕾
特约编辑	大　乔
责任校对	王　斐
责任印制	李　建

出　　版	中国社会科学出版社
社　　址	北京鼓楼西大街甲 158 号 （邮编 100720）
网　　址	http：//www.csspw.cn
	中文域名：中国社科网　　010 - 64070619
发 行 部	010 - 84083685
门 市 部	010 - 84029450
经　　销	新华书店及其他书店

印　　刷	北京奥隆印刷厂
装　　订	北京市兴怀印刷厂
版　　次	2013 年 10 月第 1 版
印　　次	2013 年 10 月第 1 次印刷

开　　本	710 × 1000　1/16
印　　张	15.5
插　　页	2
字　　数	306 千字
定　　价	46.00 元

序

　　呈现在读者面前的这本书，系我的研究生徐丽红辛勤耕耘的成果。书稿经反复修改，虽尚有不足之处，但我还是欣然为之作序，一则是，因为这是国内第一本专门阐述价格调控法的著作，对于我所从事的宏观调控法的专业研究和学科建设而言，有重要的标志性意义和学术价值。二则是，这是出自一位勤于思考、积极向上的青年学者之手。该书并非像现在许多出版物那样的"应景"，而是她长期教学和研究积累的结果。故，作为她的导师理应予以激励。三则是，推荐这一书，有利于进一步推进学界对价格调控法的深入研究以及实践部门的法制建设。

　　我一直认为，就中国30多年来的伟大改革实践而言，所谓商品经济和市场经济体制的确立和推进，如果没有价格体制的改革，就没有今天的市场经济局面。在当今的日常生活中，居民的基本消费品，甚至诸如汽车、房产等高档消费品，都能在市场上自由买卖，从而，体现了市场力量在配置经济资源中的基础性作用。然而，这种现象，在30年前是不可想象的。对于像我这样现今50岁以上的人来说，计划经济时期及改革开放初期的凭票供应消费制度至今记忆犹新，不能忘却。而在这一重大的历史变革中，价格法及其价格法制功不可没。因为，只有通过价格法及其价格法制的规范和促进，才能使我国的商品经济秩序建立起来，才能使居民的消费需求和生产消费需求与企业生产、经营和服务的目的相结合，并通过价格这一经济杠杆作用的发挥，在促进商品自由交易的基础上，使市场资源配置的作用得到有效发挥，使资源配置尽可能地达致公平、合理并符合经济效率的原则。从此意义上讲，没有价格改革和价格法的制定和实施，就没有商品经济及市场经济的存在，价格法及其价格法所确立的对企业生产商品价格开放原则、制度的确立和有效推进，是中国实施社会主义市场经济体制的逻辑前提。

　　然而，按照市场经济原理，不仅基于市场失灵的客观存在需要政府在一定条件下对市场价格机制予以调节，而且，对于公共产品的价格仍然需要通过由其提供者或管理者的政府予以定价解决。这关系到民众切身利益的诸如教育收费、公费医疗收费、公共交通收费以及社会保障房的价格等社会民生问题的处理。此外，按照宏观经济原理，国家为实现宏观调控目标，实现社会稳定发展，需要通过政府职能部门监测和控制价格总水平的增长并保持物价总水平的稳定。由此，便提出了价格调控及其法制问题。因此，所谓价格调控及其法制或价格调控法，就是国家物价管理部门为实现宏观调控和公共物品管理目标，在制定价格调控与公共产品政策的基础上，运用价格调控手段，调节和控制价格总水平，保证公共物品价格的合理化并保持社会物价稳定的法律规范的总称。它不包括依法自由定价的市场价格部分，但对于市场价格的确定有着直接的影响。因为，一旦国家的价格调控政策依法出台和实施，就会形成"国家调节市场，市场引导企业生产和居民消费"的局面。由此说明了专门研究价格调控及其法制问题的重要意义。但是，观之目前的研究现状，有关专门研究价格调控法的成果却鲜有所见。

　　本书的特点是在既有价格法规定的基础上，主要针对理论研究的缺陷，围绕价格—价格调控—价格调控法—价格调控法的相关制度这一基本的逻辑关系，构建了有关价格调控法的研究框架，对价格调控及其法制进行了广义与狭义的区别。并且，针对实际案例与现实中存在的问题，通过分析，作者在立法与执法方面提出了建设性意见。为学界提供了进一步深入研究价格调控法提供了思路，为立法与执法实践部门完善提供了参考的依据。但愿本书的出版，能引起学界的关注，并发挥其应有的功效。也希望作者在此基础上，积极吸收各方意见，在价格调控法方面，作出更多的学术贡献。

　　是为序。

山西大学法学院经济法学研究室主任

山西省经济法学研究会会长

董玉明

2013 年 9 月 16 日

目　录

第一编　价格与价格调控理论与实践

第二编　价格调控法理论和实践

第三编　价格宏观调控相关法律制度建设

导　　论

一　研究背景

价格原本是经济问题，但价格稳定与否已经远远超越了经济的范畴，关系到社会的动荡与否、民生问题的解决与否，所以价格问题具有社会、政治意义。价格宏观调控是可以弥补市场经济配置资源不足的重要手段，用价格进行宏观调控即为价格宏观调控，用法律手段去保障价格宏观调控即为价格宏观调控法。

本书是作者多年知识的积累，从读研究生期间准备毕业论文开始，到后来的系列成果，截至目前本专题的研究已形成一定的规模，建构起一定的理论研究基础。本书的研究既是对先期研究成果的继续，又是对这些理论的升华，更是对价格部门实践考察后的总结，因此，本书既有理论研究又有实证研究，与物价部门的合作是理论与实践相结合的最好方式。

二　国内外研究现状

纵观世界各国，价格宏观调控可分为独立型和分散型两种立法模式。本书分别以日本和美国为典型，具体分析了两种立法模式的特点、成因和值得我国借鉴的地方。我国的价格宏观调控走的是渐进式的改革之路，目前已形成并建构起宏观经济调控下主要由市场形成价格的体制，正在完善计划调节与市场调节相结合的价格宏观调控模式。

从现有学术研究来看，我国对宏观调控的建构多采用财政、税收、金融、计划等手段，对价格手段的实施没有太多深入的研究，尤其是对狭义价格宏观调控的价格总水平调控的研究并不多见。但实务中，随着改革的深入、经济结构的快速转型和社会管理体制的创新，物价与每一位百姓的生活息息相关，抑制物价，调控物价过快上涨，是当前政府的重要工作方向和努力目标。

三　研究意义

价格问题关系各行各业，涉及千家万户，它不仅是经济问题、民生问题，也是社会问题、政治问题，事关经济社会发展的全局，事关社会和谐和群众切身利益。

1. 经济发展的需要

经济的发展是个综合的过程。近几年，我国的经济一直保持发展的高涨势头。但是，经济的高速发展还需要保持持续、平稳，所以，单纯依靠市场经济配置资源，难免会被赢利的目的所蒙蔽，出现一些阻碍经济发展的现象。为了保持经济的顺畅、社会发展的平衡、充分的就业率，对经济进行宏观调控是至关重要的，尤其是缩小贫富差距，保持均衡发展、长远发展之必要。而商品的价格作为市场经济的重要因素，它的动荡与平稳直接关系着经济发展的平稳与安全。所以，价格调控是国家宏观调控的重要手段。

2. 民生发展的需要

百姓安则社会安。衣食住行，关系百姓生活的每一天。所以，治理物价问题，成为百姓和决策层关注的焦点。一方面，食品价格出现此起彼伏的局面，在一些市场机构看来，通胀上升仍然难以控制。另一方面，在保证供应的领域，层出不穷的食品安全问题也让人心存忧虑。阳光物价，勤政于民，是物价部门工作的重心。从电价、水价、油价、天然气价、医疗收费及药品价格、供热价格、客运价格到物业、教育、电信、有线电视、停车场、环卫、土地征用补偿、房屋拆迁补偿、宅基地、交通、公安、计划生育、工商、质检、劳动、卫生、老龄委等收费方面，都会关系到价格，可谓包括百姓生活的方方面面。所以，价格工作在宏观调控中至关重要。

3. 社会发展的需要

既然价格事关百姓生活的各个方面，物价稳定，保障"菜篮子"、"米袋子"的充足是历届政府所致力于要改善的事情。改革使经济发展

更加顺畅、政治更加清明，百姓享受改革的成果。你幸福吗？这是
2012 年被问得最多的问题，何谓幸福？本书认为：安居乐业、生活富
足，这就是最大的幸福，更是历届政府所致力达到的清明，而这份安定
离不开物价的稳定。社会的发展是个综合的过程，且随着经济的发展，
人民生活水平的逐步提高，暴露出的社会问题也越来越严重，这些问题
处理不好，会带来社会的动荡不安。更何况价格问题关系到百姓生活的
方方面面，更容易引发社会矛盾。

四　内容结构

从广义上讲，价格法作为上层建筑，应为经济基础服务，所以，价
格法是国家进行价格调控的依据。但是，价格法中除了对宏观价格的调
整，还有对微观价格、中观价格的规制，这是由我国当前市场经济体制
下市场是配置资源的手段的体制所决定的。因而，处理好微观与中观领
域的价格问题，是为了更好地保证宏观价格调控效果的实现。微观、中
观与宏观密不可分，共同构成了本书的具体内容。因此，本书欲从价格
调控的原理、价格宏观调控法的理论与实践分析、相关法律制度建设三
个层次展开具体论述。

对价格宏观调控体系的完善是本书研究的核心部分。本书欲提出完
善我国价格宏观调控体系的思考，具体可分为六个措施：一是建构起价
格宏观调控的体例，夯实我国价格宏观调控的根基；二是从公共产品、
自然垄断行业、农产品价格宏观调控的角度进行专题的分类研究，彰显
价格宏观调控对社会的巨大作用；三是完善价格调控手段，增强国家价
格宏观调控力度；四是完善价格法律法规体系，奠定依法治价的基础；
五是严厉打击与惩处不正当价格行为，创造微观领域公平合理的价格竞
争环境；六是完善财政、投资等相关制度的建设，为国家价格宏观调控
的顺利实施创造便利条件。

五　本书的研究特点

1. 研究目标

目前，国内外的研究大多只是从单纯的经济学或法学的角度来论证

价格的理论或重要性，很少有研究将价格这一经济微观领域的内容融入到宏观经济法学当中。本书将价格的宏观与微观理论与实践相结合，以专业的学术视角作出深入细致的剖析，这在同领域中尚不多见，这正是本书所要解决的学术和理论问题。

本书的研究以我国社会主义市场经济为背景，力求找寻到适合我国价格宏观调控体系，建构具有中国特色的价格宏观调控模式。本书在前期零散研究成果的基础上，进一步展开细致深入的分析，先形成价格宏观的总论，然后再进行行业、部门和产品的价格宏观调控的专题研究，最终形成总论与分论相结合，科研与实践相结合的结构体系和完整框架。从法学的角度研究宏观经济学问题，属于法学与宏观经济学结合的边沿交叉学科，这是本书的特色。

2. 研究方法

从法学、经济学、社会学、管理学等多学科的角度架构起价格宏观调控的完整体系。研究期间，作者通过对大量的资料收集与整合，对现有论文及著作的深入研究，找出价格宏观调控中的不足，在吸收借鉴国外先进国家调控经验的基础上，对我国的宏观调控系统针对性地加以突破，并结合当前国家宏观调控、改革开放、社会管理体制的创新及法治建设的进程，以对价格宏观调控进行系统的研究与总结，最终形成体系严密、逻辑结构完整的专著。

六　创新之处

本书的研究顺应中国宏观调控和法治建设的现实需要，采用历史分析、对比分析与社会调研的方法，在经济法基础理论的指导下，从法学、经济学、社会学、管理学等不同特质的角度，对价格宏观调控进行深度的剖析与阐述，以期对中国宏观调控法治化献计献策，并力图为中国法治社会的建设提供有力的理论支持，具有较高学术水准。

（1）研究方法与视角的创新

本书将价格这一经济微观领域的内容融入到宏观经济法学当中，从微观经济入手，着眼解决宏观经济领域的价格宏观调控问题，并将经济学领域和法学领域很好地嫁接起来，找到价格宏观调控的奥妙。研究方法与切入角度的独特，正是本书突破和创新之处。

（2）价格法与价格宏观调控关系的界定

价格法与价格宏观调控法存在紧密的联系。从广义上讲，价格法是实行价格宏观调控的基础法，价格宏观调控的内容应该包括价格法。但从狭义上讲，价格宏观调控仅仅指的是价格总水平的调控及6种价格措施，很显然，此种意义下价格法的范畴要比价格宏观调控大得多。对价格法与价格宏观调控法关系的明确界定是本书的先决问题，是本书整个理论架构的前提，也是本书的一大创新。

（3）价格宏观调控法律法规的体系建构

本书的核心部分是对现行价格宏观调控法律法规的完善，包括对价格总水平调控的完善，对6种价格调控手段的完善，选取典型产品的价格做了实证的分析与论证。

（4）理论分析与实证研究相结合

在架构理论研究的同时还进行了实证的分析，理论与实践相结合，对关系国计民生的水价、电价、油价、房价等进行了分析论证，这是本书的又一大创新之处。

（5）相关制度建设

价格宏观调控作用的发挥需要优良的相关制度相配套，本书在研究价格宏观调控制度的同时，也注重周边相关制度的建设，这也是特色之一。

第一编

价格与价格调控理论与实践

第一章

价格基本理论分析

一 价格

价格在现代社会经济生活中起着举足轻重的作用。熊彼特曾经说过，离开价格和物与物交换的比例，留给我们的就没有别的什么东西了。① 在商品经济中，价格是价值信息的传导者和生产过程的调节者，因而具有表价和调节两项职能。价格的表价职能是把商品的价值向有关的经济单位表现为一定量的货币的职能。在价格信息的两端，一边是商品的价值，另一边是关心价值的当事人。价格只是对关心它的人表现商品的价值，对其他人则不发生这种传播信息的作用。价格的调节职能是价格在社会再生产全过程中调节经济单位的收入以及生产和消费，从而使自己充当经济生活调节者的职能，这个职能也可称为价格对社会再生产的调节职能。价格对收入的调节，与税收、福利待遇等其他经济范畴不同，实际调节的是买者与卖者、消费者与生产者以及经营者的利益，而不是别的什么人的利益。价格对收入分配的调节必然驱动生产者为了获得最大的利益，把自己的生产要素投入到支出小收入大的领域，从而优化资源的配置，价格调节收入分配也必然引导消费。

对于价格，可以从价格的本质和价格的本性两个方面来认识。

从本质上来看，事物的本质是指事物本身所固有的，决定事物性质、面貌和发展的根本属性。事物的本质是隐蔽的，它通过现象来表现，不能用简单的直观来认识，必须透过现象来认识事物的本质。价格

① ［美］萨缪尔森：《分析经济学中的最大原理》，王宏昌译，中国社会科学出版社 1997年版，第 245 页。

的本质也是如此，它的真实关系隐蔽在表象背后。马克思曾经指出：价格是商品的货币表现，价格本身属于交换的范畴，它实质上反映着人与人之间的交换关系，反映着商品交换中各经济主体之间的物质利益关系，价格关系就是市场交易者之间的利益分配关系。①

从本性上来看，事物的本性是指事物先天具有的、与生俱来的、不变的属性。价格的本性就是价格本来应该是什么样的，它在什么条件下产生并发挥什么样的功能。价格在经济活动中所起的作用可概括为如下四点：

首先，价格反映资源的稀缺程度。在一个经济社会里，物品永远是稀缺的，它不会多到使每个人都随心所欲地得到②的程度，当然价格所反映的物品稀缺是相对于人们的需求而言的，但它又绝对地存在于一切时代。由于物品稀缺，所以价格就应运而生。人们用价格来反映资源的稀缺程度。

其次，价格是一种激励因素。斯蒂格勒指出，价格是促使人们从事生产并发现新的生产可能性的最基本的激励因素，它本身总是在起着配置有限供给量的作用：它上升，以便抑制过度的消费和扩大生产；它下降，以便刺激消费，减少生产和消除过多的存货。③

再次，价格是经济活动参与者相互沟通信息的方式。经济活动当事人在市场上就是通过价格来沟通的。由于经济行为主体决策的分散性，亦即经济行为主体能够自主地独立地决策，所以，价格就成为协调每一个决策主体经济行为的自动信号系统。在一个复杂的经济社会里，没有价格，经济就无法运转。

最后，价格形成于市场中。价格是在市场中形成的，是市场上供给与需求双方力量作用的结果。在这里，供给和需求的变化调节着价格的变化，价格的变化又会引起供求的变化，而且，供求的变化与价格的变化以相反的方向形成循环。所有这些都是在市场上进行的，离开市场，

---

① 〔德〕马克思：《资本论》第 3 卷，人民出版社 1975 年版，第 158 页。

② 〔美〕保罗·萨缪尔森、威廉·诺德豪斯：《经济学》，萧琛译，华夏出版社 1999 年第 15 版，第 231 页。

③ 〔美〕斯蒂格勒：《价格理论》，施仁译，北京经济学院出版社 1990 年版，第 174 页。

价格就会扭曲，就不可能形成本来意义上的价格。

总之，价格的本质反映价格的社会属性，价格的本性反映价格的自然属性。价格的本质在于揭示价格作为商品的货币表现这一表象后真实的人与人之间的社会关系，而这些以经济利益为核心的社会关系恰恰构成了价格宏观调控法的现实基础和对象。价格的本质在于界定价格的本来面目、作用的条件和内容。两者从不同的角度对价格这一概念的内涵作了框定，目的在于明确价格是市场的信号和调节器。但是现实的市场远比理论中的要负责，面对种种情况，难免会出现市场难以控制的局面，因而，单纯依靠市场调节价格，会造成整个价格的痉挛，需要国家通过宏观调控对价格加以引导。

二　价格与税率、利率、汇率的关系

价格与税率、利率、汇率同作为经济政策的工具，在调节经济增长方面发挥着共同且不可替代的作用，所以，价格与"三率"的关系，是价格理论研究的应有内容。

（一）价格与税率的关系

税率是税额与课税对象之间的数量关系或比例关系，是指课税的尺度，表现为税额占课税对象的比例。税率一般分为定额税率、比例税率、累进税率。定额税率是指征税对象的计量单位直接规定为纳税的绝对额的税率形式，适用于从量征收的税种。比例税率指对同一征税对象不分数额大小，规定相同的征税比例的税率。累进税率又称累进税制，指随同征税对象数量的增大，征税比例随之提高的税率，被称为经济的"自动稳定器"，一般适用于收益、财产征税，它可分为全额累进税率和超额累进税率。价格与税率有着密切的关系。

（1）价格是税率计量的依据。无论哪种税率，一般都以价格作为计税的依据，比如增值税、关税、消费税就是如此。因此，价格的变化会直接影响到税率的多少。

（2）税率的大小会影响到商品与服务的价格。不同的税种适用不同的税率，这些税率大小不一，但是却能反映出国家对该应税商品和服务管制的宽严程度。正是因为高税收加重了成本，所以该商品或服务的

价格就会高。比如卷烟，因为有害身体健康，所以，国家对其实行较高的从价税率，并同时采用从量计征的复合型计税方法，目的是限制消费。

（3）税率的叠加会抬高商品或者服务的价格。比如进口的高档消费品，可能同时负担增值税、关税、消费税三个税种，结果该商品的价格自然会抬高。

（4）税率与价格都是国家经济政策的调控手段。税率是税法的核心要素，是计算应纳税额的尺度，是税制建设的中心环节，它体现税收负担的深度。在课税对象和税基既定的条件下，税率的高低直接关系到国家财政收入和纳税人的负担，关系到国家、集体、个人三者的经济利益。税率的高低和税率形式的运用，是国家经济政策和税收政策的体现，是发挥税收经济杠杆作用的关键。同样，价格也是国家经济政策的调控手段。价格素有经济发展的晴雨表与调节器之称，可见其变化对经济发展影响的敏感性与调节性。所以，世界各国都把价格作为一种宏观调控的杠杆与手段，体现了价格在经济发展中的重要地位。

（二）价格与利率的关系

利率是指一定时期内利息额同借贷资本总额的比率。利率是单位货币在单位时间内的利息水平，它直接表明利息的多少。利率通常由国家的中央银行控制，在美国由联邦储备委员会管理，而在我国则由中国人民银行负责。当经济过热、通货膨胀上升时，提高利率、收紧信贷；得到控制时，适当地调低利率。因此，世界各国频繁运用利率杠杆实施宏观调控，利率政策已成为各国中央银行调控货币供求，进而调控经济的主要手段，利率政策在中央银行货币政策中的地位越来越重要。利率是调节货币政策的重要工具，亦用以控制投资、通货膨胀及失业率等，继而影响经济增长。

1. 物价变动幅度是利率的影响因素之一

利率指一定时期内利息与本金的比率，是决定利息多少的因素与衡量标准。利率作为资金的价格，作为借贷资本的使用价格，它本身就是价格家族中的一员。虽然决定和影响的因素很多、很复杂，利率水平最终是由各种因素的综合影响所决定的，但受到物价水平影响始终是一个不可或缺的因素。由于价格具有刚性，变动的趋势一般是上涨，因而怎样使自己持有的货币不贬值，或遭受贬值后如何取得补偿，是人们普遍关心的问题。这种关心使得从事经营货币资金的银行必须使吸收存款的名义利率适应物价上涨的幅度，否则难以吸收存款；同时也必须使贷款的名义利率适应物价上涨的幅度，否则难以获得投资收益。所以，名义利率水平与物价水平具有同步发展的趋势，物价变动的幅度制约着名义利率水平的高低。

2. 利率是国家稳定物价的重要政策性工具

利息是政府部门调节经济波动、稳定物价的重要手段。自建国以来，中国的利率基本上属于管制利率类型，利率由国务院统一制定，由中国人民银行统一管理，在利率水平的制定与执行中，要受到政策性因素的影响。例如，建国后至十年动乱期间，中国长期实行低利率政策，以稳定物价、稳定市场。在经济萧条时期，国家会实行高利率，以刺激生产。

3. 利率是商品价格的形成因素之一

利率支出作为借款方的生产费用，将在商品的价格中得到偿付，此时，利率是一般商品价格的形成因素之一，是商品价格的组成部分。

4. 利率与物价都是经济调节的工具

长期以来我国对一些部门、企业实行差别利率，体现出政策性的引导或限制职能。在社会主义市场经济中，利率不是完全随着信贷资金的供求状况自由波动，它还取决于国家调节经济的需要，并受国家的控制和调节。

（三）价格与汇率的关系

汇率亦称"外汇行市或汇价"，是一国货币兑换另一国货币的比率，是以一种货币表示另一种货币的价格。长期以来，影响汇率的因素主要有：相对价格水平、关税和限额、对本国商品相对于外国商品的偏好以及生产率。如果把两者进行关联，涉及物价用哪种货币或者等价物衡量的问题。比如人民币兑美元的汇率涨了，人民币购买美国产品的购买力提升，但购买本国的商品购买力不一定提升。从中国的现实角度来讲，人民币汇率提升，人民币相对升值，不利于出口，国内出口性产品过剩，该类产品物价下降，但石油、电力等垄断性产品不受影响。

（四）小结

不但价格与税率、利率及汇率之间存在紧密联系，而且税率、利率及汇率之间也存在紧密联系。利率和汇率分别代表货币的对内和对外价格，利率政策是调节内部平衡的手段，汇率政策则是维护外部平衡的保证。两者之间不仅密切相连，而且相互联动。在开放经济中，合理有效地搭配利率和汇率政策是一国宏观经济政策正常发挥功效的基础。而税收作为国家财政收入的主要来源之一，是对国家经济发展成果再分配的结果，因此，只有经济发展壮大后，国家的税收才会有更大的保障。同时国家通过税率调节经济发展，给经济发展提供导向与指引服务，使经济发展更为科学。除了"三率"，国家财政补贴与价格的关系也很紧密，它们共同构筑起价格宏观调控的配套制度。

三　当前我国的定价机制

依据价格法及相关法律的规定，我国的定价机制分为三种，市场调节价、政府定价与政府指导价。市场调节价是指由经营者自主制定，通过市场竞争形成的价格。政府定价是指依照《中华人民共和国价格法》规定，由政府价格主管部门或者其他有关部门，按照定价权限和范围制定价格。其定价权限和具体适用范围，以中央的和地方的定价目录为依据。大多数商品和服务价格实行市场调节价，极少数商品和服务价格实行政府指导价或者政府定价。

在通常情况下，形成价格的是竞争性市场。只有这样，才能使交换双方的利益和意志充分地、淋漓尽致地发挥出来。但是，这种竞争性市场只有在没有任何一个供给者或者需求者可以影响市场价格的情况下才能存在。然而，现实世界中的市场是复杂的。事实上，一个经济系统中，总会出现许多情况使价格不能真实地反映生产者和消费者双方的利益和意志，从而背离价格的本性。不仅如此，各种各样的商品价格是相互关联的，就是说，存在一个价格体系，因为在现实经济世界中，经济是一个内部有机统一的整体，其中一个变量的变动，都会以某种方式影响其他变量的决定，"一切决定于其他一切"。① 而且从某个角度来讲，价格是一个因变量，它受着供求和其他因素的广泛影响。当市场供求与供求以外的因素发生异常变动时，会导致整个价格体系变化的混乱。由于这时的价格体系变化不是由经济体系内的诸因素变化而引起的，它不再能够准确反映市场供求关系，从而背离了价格的本性。因此，完全凭借市场的力量就会使价格与价值相背离，不能真正地反映供求，从而会造成整个经济的痉挛与动荡不安。同时，基础性的产业及关系国计民生的行业，需要政府加以价格的控制与指导，这就构成国家宏观调控的重要对象。

可见，我国现有的三种定价机制主次分明、重点突出，都是我国现行价格机制必要的组成部分。

---

① ［美］罗宾逊：《现代经济学导论》，陈彪如译，商务印书馆 1982 年版，第 49 页。

第二章

价格宏观调控理论与实践

一 价格宏观调控产生的理论基础

国家对价格进行宏观调控的目的是支持和促进公平、公开、合法竞争，维持正常的价格秩序，维护合理的竞争价格，保持物价的稳定。价格宏观调控法的价值在于它为国家价格宏观调控提供了专门的法律依据，为价格杠杆在国民经济中的宏观调控作用的进一步发挥提供了相应的法律保障。至于价格宏观调控法的理论基础和依据，本书从以下四个方面来探讨。

（一）价格宏观调控产生的政治学基础

经济基础决定上层建筑，任何国家的发展都把经济的发展作为第一要务来抓，因而对物价的关注与调控一直是国家经济发展和政治生活中最为重要的事情之一。

新中国的建立需要坚实的经济基础，但由于国民党敛财的统治，使得物价飞涨，通货膨胀的现象十分严峻，在千疮百孔的经济废墟上开始的新中国经济必然要经历一场大的调整，为新政权奠定牢固的政治、经济基础。20世纪60年代的"大跃进"、"公社化"运动使得我国经济发展遭遇严重困难，长达十年的"文化大革命"使得原本脆弱的经济再次雪上加霜。为了结束这次政治运动带来的影响，我国开始对重要商品采取定量供应的价格措施。一方面抓生产，一方面削减开支，再次把物价稳定作为一项基本政治任务。

十一届三中全会以后，我国把经济工作的中心转移到以城市为重点的经济体制改革上来，要进一步扩大企业的自主权，取消指令性计划对企业的束缚，允许企业按照市场需要组织生产，并实行自主经营、自负盈亏、独立核算。价格体系成为经济体制改革成败的关键。

当前，在全球经济下滑，国内要素成本明显上升的严峻形势下，稳定物价总水平是宏观调控的首要任务，坚持综合运用行政、经济和法律的手段，对经济进行有序、高效、适时、有度的调控，以实现中华民族的伟大复兴。

（二）价格宏观调控产生的经济学基础

价格机制作用的充分发挥需要市场竞争的充分性和完备性。然而19世纪末，产业革命后垄断的形成却改变了亚当·斯密"看不见的手"的市场万能论，市场机制的缺陷显露出来，影响了价格机制作用的发挥。这主要表现在：（1）垄断组织凭借雄厚的经济实力垄断市场，操纵价格，限制竞争或从事不正当竞争，扭曲价值规律，阻挠市场机制进入这些领域发挥调节作用，此即"市场障碍"。（2）生产社会化和社会文明进步，使得必要的社会公共投资增加，由于科技发展而出现风险投资和其他投资周期较长、利率低的行业，这些关系着国计民生或经济的长远发展。由于市场调节存在惟利性缺陷，民间投资一般不愿进入这些领域，依靠市场机制自发作用难以调节。（3）市场调节具有滞后性和被动性，是一种事后调节。各垄断企业由于信息不灵，投资往往带有盲目性，且受利润驱使不断扩大投资，从而造成投资过剩和资源浪费等现象的发生，严重者甚至会发生经济危机，造成经济和社会的动荡。[①]

因此，市场障碍、市场惟利性、市场调节的被动性和滞后性，这三大固有缺陷是市场失灵和缺损的具体体现，这为价格机制作用的发挥带来真空地带，也即"市场失灵"。在这些领域，就不再适用市场价格制度，而是由政府进行干预。导致市场缺损的原因有：

（1）公共或公用物品。所谓公共物品是由公共部门或政府提供的"集体性商品"。公共物品包括纯公共物品和准公共物品等。前者包括国防、公共卫生、治安、气象预报等；后者如教育、医疗、公用电话、铁路和灌溉等。公共物品不能采取市场供给的方法，必须采取非市场供

① 漆多俊：《宏观调控法研究》，中国方正出版社2002年版，第2页。

给的方法也即由政府提供，这是由其非销售性特点决定的。

（2）自然垄断。为了防止竞争过度，对自然垄断部门，一般由公有企业经营或由政府部门严格管制，包括严格的价格管制。

（3）不完全竞争。在现实生活中，存在着众多小规模的企业构成的竞争性产业，但在很多情况下也存在着由少数企业构成的垄断性产业。在垄断产业中，价格高于竞争均衡水平的可能性大，从而会损害资源的配置效率。

（4）信息不对称。即在市场交易的双方中，一方拥有较充分的市场信息，而另一方却只有有限的有效信息，往往前者会把后者置于不确定的不利环境中。由于存在信息不对称，会普遍地出现价格欺诈、价格歧视等不良商业行为，使市场价格不能真实反映供求，引导资源向高附加值的方向配置，从而会损害效率。

（5）外部性。市场价格机制有效运行的条件之一是经济活动当事人的支出与收益相符，不对第三者产生影响。但是，现实的市场经济运行却是经常影响到交易双方以外的第三者，即存在着外部性，外部性被认为是市场价格机制运行不完善的结果。外部性的普遍存在，导致资源配置中边际成本和边际社会成本，边际私人收益与边际社会收益出现差异，从社会角度来看这种差异会导致资源配置的失误。①

总之，正是由于以上原因导致了市场机制的失灵和缺损。社会呼唤另一种机制和力量介入经济以配合市场机制共同调节，因此，国家调节应运而生。国家调节在价格领域的直接体现即为价格宏观调控。随着国家介入经济作用的进一步发挥，国家就把那些符合经济规律的好的经验用法律的形式固定下来，利用法律这个强有力的武器来为经济运行服务，这便是价格宏观调控产生的原因和价值所在，而市场失败论是其产生的微观经济学基础。

值得说明的是价格宏观调控产生的宏观经济学基础。经济增长、充分就业、物价的稳定、国际收支平衡是宏观经济调控的四大目标。② 四

---

① 刘学敏：《中国价格管理研究》，中国社会科学出版社 2000 年版，第 34 页。

② 徐康宁、张宗庆：《宏观经济学》，石油工业出版社 2003 年版，第 1—7 页。

大目标相互关联，相互影响。① 2013 年 3 月 5 日在十二届会议的政府工作报告中，温家宝在谈及过去 5 年（2008—2012）的经济发展时指出，我国宏观经济总体上保持增速平稳较快、物价相对稳定、就业持续增加、国际收支趋于平衡的良好态势，国内生产总值年均增长 9.3%，显著高于同期全球和新兴经济体的增速，通货膨胀率远低于其他新兴经济体。因此可以得出这样的结论：当前我国的经济稳定，充满活力。② 可见宏观经济调控的四大目标的重要性及关联性。

"如果说微观经济学考察的是每种产品和每种生产要素的价格如何决定及其涨跌的原因，那么，宏观经济学关注的问题，则是决定一般物价水平的原因，以及它在较长一段时期内较大幅度持续上升（通货膨胀问题）或持续下跌（通货紧缩问题）的原因和医治它们的药方。"③ 通货膨胀是货币发行量超过了社会流通中货币的需求，从而引起物价连续上涨的情况。通货膨胀会引起市场机制的失败、社会资源的浪费和人们收入的减少，严重时甚至会引发社会和政治问题。通货紧缩是指流通中的货币数量过少，满足不了商品流通和服务交易对货币数量的需求，其主要表现是物价水平的普遍下降，对付的办法主要靠经济增长。因此，通货膨胀与通货紧缩使价格总水平处于不稳定状态，从而影响了经济的增长。价格总水平的稳定意味着货币的稳定，而货币稳定对促进经济实现高增长、低膨胀具有重要作用。

综上，政府价格宏观调控有两个功能：一是弥补市场机制自身的缺陷，二是创造市场机制有效运行的环境。在此，本书分别从微观与宏观两个方面建构起了价格宏观调控的经济学基础。

（三）价格宏观调控产生的法学基础

本书认为，价格宏观调控的最直接的法学基础是宏观调控法学，其上位的法学基础为经济法学。

---

① 经济低迷，失业上升，通货膨胀下降，经济增长进入停滞；反之，经济繁荣，失业下降，通货膨胀上升，经济增长加快。其中，前三个目标属于内部均衡问题，而国际收支平衡属于外部均衡问题，国际收支调控目标就表现为实现国民经济的对外均衡。

② 《解读温家宝政府工作报告：一份厚重的民生语录》，2013 年 3 月 5 日，中国新闻网（http://news.qq.com/a/20130305/001607.htm）。

③ 宋承先：《现代西方经济学》（宏观经济学），复旦大学出版社 2008 年版，第 5 页。

随着社会经济的发展，在现有的社会关系中出现了一些新经济关系，它们既含有政治国家因素，又含有市民社会因素；既受公法调整，也受私法调整。① 这类法律规范越来越多，并且相互联系，因而社会在呼唤一种跨越公、私法之间的新的法律部门的产生，以与传统的公法（行政法）和私法（民法）相区别，于是法学家们把它命名为经济法，并且从一开始就赋予了它庄严的历史使命——以社会为责任，从社会整体利益出发，调整社会特定的经济关系，兼具公、私两大法域的性质，且具有以公法为主、公私法融合的特性。经济法学的兴起和繁荣，无论就其发展规模和速度，还是就其影响范围和程度，都对传统法学起到了"一石激起千层浪"的效应。法学家们纷纷著书立说，各抒己见，这种"百家争鸣"的现象丰富和繁荣着经济法的内容。目前，经济法学界已就经济法的调整对象、地位、作用等基本理论问题达成了共识，其中，在内容方面的共同之处之一是经济法中的宏观调控理论。社会经济的运行不能单靠市场调节，也要靠政府的宏观调控来保持国民经济总供给与总需求的基本平衡，保障社会整体的经济利益和目标的实现。

于是，宏观调控法作为经济法中的一个子法，也相应地发展和繁荣起来。世界各国都毫无例外地运用政府调节或管理来干预国民经济运行。中国也不例外。自从十一届三中全会决定把全党的工作重点转移到社会主义现代化建设上以来，中国政府多次修宪为经济法的发展提供宪法原则，强调要加强经济立法，特别是要加强政府的宏观调控职能，从全局上去统率经济建设。2001 年 3 月李鹏委员长在九届全国人大四次会议上的工作报告指出："关于法律部门，法学界有不同的划分方法，常委会根据立法工作的实际需要，初步将有中国特色社会主义法律体系划分为 7 个法律部门，即宪法及宪法相关法、民法商法、行政法、经济法、社会法、刑法、诉讼与非诉讼程序法。"关于经济法，该报告指出："经济法是调整因国家对经济活动的管理所产生的社会经济关系的法律。"并据此列出了相应的适用范围：（1）创造平等竞争环境，维护市场秩序；（2）国家宏观调控；（3）经济行业管理；（4）促进对外开放；

---

① 程信和：《中国经济法向何处去》，《经济法制论坛》2003 年第 1 期。

（5）合理利用和保护自然资源。可见，在中国经济法作为基本法律部门的地位，已在整合法律界和法学界众多意见的基础上，得到最高立法机关的确认①，宏观调控法也作为经济法中一个重要内容和组成部门的地位得到最高立法机关首肯，这无疑为其发展提供了依据和基础。

随着国家宏观调控职能的加强和进一步完善，以及价格法从1997年出台后的进一步完善，将价格和宏观调控二者结合起来的价格宏观调控也必将进一步丰富和完善起来。当国家在价格宏观调控法方面积累了丰富经验后，也将运用法律这一强有力的武器为经济建设服务，这样价格宏观调控法的产生也就顺理成章了。

因此，经济法及其子法宏观调控法就成为价格宏观调控制定的法学基础和依据。

（四）价格宏观调控产生的社会学基础

社会学是关于社会的学说，以社会关系为研究对象。"社会学的任务是认识和解释现实社会，为推进社会的正常运行和发展提供了科学的建议"。② 人类社会的发展历程，是个不断发现问题和解决问题的历程。所以，社会学需研究与揭示社会运行发展的规律，就必然要研究社会问题。所谓社会问题，是指由于社会结构或社会关系的失调，导致社会全体或部分成员的正常生活和社会进步发生障碍，需要依靠社会力量加以解决的问题。其具有以下四个含义：社会问题（1）是一种"客观事实"；（2）是一种"公共问题"；（3）是一种"公众认定"；（4）社会问题的解决需要"社会行动"。③ 治理社会问题的一般途径："首先，必须大力发展生产力，在发展中求得社会问题的解决；其次，改革与完善经济、政治、社会的制度与体制，在改革中求得社会问题的解决；第三，加强宏观调控，提高管理水平，在管理中求得社会问题的解决。"科学管理最重要的是抓好三个环节，一是管理决策的科学化；二是建立科学的管理制度；三是加强宏观协调、改善具体的微观管理，这是解决

---

①　程信和：《中国经济法向何处去》，《经济法制论坛》2003年第1期。

②　张敦福：《现代社会学教程》，高等教育出版社2001年版，第89页。

③　同上书，第239—240页。

社会问题的重要途径。① 物价总水平的稳定关系着经济秩序的稳定，人心的稳定，政治与社会的稳定。因而以价格总水平的稳定为目标的价格宏观调控就具有了社会学意义。

价格宏观调控本是经济学上的概念，但国家在运用价格杠杆调节市场经济的运行中，也赋予了其"社会性"的历史特性。从前述可知，单纯的市场调节由于具有惟利性的缺陷，必然会导致经营者在自主定价的过程中唯利是图，不择手段，从而导致价格垄断、价格欺诈、掠夺性竞价等违法行为的发生和猖獗。"完全的市场调节和价格形成的完全市场化在现实中是不存在的。一些弹性小、缺乏竞争性而又对国家政治经济稳定和发展有重大影响的商品和服务价格，由市场自发调节往往会导致垄断和供求关系的失衡，反而不利于资源的合理配置和居民生活水平的稳定提高。"② 因而国家或政府要从国民经济和社会发展的全局出发，对价格市场进行宏观调控，这就是对少数特定产品和行业实行政府指导价和政府定价的缘由，而其他商品和服务的价格才由经营者自主决定。《价格法》第18条明文规定：下列商品和服务价格，政府在必要时可以实现政府指导价或政府定价：（1）与国民经济发展和人民生活关系重大的极少数商品价格；（2）资源稀缺的少数商品价格；（3）自然垄断经营的商品价格；（4）重要的公用事业价格；（5）重要的公益性服务价格。《价格法》第22条规定："制定关系群众切身利益的公用事业价格、公益服务价格、自然垄断经营的商品价格等政府指导价、政府定价，应当建立听证会制度，由政府价格主管部门主持，征求消费者、经营者和有关方面的意见，论证其必要性、可行性。"体现了国家从全局出发维护广大人民群众根本利益的宗旨。

税收也是价格宏观调控的社会学方面的一个重要体现。因为一个国家要维持最基本的运转必然需要经费作为其开支，而税收几乎占整个财政收入的90%以上，政府只有寻找到收入来源，才能支持公共品和保证收入再分配计划得以实现。税收中的流转税实质上即为对价格征收的

---

① 吴铎：《社会学》，高等教育出版社1992年版，第349—351页。
② 卢炯星：《宏观经济法》，厦门大学出版社2005年版，第474页。

税收，且加上税收的无偿性、固定性、强制性和普遍性的特点，以及税收的"取之于民，用之于民"的宗旨，使得价格税中的流转税具有了"社会性"的特点，而税收也是国家进行宏观调控的重要工具。因而，本书认为，税收制度应是价格宏观调控法的体现。

价格宏观调控对社会有促进作用。首先，通过价格宏观调控可以控制价格过快增长，打击各种不正当的价格行为，保证物价的稳定，社会的安定；其次，价格宏观调控法的制度设计符合科学发展的要求，有利于资源和重要物资的稳定，为社会的可持续发展作出贡献；最后，在价格宏观调控法的助推下，经济发展环境顺畅，必将同时促进文化的发展、政治的清明、民主法治的进步，这些因素反过来又为价格宏观调控的实施奠定了良好的社会基础。

综上，正是因为价格宏观调控法有自己存在的政治学、经济学、法学和社会学基础，才使其有牢固和扎实的前提和根基。可见，价格宏观调控的产生也是历史的必然，是政治与经济发展、法学发展的必然趋势。

二　价格宏观调控的含义

既然现实中的价格运行受到诸多因素的影响，使价格常常与其本质、本性相违背，所以需要对价格进行宏观调控，才能维持整个经济的健康运行。作为基本概念，本书先就宏观、宏观调控及价格调控等基本概念进行界定。

1. 宏观

在日常的生活与生产中，宏观一词是与微观相对的，此外还有"中观"的提法。一般而言，微观、中观、宏观是人们不同思维意识方式的不同选择。其本质就是总体（全局）与个体（或局部）问题的不同思维方式。凡是从总体上作出的对于事物的思维与判断，即可称为宏观上的思维；凡是从个别的角度，作出的对于事物的思维与判断，即可称为微观上的思维；而中观的思维则是指介于宏观和微观之间的思维意识方式。虽然宏观、中观、微观只是一种思维方式，但如果这种思维应用在政治、经济、社会的建设中，就可以影响人们的行为选择，从而对其产生巨大的作用。例如，我国的经济建设的分两步走的战略就是宏观思维的体现；施行黄河三角洲生态高效经济区的发展战略即可视为是中观思维的体现；针对市场上的劣质奶粉的销售行为进行惩处即为微观思维的体现。

2. 宏观调控

调控一般是指人们对于事物或自身行为的调节与控制，属于管理学的范畴。据此，在人们的日常生活中，只要涉及人们对于事物的占有、事物运动方向的把握以及自身行为的管理，就有一个调节与控制问题，可见，调控可以被广泛地运用于政治、经济和社会生活的各个领域。而具体到宏观调控中所指的调控是指与宏观经济相联系的调节、控制行为与制度的总称，即调控主体对宏观经济所进行的调节与控制行为与制度的总称。

3. 价格调控

价格调控是指一定的调控主体为实现一定的经济目的而对价格形成和运行实施的调节和控制。价格宏观调控是政府管理价格的行为，而不是单个的经济单位为了追求利润最大化而进行的价格管理行为。宏观经济是相对于中观经济①、微观经济而言的（这是经济学领域的基础划分方法）。因而在价格领域，也有微观价格（具体商品或服务的价格）、中观价格（一类商品或服务的价格）和宏观价格（价格总水平）之分，对于它们的关系如表1-1所示。

表1-1　　　　　微观价格、中观价格和宏观价格关系对比

调控名称	调控主体	调控对象	所属领域	调控目标
价格微观调控	企业	（大部分）微观价格	微观经济	价格机制有效运行
价格中观调控	地方政府或行业、协会组织	（小部分）微观价格、（大部分）中观价格	中观经济	地区或行业物价水平的稳定
价格宏观调控	中央政府	（小部分）微观、中观价格，（大部分）宏观价格	宏观经济	物价总水平的稳定、总供给与总需求的基本平衡

① 所谓中观，是相对宏观和微观而言，是介于宏观与微观之间经济学领域的划分方式，是指地方经济或行业经济、部门经济——笔者注。

由表1-1可知，微观价格的形成主要靠市场机制自动调节，但由于市场本身的缺陷促使地区政府或行业组织（协会）和国家也必须对小部分微观价格调控，以保护地区经济或行业的发展，创造公平竞争环境，保护消费者的利益。同时微观价格、中观价格与宏观价格紧密相连，没有微观价格、中观价格的稳定，就不会有价格总水平的稳定。同样，价格总水平的波动也必然会体现在以个别商品价格为主或地区、行业商品价格的变动上。国家把重点放在宏观价格上，即主要以经济手段、法律手段并辅之以必要的行政手段来保证物价总水平的稳定，以促进国民经济的协调、稳定和持续发展，为市场价格机制提供良好有效的运行环境。

三 价格宏观调控与价格、价格法的关系比较

（一）价格宏观调控与价格、价格法的联系

这三个概念相辅相成，互相联系，不可分割。它们互为手段、互相作用，共同为经济建设保驾护航。

1. 价格作为商品社会一切经济利益关系的逻辑起点，不仅是微观经济运行的基础，也是宏观经济调控的目标、对象和主要手段。同时，价格是价格法规制的内容，价格关系是价格法的调整对象。

2. 价格法是指调整价格关系的法律规范的总称，它把符合国民经济需要的调控价格方式方法用法律手段固定下来，明确规定价格领域各主体的权利义务，并辅以相应的法律责任，突出了国家价格宏观调控目标和价格管理职能，建构起了公平、合理、有序的市场价格竞争秩序。价格法是制度化、法律化的价格关系。由于价格是国民经济的核心和基础，运用价格杠杆这一经济手段协调国民经济是政府间接宏观调控的有效方式，因此，把价格杠杆这一调控手段法律化的价格法是价格宏观调控的依据。

3. 价格宏观调控以价格为手段，以价格法为重要法律依据，所以，对价格法的完善即为对价格宏观调控法作用环境与基础条件的完善，二者在宏观调控方面有一定的相通性。

（二）价格宏观调控与价格、价格法的区别

尽管三者之间存在着紧密的联系，但是三者的区别也是相当明显的：

第一，范畴不同。价格宏观调控和价格是经济学上的概念，属于经济学的范畴，而价格法是法学上的概念，属于法学的范畴。

第二，实施主体不同。价格宏观调控的实施主体是中央政府，即国务院及其价格主管部门。而价格是经营者依据价值规律来制定的，但自然垄断产品、公共产品和其他重要产品的价格，通常由政府定价或制定指导价。而价格法的制定者是全国人民代表大会，实施者是各级执法部门。

第三，依靠的力量不同。价格宏观调控是一种政府行为，借助的力量是国家的行政权力。价格在市场中通过交换形成，依靠的力量是经济规律和市场机制，是一种重要经济手段。而价格法作为法律，依靠国家强制力来实施，是一种法律手段。

要特别说明的是，在国家对价格总水平进行宏观调控的过程中，不断积累经验，形成一套行之有效的调控措施，用法的形式将其加以固定，这便是价格宏观调控法。当然，价格宏观调控法是价格法的下位法，它不同于价格法，独立于价格法，又在一定程度上依赖着价格法。

第三章

对价格法律法规体系的完善建议

第一节　价格法的经济法意义

一　价格法的经济法意义

经济法是调整在国家协调本国国民经济运行过程中发生的经济关系的法律规范的总称，它是一个独立而又重要的法律部门，在保障和促进以经济建设为中心的社会主义现代化建设中发挥着重要且巨大的作用。与民法、刑法、行政法之法的部门相区别，经济法以社会为本位，旨在维护社会公共利益，突出了国家为克服市场失灵和政府失败，从全社会整体经济利益出发，对经济的干预引导和调节控制，属于公法领域的范畴。而国家对经济干预和调节，以经济法律手段为主，并辅之以必需的行政手段来实现，其中，价格杠杆即为一种重要而有效的经济手段，因此，把价格杠杆这一调整手段法律化的价格法，是经济法中重要的部门法，它与经济法的本位、宗旨一致，对保证我国的市场经济建设的持续、健康、快速发展作出了重大贡献。本书欲从以下几个方面来分别阐述价格法的经济法意义。

（一）价格法是经济法用法律手段来调整价格经济关系的法

价格法是指调整价格关系的法律规范的总称，即价格法是对价格经济关系的法律上的调整。法律上的调整应当包括三层含义：一是法律允许主体做什么；二是法律不允许主体做什么；三是主体违反了法律规定，法律责任是什么？也就是运用法律的规定把人们的行为或者活动纳入可操作的轨道。① 价格法是价格杠杆这一经济手段和法律手段相结合

---

① 李昌麒：《经济法——国家干预经济的基本法律形式》，四川人民出版社 1995 年版，第 211 页。

的产物，但正是这一结合赋予了价格手段法律效力，使其以国家的强制力为其后盾，成为最强有力的经济调控杠杆和手段。

我国的《价格法》，于1997年12月29日八届人大常委会第二十九次会议审议通过，并于1998年5月1日正式实施，它以法律的形式确立了我国现有的价格制度。《价格法》把按经济规律和符合国民经济需要的调控价格的方式方法用法律手段固定下来，明确规定价格领域各主体的权利义务，并辅之以相应的法律责任，突出了国家价格宏观调控目标和价格管理职能，建构起了公平合理、有序地进行价格竞争的市场秩序。① 《价格法》的内容涵盖了社会主义市场价格体制的基本特征，即形成了价格市场化、价格决策民主化、价格宏观调控间接化、市场价格竞争有序化和价格管理监督法制化。② 因此，《价格法》是适应社会主义市场经济发展的客观要求制定的基本法律，是我国价格法制逐步走上规范化轨道的里程碑，是社会主义市场经济法制化的一个重要体现。《价格法》为开展价格工作指明了方向，提供了指导思想和法律依据，摆正了价格在市场经济体制下的"校对市场晴雨表"的重要地位，突出了国家利用价格这一经济手段间接调控经济的目标和价格工作的基本出发点，为维护市场经济的有序竞争创造了条件。

（二）《价格法》赋予企业权利与义务

企业是市场经济活动的主体，是市场价格行为的发出者，也是政府价格调控措施的实际执行者。价格法通过对企业自主定价权利的规定，有效地发挥了企业根据市场变化灵活调整经营模式、自由配置社会资源的作用，并通过了经营者不正当价格行为的禁止，保证了市场正常的价格竞争秩序，从而使《价格法》起到了在微观上对价格关系的调整作用。

《价格法》开宗明义，确立了主要由市场形成价格的机制，大多数商品和服务价格实行市场调节价，其形成机理是企业的生产经营成本和市场供求状况。因此，价格的制定应当符合价值规律，遵循公

---

① 卢炯星：《宏观经济法》，厦门大学出版社2005年版，第455页。
② 刘汉文：《发展社会主义市场价格机制的法律保障》，《中国物价》1999年第4期。

平、合法和诚实信用的原则，要努力改进生产经营及管理，降低生产经营，为消费者提供价格管理的商品和服务，并在市场竞争中获取合法利润。

《价格法》还禁止企业进行不正当价格竞争行为，实行明码标价制度，创立了企业在价格领域的公平竞争条件，为实现价格机制乃至市场机制优胜劣汰的作用奠定了良好的基础。《价格法》所禁止的不正当价格竞争行为主要包括：（1）相互串通，操纵市场价格，损害其他经营者或消费者合法权益的行为；（2）为排挤竞争对手或独占市场，以低于成本的价格倾销，扰乱正常的生产经营秩序，损害国家利益或其他经营者合法权益的行为，但也有例外情况①；（3）捏造、散布涨价信息，哄抬价格，推动商品价格过高上涨的；（4）利用虚假的或者使人误解的价格手段，诱骗消费者或者其他经营者与其进行交易；（5）提供相同商品或者服务，对具有同等交易条件的其他经营者实行价格歧视；（6）利用抬高等级或者压低等级等手段收购、销售商品或者提供服务，变相提高或者压低价格；　（7）违反法律、法规的规定牟取暴利；（8）法律、行政法规禁止的其他不正当价格行为。

总之，价格法在赋予企业自主定价的权利的同时，也规定了相应的义务，以法律手段切实维护了企业作为市场经营主体的正当权益，为企业建构起了公平、合理的市场竞争环境，体现了企业作为经济法主体的地位。

（三）价格法体现了国家用经济法对市场的干预

经济法是国家为了克服市场调节的盲目性和局限性而制定的，调整需要由国家干预的，具有全局性和社会公共性的经济关系的法律规范的总称。表明经济法最基本的属性是国家运用法律对社会经济生活的干预，且这里的干预包括有介入、调节、协调、调控和管理等内容，更能体现经济法的权力属性。② 经济法之所以要运用国家权力对市场经济进

---

① "例外情况"是指：依法降价促销鲜活商品；依法降价处理有效期限即将到期的商品或者其他积压的商品；依法降价销售季节性商品；因清偿债务、转产、歇业降价销售商品。

② 李昌麒：《经济法——国家干预经济的基本法律形式》，四川人民出版社1995年版，第208—209页。

行干预，原因在于市场存在缺陷①，即市场会失灵，干预目的在于矫正这种市场失灵，清除市场顺畅运行的阻碍因素，从而确保公平、公正与有序的市场竞争环境。

价格机制作为市场机制的核心，在市场经济中起着配置资源的主导作用，而价格机制作用的充分发挥必须以公平竞争的市场环境为依托。但是，现代市场经济不是完全意义上的自由竞争市场，存在市场缺陷和对于长期经济发展、外部效应、公共产品提供等不力，以及价格机制本身无法解决的垄断价格控制和消除不正当竞争等问题。因而，必须借助于国家干预来弥补市场的失灵和价格机制的缺陷，以创造公平、公正的市场竞争环境。

因此，完全的市场调节和市场形成价格的机制在现实中是不存在的。对一些供求弹性小，缺乏竞争性而对国家政治经济稳定和发展有重大影响的商品和服务价格，由市场自发调节往往会导致垄断和供求关系的失衡，反而不利于资源的合理配置和居民生活水平的稳定提高。因此，《价格法》在确立了以企业自主定价为主的价格形成机制的同时，仍未放弃政府对市场价格的控制作用。因此对于少数重要商品的价格，仍然必须由政府从国民经济和社会发展的全局出发加以指导。《价格法》第18条界定的，政府在必要时实行政府指导价或政府定价的商品和服务价格的范围如下：（1）与国民经济发展和人民生活关系重大的商品和服务价格；（2）资源稀缺的少数商品价格；（3）自然垄断经营的商品价格；（4）重要的公用事业价格；（5）重要的公益性服务价格。

《价格法》第三章还规定制定政府指导价、政府定价，明确规定应当根据有关商品或者服务的社会平均成本和市场供求状况。国民经济与社会发展要求以及社会承受力，实行合理的购销定价，批零差价，地区差价和季节差价，使价格既灵活而又相对稳定，既考虑市场供求、反映价值规律，又体现从整体经济利益出发对全社会和国家利益的维护。同时，还可召开价格听证会，广泛听取各方意见，来增加价格制定的透明

---

① 市场的缺陷通常是指市场的滞后性和被动性、惟利性、市场障碍这三大缺陷。参见漆多俊《宏观调控法研究》，中国方正出版社2002年版，第1页。

度和灵活性。这都体现了国家既充分尊重市场，又不放松对市场价格的必要引导与控制，体现了价格法的市场规制法属性。

（四）价格法体现了国家运用价格手段对经济的宏观调控

如果说国家干预是对市场经济微观领域的干预，那么宏观调控是对国民经济进行的宏观干预。因为如前所述，市场具有自身无法克服的局限性，无法预及长远利益，整体平衡，那么就需要一种力量，从宏观上、整体上、战略上对"社会经济活动给予指导、鼓励、提供帮助和服务，引导和促进社会经济协调、稳定和不断发展"。① 现代国家大多具有这种经济职能，并将其命名为"国家宏观调控"。可见，宏观调控也是以市场失灵和政府失败理论为基础，综合运用经济、法律、行政等手段从总体上对国民经济进行的间接调节和控制。

但是，宏观调控目标的实现和体系的建立必须以法律为途径。从根本上讲，宏观调控是一个经济问题，但是，宏观调控目标的最终实现，使它又不得不采取法律的形式。因此，宏观调控必须与法律相结合。且宏观调控体系的建立与宏观调控法律体系的建立必须完成于同一时空，否则，没有法治做后盾的宏观调控体系，只能是一个软弱无力的运行体系。②

价格作为市场运行的信号和调节器，在市场机制的运行中发挥着重要作用，价格法是国内价格关系的法律规范的总称，是法制化的价格关系。且价格作为商品经济社会一切经济利益的逻辑起点，不仅是微观经济运行的基础，同时也是宏观经济调控的目标、对象和主要手段。稳定市场价格总水平是国家重要的宏观经济政策目标。国家根据国民经济发展的需要和社会承受能力，确定市场价格总水平调控目标，列入国民经济和社会发展计划，并综合运用货币、财政、投资、进出口等方面的政策和措施，予以实现。③ 我国《价格法》的第四章"价格总水平调控"就是国家援用价格手段进行宏观调控的明显体现。在该章中不仅规定价

---

① 漆多俊：《宏观调控法研究》，中国方正出版社2002年版，第9页。

② 李昌麒：《经济法——国家干预经济的基本法律形式》，四川人民出版社1995年版，第399页。

③ 《价格法》第26条。

格总水平调控的目标，实现手段，还规定了重要商品储备制度，价格调节基金制度，重要农产品保护制度，以及价格临时干预措施和紧急措施等价格总水平调控的价格手段，体现了国家运用价格手段，对全社会经济总量的平衡、总供给与总需求基本平衡的维护。

由于价格是国家经济的基础和核心，运用价格杠杆这一经济手段，协调国民经济，是政府职能从直接行政干预转到间接宏观调控的有效方式，因此把价格杠杆这一调控手段法律化的《价格法》，是国家宏观调控法的重要组成部分①，是国家进行价格宏观调控的重要依据。

综上所述，《价格法》作为经济法中一个重要的部门法，与经济法的本位、调整对象、主体和内容等方面相一致，体现了经济法对市场经济发展的巨大作用。《价格法》将我国价格改革的成果用法律的形式固定下来，不仅规定了企业等经营者的微观领域价格行为，同时也从国民经济的全局出发，运用价格手段对微观领域进行宏观调控，从而既维护了广大消费者和其他经营者的合法权益，也保持了全社会经济总量和经济结构的基本平衡，实现了国家调节社会经济的职能。

因此，《价格法》是我国制定的全面体现经济法特征的一个实际运用的典型法例，它丰富了我国经济法的内容，是经济法体系中的必不可少的部门法，对其属性的准确界定应是：《价格法》既具有市场规制法属性又具有宏观调控法属性，兼具微观和宏观两方面的属性，任何只谈价格法的一个属性的说法都是片面的。

二　价格方面的法律法规

价格方面的法规包括三种，一是价格法及与价格行为直接相关的行政法规；二是一些行政法规，这些行政法规虽然不是直接针对价格行为的，但因为涉及价格的内容，应该属于价格法广义的渊源；三是一些相关的行政法规，因为我国的价格部门属于行政机关，因此，其对微观市场的管理、对宏观市场的调控，都需要价格部门在执法过程中遵循行政法的一些程序与规范。

---

① 卢炯星：《宏观经济法》，厦门大学出版社 2005 年版，第 455、456 页。

（一）价格方面的法律法规

1．《中华人民共和国价格法》（1997 年 12 月 29 日中华人民共和国主席令第 92 号，自 1998 年 5 月 1 日起施行）

2．《关于制止低价倾销行为的规定》（1999 年 8 月 3 日国家发展计划委员会令第 2 号颁布施行）

3．《关于印发低价倾销工业品的成本认定办法（试行）》的通知（国家发展计划委员会 1999 年 2 月 23 日发布，自 1999 年 3 月 1 日起施行）

4．《关于认真贯彻〈价格法〉严格规范市场价格竞争秩序的通知》（国家发展计划委员会 2000 年 8 月 15 日颁布）

5．《禁止价格欺诈行为的规定》（2001 年 11 月 7 日国家发展计划委员会令第 15 号发布，自 2002 年 1 月 1 日起施行）

6．《禁止价格垄断行为暂行规定》（2003 年 6 月 18 日国家发展和改革委员会令第 3 号发布，自 2003 年 11 月 1 日起施行）

7．《关于商品和服务实行明码标价的规定》（2000 年 10 月 31 日国家发展计划委员会令第 8 号颁布）

8．《政府制定价格行为规则》（根据《中华人民共和国价格法》，国家发展和改革委员会对《政府制定价格行为规则（试行）》进行了修订，修订后的《政府制定价格行为规则》已经国家发展和改革委员会主任办公会议讨论通过，自 2006 年 5 月 1 日起施行）

9．《中华人民共和国反不正当竞争法》（1993 年 9 月 2 日第八届全国人民代表大会常务委员会第三次会议通过，自 1993 年 12 月 1 日起施行）

10．《政府价格决策听证暂行办法》（2001 年 7 月 2 日国家发展计划委员会令第 10 号颁布，自 2001 年 8 月 1 日起施行）

11．《价格行政处罚程序规定》（中华人民共和国国家发展和改革委员会令第 22 号修改，自 2013 年 7 月 1 日起施行）

12．《中华人民共和国行政强制法》（2011 年 6 月 30 日第十一届全国人民代表大会常务委员会第二十一次会议通过）

13．《价格监督检查管辖规定》（国家发展计划委员会 2000 年 4 月

25 日颁布，自 2000 年 6 月 1 日起施行）

14.《价格主管部门案件审理委员管会工作规则》（国家发展计划委员会 2001 年 6 月 1 日颁布，自 2001 年 7 月 1 日起实施）

15.《中华人民共和国招标投标法》（1999 年 8 月 30 日中华人民共和国主席令第 21 号公布，自 2000 年 1 月 1 日起施行）

16.《关于进一步贯彻〈中华人民共和国招标投标法〉的通知》（国家发展计划委员会 2001 年 7 月 27 日发布）

17.《工程建设项目招标范围和规模标准规定》（2000 年 5 月 1 日国家发展计划委员会令第 3 号发布、施行）

18.《印发国务院有关部门实施招标投标活动行政监督的职责分工意见的通知》（国务院办公厅国办发 [2000] 34 号，2000 年 5 月 3 日发布、执行）

19.《招标公告发布暂行办法》（2000 年 7 月 1 日国家发展计划委员会令第 4 号发布、执行）

20.《工程建设项目自行招标试行办法》（2000 年 7 月 1 日国家发展计划委员会令第 5 号发布、施行）

21.《评标委员会和评标方法暂行规定》（2001 年 7 月 5 日国家计委、国家经贸委、建设部、铁道部、交通部、信息产业部、水利部联合发布，国家发展计划委员会令第 12 号发布、施行）

22.《中华人民共和国合同法》（1999 年 3 月 15 日中华人民共和国主席令第 15 号公布，自 1999 年 10 月 1 日起施行）

23.《中华人民共和国行政处罚法》（1997 年 12 月 29 日第八届全国人民代表大会常务委员会第二十九次会议通过）

24.《中华人民共和国行政复议法》（1999 年 4 月 29 日第九届全国人大常务委员会第九次会议通过，1999 年 10 月 1 日起施行）

25.《中华人民共和国行政诉讼法》（1989 年 4 月 4 日第七届全国人民代表大会第二次会议通过，1990 年 10 月 1 日起施行）

26.《中华人民共和国国家赔偿法》（1994 年 5 月 12 日第八届全国人民代表大会常务委员会第七次会议通过，2010 年 4 月 29 日第十一届全国人民代表大会常务委员会第十四次会议《关于修改〈中华人民共

和国国家赔偿法〉的决定》修正）

27.《价格监测规定》（国家发展和改革委员会办公会议讨论通过，自 2003 年 6 月 1 日起施行）

28.《食盐价格管理办法》（自 2003 年 7 月 1 日起执行）

29.《政府价格决策听证办法》（由国家发展计划委员会公布，自 2002 年 12 月 1 日起施行）

30.《政府制定价格行为规则》（根据《中华人民共和国价格法》，对《政府制定价格行为规则（试行）》进行了修订，修订后的《政府制定价格行为规则》已经国家发展和改革委员会主任办公会议讨论通过，自 2006 年 5 月 1 日起施行）

31.《价格违法行为行政处罚规定》（1999 年 7 月 10 日已经国务院批准，自 1999 年 8 月 1 日起施行，2008 年 1 月 9 日国务院第二百零四次常务会议通过了关于修改《〈价格违法行为行政处罚规定〉的决定》）

32.《价格违法行为举报规定》（由国家发展计划委员会公布，自 2002 年 1 月 1 日起施行）

33.《中介服务收费管理办法》（国家发展计划委员会、国家经济贸易委员会、财政部、监察部、审计署、国务院纠风办文件联合发布计价格［1999］2255 号）

34.《国家计委、建设部颁布经济适用住房价格管理办法》（自 2002 年 11 月 29 日公布）

35.《价格监测质量管理暂行办法》（国家发展计划委员会公布，自 2004 年 6 月 1 日起执行）

36.《收费标准管理规定（试行）》（国家发展计划委员会价格［2004］893 号）

37.《中华人民共和国国家发展和改革委员会令》

38.《国家发展改革委关于运用价格调节基金加强和改善价格调控的通知》

39.《国家发展改革委发布政府制定价格行为规则》

40.《财政部、国家税务总局关于调整外商投资项目购买国产设备

退税政策范围的通知》

41.《企业会计准则——基本准则》（2006 年）

42.《关于调整外商投资项目购买国产设备退税政策范围的通知》（财税〔2006〕61 号）

43.《企业会计准则——基本准则》（中华人民共和国财政部令第 33 号）

44.《建设工程监理与相关服务收费管理规定》（发改办价格〔2007〕226 号）

45.《政府制定价格成本监审办法》（国家发展改革委会令第 42 号）

（二）价格方面的法律法规的特点分析

1. 在这些法规中，国家发展和改革委员会制定的部门规章在数量上占绝大部分，体现了国家发展和改革委员会是价格宏观调控的主体，从而确保了价格宏观调控在市场经济发展中发挥着巨大的作用。

2. 价格方面的法律法规呈现出立法层次较低的特点，因为大多是部门规章，由全国人大及人大常委制定的基本法却很少，从而导致法律效力不高。

3. 价格方面的法律法规体现了对价格微观市场的规制与对价格宏观市场的调控两个方面，共同构筑了价格法的体系框架。

第二节　对《价格法》的完善建议

要加快价格立法步伐，构筑以《价格法》为核心，适应社会主义市场经济体制和对外开放要求的价格法律法规体系。作为经济生活晴雨表的价格，关系到经济建设、群众生活和社会稳定，是国民经济发展的重要杠杆。如何建立适应社会主义市场经济体制要求的合理的价格形成机制，实现低通货、高增长的宏观经济调控目标成为困扰经济学界和法学界的一件大事。于是，我国在成功总结改革开放以来价格机制调节市场经验的基础上，于 1997 年 12 月 29 日出台了《价格法》。时至今日《价格法》成为校对市场的晴雨表和政府调控价格的唯一标准和依据。《价格法》实施以来，在深化价格改革，规范价格行为，保护消费者和经营者合法权益，建立和完善社会主义市场经济体制，加强和完善宏观调控，保持国民经济持续、快速、健康发展等方面，发挥了重要作用，取得了显著成效。

但是，随着改革的深入和社会主义经济体制的不断完善，对外开放步伐的加快，《价格法》在实践中出现了不少与经济发展不适应的地方，迫切需要进一步修改和完善。因为《价格法》是价格宏观调控的基本法，所以，它的完善自然有助于价格宏观调控模式的完善。

一　扩大价格法调整范围

《价格法》第 2 条规定："本法所称价格包括商品价格和服务价格。"第 47 条又对行政机关收费和利率作了除外规定，这样就使《价格法》的调整范围大大缩小。更为重要的是将《价格法》调控社会经济的比重大大减小，限制了价格配置社会资源作用的发挥。从完善《价格法》的目的出发，需要对《价格法》的调整范围扩充修改。

第一，取消或修订《价格法》第 2 条定义条款，可界定为"本法所称价格是指市场中确定商品的经营者和消费者、服务的提供者与接受者等交易双方利益关系的货币单位"。凡符合概念的对象都应纳入《价格法》的调整范围。

第二，对一些要素价格，如工资、利率、汇率、保险费率等，统一纳入《价格法》调整范围。按世贸组织《服务贸易总协定》有关规定，自然人的流动是服务贸易的四种形式之一。国内人口流动集中地上海和广东等地，《劳动力工资》、《协议工资谈判参照标准》等地方性法规，说明工资应纳入《价格法》的调整范围，这一点已为多数人所认同。金融、外汇、保险业当属于服务业范畴，将这些服务业价格或收费列为《价格法》调整范围，可以更好地打破垄断，促进竞争。另外，对于海关估价、农林特产品计税估价、涉案物品估价等，应通过法律明确规定由物价部门承担，以节约社会资源，提高司法效率。

第三，对一些租赁价格应作限制性规定。如对一些非成套设备的短期租赁价格应实行必要的管理，包括部分权力部门在工程建设中或招投标中，不正当地要求施工方使用其设备，收取高额费用；一些地方势力排斥竞争、随意抬高其设备使用费标准，使市场价格秩序混乱，侵害了一方的合法权益。对一些租赁价格的管理已成为当前鼓励和保护中小企业发展的应急之需。

第四，对土地的租赁或流转价格应实行管理。《宪法》、《土地法》等法规对土地流转已予以认可，但土地作为一种稀缺资源，《价格法》对其价格没有明确的规定，使物价部门难以管理。土地使用权的拍卖与转让价格、划拨土地的租赁和出让价格，如果没有物价部门参与，其价格行为难以保证合法公正，有可能出现垄断或暴利。特别是在广大农村，10亿农民赖以生存的土地，现在已经大规模流转，租赁（承包）成为其中的主要形式，而地租挤占利润已成为普遍问题。因此应将农村土地租赁价格列为《价格法》的调整重点，这是由我国的基本国情决定的。

二　充实《价格法》调整内容

第一，将行政性收费纳入调整范围。

《价格法》第47条明确规定："国家机关收费的具体管理办法由国务院另行规定。"但因情况复杂，问题较多，至今尚未出台有关法规。这不仅留下了法律缺口，降低了规范性收费力度，而且不利于行政审批制度改革和《行政许可法》的制定及实施。因此，应在《价格法》中明确行政性收费的定义和范围，将行政性收费和不体现政府职能的事业单位的收费、中介服务收费分离，进一步厘清公共财政支出范围和政府为特定对象提供特定服务收费的范围。

第二，在有关条款中体现《价格法》的调整范围。

随着社会经济的发展，第三产业日趋发达，服务价格行为在经济生活和群众生活中日显重要。《价格法》对服务价格即各类有偿服务的收费（第2条）的规范是薄弱的，如在实行政府指导价或者政府定价的范围中（第18条）不体现服务价格；在制止不正当价格行为中（第14

条第 2、第 3 款）没有涵盖服务价格。① 同时，对一些要素价格，如工资、利率、汇率、保险费率等，统一纳入《价格法》调整范围。对一些租赁价格应作限制性规定；对土地的租赁或流转价格应实行管理等。

第三，对价格监测应作专门规定。

如果说在计划经济条件下，价格功能更多体现为"经济杠杆"的话，那么在市场经济条件下其功能更多地体现为"经济信号"。价格配置社会资源的作用主要通过其信号作用来实现。从这一点说，监测是确保价格信号得以及时、准确发挥作用的前提。《价格法》应设一专章对价格监测作出专门规定，赋予物价部门法定的价格监测权，规定物价部门保证信号真实、规范的法定义务，其他部门和行业的价格监测必须统一纳入到物价系统的监测中，以提高市场信息的真实性。《价格法》应规定建立价格监测报告制度，价格监测品种、监测网络与监测报表应全国统一，实行规范操作；各级政府对价格监测所需经费应给予保障；各企事业单位和有关行业组织有协助物价部门进行价格监测的义务。②

第四，完善价格调控手段。

一要细化禁止不正当价格行为的规定，进一步明确"哄抬价格"行为的表现形式；通过立法明确政府定价的范围、原则、程序和方法，维护政府定价的严肃性，提高定价的科学性，要尽快制定综合性的《政府定价规程》，进一步完善分行业、分品种的商品和服务定价实施办法。要尽快出台《国家行政机关收费管理条例》，规范国家行政机关的收费行为。

二要进一步完善价格听证会制度，建立由社会组织遴选听证代表的机制，确保代表的广泛性、代表性、专业性，要制定实施《政府价格决策听证办法》，积极推进价格决策听证制度。

三要进一步建立具体的重要商品储备制度和价格调节基金制度，规范价格调节基金征收渠道、征收标准和使用方向。要研究制定《价格调

---

① 韦大乐：《〈价格法〉的成效与完善建议》，《法学杂志》2003 年第 4 期。
② 王少锋：《对修改〈价格法〉的几点看法》，2013 年 6 月 11 日，经济法网（www.cel. net. cn）。

节基金管理办法》、《中央储备粮价管理办法》等规范价格调控行为的法律法规，增强政府运用物资储备、价格调节基金等经济手段调控重要商品的价格能力，提高调控效率。制定和完善规范政府定价行为的法律法规。

第五，制定和完善规范市场主体价格行为的法律法规。

制止破坏公平竞争、扰乱市场秩序等不正当价格行为，促进和保护公平竞争。要针对市场上突出的价格垄断、价格欺诈、价格歧视、低价倾销等价格违法行为，研究制定价格方面的法规，与《反正当竞争法》、《反垄断法》等相配套，以规范经营者价格行为，保护广大消费者和经营者的合法权益。

第六，完善规范价格行政执法行为的法律法规，严格执法程序，提高办案的质量和效率。

要协调好《价格法》与《行政许可法》对收费执法主体资格的规定，增加有关政府价格主管部门的"价格公共服务职责"的规定等。

第七，其他需要完善的地方。

《价格法》应对行业价格组织作出规定，要把它的成立要件、运作方式、具体的权利与义务用法律形式确定下来，创造出一条适合中国国情与市场经济特点的价格管理模式。《价格法》应建立价格信誉评定制度，支持定期开展"价格计量信得过"活动，完善价格系统的行政奖励行为，通过表彰模范引导全社会价格行为朝着规范化迈进。《价格法》应对价格听证制度作出实质性规定，对应听证而不听证制定或调整价格的行为应确定为违法，让全社会知晓政务听证在价格决策中的地位与作用。①

在修改和完善价格法的同时，也应加快经济立法的步伐，在条件和时机成熟时出台《经济法》法典，进而出台它的重要子法——《宏观调控法》，这样价格宏观调控条例就有了更为坚实的法律基础。因为经济法为价格宏观调控创造了大背景、大环境，而宏观调控法又为其提供了稳定的前提。所以，本书认为，价格法和宏观调控法的修改完善和出

---

① 樊秀峰：《〈价格法〉亟待完善与配套》，《价格与经济》1999 年第 5 期。

台应成为价格宏观调控法的前提。

第三节 对价格法律法规体系及相关
制度的完善建议

一 对价格法律法规完善

(一) 价格宏观调控方面存在不足

1998 年开始实施的《价格法》是全国人大常委会通过的法律，是价格领域效力等级最高的法律规范。《价格法》及相关配套法规如《制止低价倾销行为的规定》、《制止价格欺诈行为的规定》的实施，为政府实行价格宏观调控提供了法律保障，在保持国民经济健康发展上发挥了重要作用。但随着我国经济的快速发展，目前的《价格法》在实践中也出现了一些与经济发展不相适应与不完善的地方，在物价不断上涨时不能有效地起到调控作用。其存在的问题主要表现在以下几个方面。

1. 价格法调控对象过窄

行政收费在我国是一项深受关注的事项，《价格法》规定国家机关收费的具体管理办法由国务院另行规定。但因情况复杂，至今尚未出台有关法规，降低了行政性收费的规范力。且随着社会经济的发展，第三产业日趋发达，服务价格行为在经济生活和群众生活中日显重要。而《价格法》各类有偿服务的规范是薄弱的，如在实行政府指导价或者政府定价的范围中不体现服务价格，在制止不正当价格行为中没有涵盖服务价格。虽然《价格法》对价格垄断行为的表现形式作了比较详细的列举，但没有明确的概念界定，也缺少对价格垄断形式进行明确区分，这在实践中难免造成理解的歧义。如联合固定价格，实践中对是否为"直接利用价格"的不正当价格行为存在不同认识，有人认为是直接利用价格进行的不正当价格行为，有人认为它包括间接利用价格如限制产量的卡特尔，这给法律适用和执行带来了困难。

2. 价格听证制度作用有限

我国《价格法》第 23 条规定了价格听证制度。价格听证制度是政府听取民意、通过价格杠杆平衡各方权利义务的重要手段，也是公众参与政府有关工作、争取自身权益的重要渠道。在价格听证方面，我国目前的法规还显得薄弱，且有些内容比较呆板，缺乏具体的配套措施。实践中的价格听证制度也不尽人意，有人认为绝大多数价格听证是"逢听必涨"，但涨价理由又常常难以让人信服；与经营者代表之间实力悬殊，信息严重不对称；价格听证过程不够公开、透明，缺乏有效的社会监督。

3. 价格监测缺乏专门规定

价格监测是政府监控市场的重要手段，是政府价格工作的重要组成部分，也是政府宏观调控和价格管理的基础性工作，价格监测在政府监测经济运行和市场变化工作中占据重要的位置。然而，这项重要制度却未在我国现行的《价格法》中进行专门规定。实践中只有国家发改委在2003年发布的《价格监测规定》进行调整，这使政府价格监测工作缺乏法律依据和有效的实现方式。

4. 价格责任制度缺失

《价格法》仅规定对经营者警告、罚款、责令停业整顿的行政责任和赔偿损失的民事责任；对行政机构的价格垄断也仅规定"责令改正、通报批评；对直接负责的主管人员和其他直接责任人员，依法给予行政处分"的行政责任。没有规定适当的短期刑罚或拘役，也没有对直接责任人明确的"两罚"规定。

（二）价格执法方面存在缺陷

《价格法》实施以来，由于思想认识不足，具体法律条文操作困难，人情观念影响，在执法力度和执法质量方面存在一些问题。有的该检查的不检查，该处罚的不敢处罚，该从重处罚的而从轻处罚；或者有的违反工作纪律和操作规程等。一些地方的执法队伍法制观念不强，尤其是偏远地区，执法人员不能够做到公正、公平、合理的执法，严重地损害了消费者的利益，助长了违法经营者的气焰，不利于公平的市场价格体系的形成。

另外，价格行政执法人员在执行公务时没有明显标志，穿着百姓服装上街执法，毫无形象可言，给人一种执法不严肃的印象，这也是对法律不尊重的一种表现。从大众心理角度讲，现代社会管理者必须有明显的标志，以便于大众识别与认可。但在价格行政执法中，尤其是在商品零售市场上，管理对象和价格行政执法人员发生争执甚至出现过激行为的事情时有发生，围观群众也不明就里，究其原因是多方面的，但"识别"问题给心理上带来的微妙影响不可忽视。① 另外，没有标志也不利于各地价格行政执法人员在执行公务时统一，但在一些地方特别是在一些欠发达地区统一标志问题一时也难以解决，在一定程度上给价格执法工作增加了难度。

（三）价格运行过程中存在价格违法行为

一些与人民生活密切相关的商品和服务价格出现较快上涨的势头，部分经营者和行业组织借价格上涨之机，有的相互串通，操纵市场价格；有的囤积居奇，搭车涨价；有的超过成本，增加幅度不合理；还有的捏造散布涨价信息，制造紧张气氛，严重影响社会心理预期，推动市场价格不合理上涨，扰乱了市场价格秩序，损害了消费者的合法权益。同时，消费者法制观念淡薄，合理的物价涨幅很容易引起他们的恐惧心理，消费者不当的购买行为给唯利是图的经营者以可乘之机，这也反映了我国的法制教育有待加强。

二　对我国价格法律制度的完善

（一）健全我国价格法律制度

要解决价格法制法规上存在的问题，主要应从扩大价格法调整的范围和完善价格听证制度方面入手，对价格法作进一步修改和完善。

1. 理顺价格法的体系

应将《价格法》中的"价格总水平"一章独立出去，在将来的《价格宏观调控法》中详细作出规定。《价格法》作为基本法，只对其作原则、概括性的规定。

2. 完善价格听证制度

现在有些听证会随意性很大，操作过程很不规范。因此，必须完善

---

① 江水法、伍世安：《〈价格法〉实施五年的效应、存在的缺陷及其修改建议》，《价格月刊》2003 年第 9 期。

政府定价听证制度。首先，根据价格法和政府价格决策听证暂行办法的规定，制定价格听证的实施细则，颁布听证目录，将重要商品价格和公益、公用事业服务价格的制定或调整纳入听证范围。

其次，建立遴选价格听证代表的机制，听证代表应具有广泛性，除人大代表、政协委员、经济管理部门代表、经营者外，应更多地让消费者参与听证；要吸收一定数量的经济、技术和法律方面的专家学者参与听证，充分发挥专家学者在政府价格决策中的作用。

再次，价格主管部门应建立价格管理数据库，掌握主要行业的有关信息，对经营者提供的听证材料特别是成本材料进行审核，保证其真实性。价格主管部门对申请人提供的资料应实施强制评审，提高价格听证资料的可信度。对于评审机构出具虚假评审报告、申请人提供虚假材料的行为给予严厉惩处。

最后，通过听证形成多方制约格局，强化社会公众对经营者和政府的监督，提高政府价格决策的科学性、全面性。减少盲目性、片面性，使定价更为科学合理。建立健全价格听证法律体系，在程序规范、监督机制等方面作出更严密的规定，使价格听证制度更趋于法制化、规范化。①

3. 建立价格监测制度

《价格法》应规定建立价格监测报告制度，价格监测品种、监测网络与监测报表应全国统一，实行规范操作；各级政府对价格监测所需经费应给予保障；各企事业单位和有关行业组织有协助物价部门进行价格监测的义务。通过借助价格监测手段来监视和判断市场变化，预测其变动趋势，调查分析重要商品和服务的价格、供求等变化情况，跟踪反馈国家重要经济政策在价格领域的反映，实施价格预测并适时提出预警建议，为各级政府有效调节经济、监管市场提供科学、准确的决策依据。

4. 确立严格的法律责任制度

《价格法》实施多年来，查处价格违法行为的数量多、涉及行业

---

① 梁化坤：《我国行政听证制度的法规范分析及其完善》，《法制与社会》2007 年第 12 期。

广，但价格违法行为并没有因为受查处而呈减少趋势，这虽然与我国经济快速发展中产生的新情况新问题有关，但也不能忽视《价格法》对价格违法行为缺乏严格的法律责任规定这一情况，如在大量国有企业所有权和经营权分离的情况下，有必要在《价格法》中明确"双罚制"。①在规定市场主体价格法律责任的同时规定直接责任人员和主管领导的法律责任，避免将个人责任转嫁由企业承担而让责任人员逃避制裁，导致无法实现惩戒的结果。同时，针对价格主管部门的宏观调控失误，也应该建立相应的惩罚机制，"周官放火"与"百姓点灯"，应该一视同仁，不但要被惩罚，甚或应被加重处罚，才能使决策更加审慎。

（二）完善价格行政处罚法规体系

为适应改革开放的新形势，1987 年国务院颁布《价格管理条例》，规定了 13 类价格违法行为和 6 种行政处罚。1995 年 1 月 25 日，为抑制经济过热，打击非法牟取暴利的行为，经国务院批准，原国家计委发布了《制止牟取暴利的暂行规定》。这两部法规对于加强价格管理，推动价格改革，促进商品经济发展起到了积极作用。

1997 年 12 月 29 日，为适应建立健全社会主义市场经济体制的要求，在《价格管理条例》实践的基础上，全国人大常委会颁布《价格法》，确立了经营者自主定价的主体地位，同时对经营者的价格行为进行规范，明确了合法与非法的界限，严格禁止价格垄断、价格欺诈等损害消费者利益的价格违法行为。1999 年 8 月 1 日，经国务院批准，原国家计委发布了《价格违法行为行政处罚规定》，进一步明确了经营者不执行政府定价和指导价、价格垄断、低价倾销、哄抬价格、价格欺诈、价格歧视、牟取暴利，以及不执行法定的干预措施和紧急措施等价格违法行为的法律责任。随后，国家发展和改革委员会陆续配套出台了《关于制止低价倾销行为的规定》、《关于商品和服务实行明码标价的规定》、《禁止价格欺诈行为的规定》、《制止价格垄断行为暂行规定》、《价格违法行为行政处罚实施办法》和《价格违法行为举报规定》等规章，为惩处价格违法行为提供了比较充分的法律依据。

---

① 赵小平：《修改〈价格法〉应注意把握的几个问题》，《中国物价》2003 年第 7 期。

2006 年 2 月 21 日，针对《价格违法行为行政处罚规定》第 14 条存在的违法所得界定不恰当，多收价款无法退还情形规定不全面，对违法经营者惩处不力等问题，国务院以第 461 号令对其作出修改并重新颁布。

2008 年，为防止经济增长由偏快转为过热，防止价格由结构性上涨演变为明显通货膨胀，第二次对《价格违法行为行政处罚规定》作出修订。一是加大了对价格违法行为的处罚力度，严厉打击价格违法行为；二是增加了对行业协会的价格违法行为的处罚规定；三是具体细化了哄抬价格违法行为的表现形式，明确规定通过恶意囤积以及利用其他手段推动价格过高上涨的行为属于哄抬价格，国务院价格主管部门对"其他手段"的具体范围作了规定。四是根据《价格法》的规定，明确了市场监管部门之间的配合与协作，以便形成合力，严密监管；五是加大了对价格违法行为的处罚力度，提高了罚款的额度，针对情节严重、拒不改正的违法行为还扩大了公告的范围，即不再仅限于经营场所。

2010 年，针对价格秩序方面出现的新情况新问题，为依法严厉惩处价格违法行为，维护正常的市场价格秩序，国务院第三次对《价格违法行为行政处罚规定》进行修订。一是把对相互串通、恶意囤积、捏造散布涨价信息以哄抬价格、牟取暴利的行为作为惩处重点，加大了处罚力度。二是加重了对违反政府指导价和政府定价行为的处罚力度，如第 10 条：经营者不执行政府指导价、政府定价将其中的"处 5 万元以上 50 万元以下的罚款"修改为"处 5 万元以上 50 万元以下的罚款，情节较重的处 50 万元以上 200 万元以下的罚款"。第 10 条经营者不执行法定的价格干预措施、紧急措施将其中的"处 10 万元以上 100 万元以下的罚款"修改为"处 10 万元以上 100 万元以下的罚款，情节较重的处 100 万元以上 500 万元以下的罚款"。三是加大了对个人违法的处罚力度，第 5 条、第 6 条、第 10 条、第 11 条规定经营者为个人的，对其没有违法所得的价格违法行为，可以处 10 万元以下的罚款，情节严重的，处 10 万元以上 50 万元以下的罚款。四是对严重扰乱市场秩序，构成犯罪的价格违法行为，可以依法追究刑事责任。

这些法律文件的颁布实施和不断修订，标志着以《价格法》为核心，以《价格违法行为行政处罚规定》为主干，以若干配套规章和其他规范性文件为重要补充的价格行政处罚法规体系已经形成，并在实践中与时俱进，不断完善和深化。

（三）加强价格执法

徒法不足以自行，完备的价格法律体系为执法提供了依据。在执法过程中既要坚决纠正行使职权上的"越位"行为，严禁行政执法人员滥用职权；又要努力克服价格管理中"缺位"和"不到位"的问题，切实担负起保障经济发展、促进改革开放、维护广大消费者合法权益的神圣职责。各级价格主管部门加强对执法人员的法制教育，增强法制观念，提高执法的自觉性，同时严格执法人员的纪律，克服感情代替政策法规的友情思想，做到秉公执法，不徇私情；还应对一些法规和规章制定实施细则，对难以操作的法律条文进行适当修改并作出正确解释，以加大执法力度和提高执法质量。价格法制的宣传普及工作要以政府价格主管部门为依托，发动全社会共同参与。要结合经济生活中出现的价格热点问题，充分利用各种宣传工具，通过开办专栏、举办专题讲座、设立宣传橱窗、发表文章等生动有效的宣传方式，广泛宣传《价格法》，普及价格法律知识，使《价格法》及其配套法规逐步深入人心，成为生产者和经营者的价格行为规范，成为广大消费者维护自身价格权益的有力武器。

第二编

价格调控法理论和实践

第四章

价格宏观调控法与价格法的
逻辑关系界定

就概念范畴的界定问题来说，价格、商品价格、非商品价格（公共产品价格）、价格管制、价格调控、价格法、价格法体系、价格调控法是本书需要阐述清楚或澄清的基本问题，也是本书的先决问题，否则，会出现立法和价格调控中的混乱。例如，价格法是否等同于价格调控法？如果从狭义角度理解，按照宏观调控的原理，其仅指有关国家职能部门对价格总水平的调节和控制。在我国现行的价格法律体系中，价格宏观调控法存在于价格法中，并没有形成独立的体例，也没有单行法，立法的时机也不成熟，因此，价格宏观调控的主要法律依据是价格法，从这一点来讲，价格宏观调控法包括价格法，这是广义的价格宏观调控法的概念。价格法与价格宏观调控法的逻辑关系需要加以明确。

一 广义价格宏观调控法与价格法的关系界定

如果从广义角度理解，整个价格法所规定的内容均可以纳入价格调控法的范畴。

一是微观市场价格秩序或制度的确立。从市场价格的范畴界定来看，该部分是国家对市场准入的开放程度的集中体现，是市场经济形成的前提，也是市场经济发展的基础性条件，如果按照市场产品原理分析，这一部分涉及的产品或物品交易主要是私人产品部分。事实上，如果没有这一部分的规定，企业主体就没有按照市场行情自主定价权，现实中的绝大部分商品和服务就不可能实现市场调节。究其根本，是由于国家在宏观调控中实施了以市场配置为基础的经济发展政策所导致的。

二是政府定价秩序或制度的确立。从政府定价的部分范畴界定来看，涉及公共产品和公共服务领域的价格问题，其中，公共产品价格的定价不属于市场范畴领域，属于政府提供社会服务的范畴，因此，其定价主要取决于公共政策的选择，按照不以盈利为目标的成本核算来确定服务价格；而属于准公共产品的部分，原则上虽然属于公共产品领域，但由于存在政府供给上的"拥挤点"或基于政府主要通过国有企业经营方式存在效率低下、服务不到位等问题，需要适度地引入市场机制或私营机制（民营机制）予以经营的领域。例如，对公众的水、电、气、热的供给和经营。这种经营必须把握好三点：第一，与纯粹的私人产品经营不同，其仍然应当主要以提供公共产品或服务为目标，企业的盈利部分，只能体现为微利。第二，政府对于准公共产品价格的定价实行指导和干预，其中，也包括对企业的财政补贴。第三，在企业不能履行其义务时，政府负有兜底的责任。即如果企业因为自己的利益不能实现而实施断水、断电、断气、断热时，政府的行政措施和财政措施必须跟上，否则会造成社会的混乱。由此，准公共产品虽然可以通过特许方式交由私人经营，经济和政治风险仍然在政府一边。经济上的因素主要考虑的是成本核算，而不存在盈利问题，但属于准公共产品的部分，可以考虑让企业获得微利，以很好地刺激其投资，减轻政府负担。

三是从价格总水平的调控部分来看，则属于价格调控的核心部分，它是指在前两个方面所确立的既有的价格秩序下，价格主管部门针对市场动态的发展情况，围绕价格总指数的变动而进行的调节。其具体的措施，除《价格法》规定的法定措施外，还需要其他宏观调控手段如产业结构调整、财政税收、金融调控等的配合，因此相关制度的建设也很重要。

二　狭义价格宏观调控法与价格法的关系界定

现行《价格法》的法域范畴主要涉及微观市场价格秩序或制度的确立、政府定价秩序或制度的确立及价格总水平调控三个方面。价格法的前两个方面属于广义价格调控法的内容，而狭义的价格调控法与价格法中的价格总水平调控部分相吻合。现就有关价格总水平的调控部分，也即对狭义的价格宏观调控法与价格法的关系作出界定。

价格总水平调控是国家在市场定价和政府定价或执行指导价的基础上，对总价格水平的控制，并且，由于价格总水平的上涨表现为通货膨胀，因此，可以通过对价格总水平的调节和控制，实现对通货膨胀率的调节与控制。

首先，从经济实践来看，随着市场经济规模的扩大和发展速度的增长，价格总水平总体上是呈上升趋势的，并且，适度的通货膨胀还有利于经济的发展，一般认为，控制在5%以内的增长率为正常，超过5%就可能给经济带来危机。为此，价格总水平调控的目标首先就是要把总水平的增长控制在5%以内。

其次，从宏观调控的四大目标来看，经济增长与充分就业具有一致性，但经济增长与物价稳定之间是存在矛盾的，因此，必须在经济增长与物价稳定之间选择一个适度的经济关系，对此，我国的实践是总体经济增长8%以内，物价上涨指数（价格总水平）增长为5%以内。这是一个经济平衡点，但调节的结果将会导致不同利益关系的变化。例如，在扩大内需中，通过增加人们的收入，扩大消费，就会使人民的生活得到改善；而如果刺激消费力不足，宏观调控就可能把扩大内需的着力点放在政府的投资领域，其中包括扩大政府采购的力度，其结果是政府机构的办公条件得到大力改善。而近几年实施的以一定财政补贴为基础的家电下乡，又通过增加农民的消费，改善了农民的生活条件。如此等等。

再次，国家的价格调控还涉及价格总水平增长与居民收入增长之间关系的处理，即价格总水平增长快于居民收入增长，则显示居民实际生活水平的下降；价格总水平与居民收入同步增长则显示居民生活水平处于停滞状态；只有当居民收入增长高于价格总水平增长时，才能显示居民生活水平的提高，或具有了进一步改善的条件。但是，两者之间也不能差距太大。当前，从总体情况判断，居民手中的热钱较多，普通的消费已经不足以控制过剩的货币，只有房地产业和汽车业的发展，才能使中等以上收入水平居民手中的热钱通过市场交易，实现货币的有效周转。这也是在当前为什么政府明知房地产和汽车业发展中存在诸多弊端，但还不得不硬着头皮往前发展的基本原因。

　　另外，中国特色的经济调控问题历来存在结构性的矛盾，而实施市场经济体制以来，贫富差距的拉大，更加剧了价格调控的矛盾，对于那些已经居于千万和亿万的富翁来说，任何一般力度的价格调节，对之已经毫无意义。而对于广大的中下水平的收入者来说，即使一般意义的价格调节也会直接影响其生活水平的稳定提高，这也为中国的价格调节带来了难度。还有，基于一些人的恶意炒作、体制原因和突发事件的发生，导致个别地区某一类商品价格暴涨，或局部与全局价格失控，则必须用行政手段予以干预。为此，价格法还规定了相应的涉及财政、税收、货币等政策调节措施和 6 个方面的制度配置。

三　本书观点

　　综上分析，虽然从广义上讲，《价格法》所调整的内容均可纳入宏观调控的范畴，但是，准确的价格宏观调控仅指价格总水平的调控。在此基础上，作为一本专著，对价格调控法的研究，应从狭义角度入手，在对价格调控进行准确界定和理论分析基础上，突出价格调控政策调节和制度配置地位，而后，将包括市场准入、政府公共产品定价、税法、流转税法、价格违法犯罪处罚等其他制度作为相关制度予以阐述。可见，广义的价格宏观调控范畴包含微观和宏观的价格法，无法凸显与框定价格宏观调控的特性，因而不易采用。只有狭义的价格宏观调控概念才能将价格调控法研究与价格法研究区别开来，凸显出本书研究的鲜明特色。

第五章

国外价格宏观调控的立法分析及其借鉴

西方国家的市场经济已运行 200 多年，经历了国家不干预经济生活的自由竞争时期到国家积极干预经济生活的垄断时期，建立起了一整套行之有效的国家宏观调控制度，特别是二战后，受凯恩斯的国家干预理论影响，形成了反对自由放任的自由价格论和反对国家过多干预价格的直接管制论，其中，后者主张国家以不破坏市场机制运行，创造市场价格机制运行有利条件和弥补市场价格机制缺陷为出发点，有效、有限、适度地干预价格，是促进经济发展的主流经济学理论，且在实践中取得了巨大的成功。①

一　发达国家的宏观调控立法模式分析

价格宏观调控法的立法模式的差异根源于各国的宏观调控模式立法。纵观西方各国的立法模式，大致可分为两种：

（一）政府主导型市场经济的宏观调控综述

政府主导型国家采用的宏观调控手段比较直接，国家干预宏观经济的力度也较大；计划法、产业政策法往往是政府主导型国家宏观调控法律体系的重要组成部分。在资本主义国家中，日本是计划法比较发达的典型国家。经济计划在日本的宏观调控法中占有重要地位。第二次世界大战后，为实现国家计划，日本逐渐出现了关于经济计划的法律。日本编制经济计划的法律依据是《经济企划厅设置法》，该法规定经济企划厅的任务之一是制订并推行长期经济计划。日本经济兼有市场经济和计划经济成分的特点，是因为日本政府在整个经济发展过程中制订了一系

---

① 卢炯星：《宏观经济法》，厦门大学出版社 2005 年版，第 464 页。

列经济计划，实现了与计划相适应的产业政策，并开展了广泛的以产业政策为指导的产业立法活动的缘故。① 日本的产业政策法不但数量庞大，而且其涉及的深度和广度也值得称赞。利用法律手段对产业活动进行管理，是日本制定和推广产业政策的独特之处，日本推行产业政策所必需的制度都是依靠有关法律建立的。事实上产业政策法是战后日本经济立法中最具有特色的、发挥作用最大的部分。可见，日本的产业政策法在宏观调控中占有相当大的比重，在日本各个时期具体经济目标的实现过程中起到了直接的、不可估量的作用。②

以下对日本的《国民生活安定紧急措施法》为代表的宏观调控法进行述评。③

1. 立法条件

日本"生活二法"之一的《国民生活安定紧急措施法》（以下简称《紧急措施法》）出台的基本背景为：一方面，1970 年代日本政治进入"多党化"时代，自民党受到在野党和广大民众的压力日益增大，尤其是时任首相的田中角荣推行的"日本列岛改造计划"导致了严重的通货膨胀和政治危机；另一方面，1973 年爆发的全球性石油危机对资源贫乏的日本造成了沉重打击，日本政府在短短两个月内先后采取降低石油关税、设立石油紧急对策推进总部、中东外交斡旋等一系列手段应对危机，并于同年 12 月 22 日制定了《紧急措施法》。

2. 主要内容

（1）目标与原则

第 1 条首先明确了立法目的："是为应付物价上涨等我国经济上的异常事态，制定紧急措施，调整与国民生活关系密切的物资和国民经济上的重要物资的价格和供求关系，以求确保国民生活的稳定和国民经济的顺利发展。"

第 2 条规定了政府必须遵循的两大原则：一是"务须致力于优先确

---

① 许思青：《日本市场经济法制》，辽宁大学出版社 1995 年版，第 180 页。

② 同上书，第 115 页。

③ 刘瑞、周人杰：《论宏观调控的法理基础》，《政治经济学评论》2008 年第 1 辑，中国人民大学出版社 2008 年版，第 247 页。

保在国民的日常生活上不可缺少的物资的供应，同时力求保持物价稳定"，二是"对与国民生活有密切关系的物资和国民经济上的重要物资，必须致力于向国民提供其生产、进口、流通和库存情况的必要情报"。

（2）"标准价格"

"标准价格"是《紧急措施法》的核心内容，基本含义类似于价格管制中设定的"最高限价"。

第3条设定了制定"标准价格"的必要条件，"在物价上涨或者有可能上涨的领域，当与国民生活有密切关联的物资和国民经济上的重要物资的价格明显上涨或者有上涨趋势时……"

第4条明确规定主管大臣必须及时根据前条规定的"指定物资"指定"标准品种"，并规定"标准价格"。同时着重给出了"标准价格"制定中应当考虑的因素，包括"标准的生产费"、"进口价格或进货价格"、"标准的销售费用和利润"等，并"斟酌交易情况、地区情况供求情况"，"以及对于国民生活或国民经济带来的影响等等，加以综合权衡而确定"。

第6条针对微观主体对"标准价格"的实施做出了规范，要求"零售业……必须将标准价格和指定物资的销售价格标在一般消费者显目的地方"。

（3）"标准价格"之外的价格管制规定

在"标准价格"制度之外，《紧急措施法》又制定了"课征金"、"生产指示"、"进口指示"、"保管指示"、"出售与运输指示"、"设备投资指示"、"分配指示"等配套性制度和措施。

（4）组织与程序

《紧急措施法》中规定的最重要的组织主体是"国民生活安定审议会"（以下简称"审议会"），根据第27条的规定，其性质是"总理府的附属机关"。职责有二：一是"应总理大臣或者有关大臣的咨询，调查审议生活关联物资等的分配或者配售等关于本法运用上的重要事项"；二是"有权向内阁总理大臣或者有关大臣提出关于前款规定事项的建议"。"审议会由内阁总理大臣从有知识、有经验和一般消费者中选任的十五人以下委员组成"。

《紧急措施法》也注重发挥立法机构的监督制约功能，第28条规定："政府应在每年的六月份左右向国会报告一次本法的施行情况。"

（5）法律责任

《紧急措施法》高度重视法律责任对法律执行的效力，第34条至第37条详细规定了违反法律者所应面对的"罚则"，包括"自由刑"与"货币罚"两类。

3. 基本特征

（1）全文篇幅较短、实体与程序并重。与《促进法》相比，《紧急措施法》仍然具备了短小精悍的特征，但是明显增加了实体性内容，例如"标准价格"制定的方法、课征金征收中的滞纳金等，体现了紧急状态立法所必需的要求。

（2）强调紧急措施、注重价格管制。由于该法出自对紧急状态的防范目的，故条文倾向于运用紧急措施，尤其是通过"标准价格"和七类指示来实现价格管制，形成了与日常国民经济管理截然不同的手段模式。

（3）法律责任明确，注重法的实效性。《紧急措施法》非常注重法律责任的落实，不仅在条文中反复强调主管大臣针对拒绝执行的行为"有权予以公布"，而且单列四条"罚则"明正典刑，其中有关"课征金"的规定最能体现日本对法的实效性的重视。

（二）市场主导型市场经济的宏观调控模式综述

英、美两国实行的是一种政府进行有限制宏观调控的市场经济，即市场主导型市场经济的宏观调控。在这种模式下，政府的行为和作用一般相对较弱，其主导思想是充分鼓励自由竞争、政府并不总是干预经济。这些国家一般不采用经济计划和产业政策等直接宏观调控，而采用财政和货币政策进行间接调控的模式。虽然两国有时候也有直接的调控方式，但主要还是采用间接调控的方式，具体的直接的干预手段都作为辅助手段帮助实现经济目标。财政预算体系和银行金融体系处于主导地位，国家主要通过制定各种财政和货币政策来实现宏观经济的均衡和经济稳定增长目标。此外，税收政策也是政府经常运用的工具。[1] 英美两国政府注重经济活动的"量"和"趋势"，而把"质"和"结构"留给市场去解决。[2]

以下论述美国《充分就业和国民经济平衡增长法》为代表的宏观调控法。[3]

1. 立法条件

在"凯恩斯主义"政策的指导下，美国于 1960 年代末 1970 年代初出现了"滞胀"现象，失业率和通货膨胀率均上升至两位数。在此背景下，美国国会于 1978 年通过《充分就业和国民经济平衡增长法》（以下简称《增长法》）。作为 1946 年《就业法》的修正和补充，《增长法》再次明确把实现"充分就业"定为政府干预经济的核心目标，并把干预的权限和范围进一步扩大。

2. 主要内容

（1）目的与原则

3101 节首先阐明了立法的缘由，即"失业"为美国带来了高昂的经济成本和严重的社会问题，立法的直接目的在于实现充分就业，进而保障经济的平衡增长。

3101 节继而阐明了基本原则：①综合运用包括财政政策和货币政策在内的多种手段以实现立法目的；②应该制定明确的短期和中期经济目标；③包括总统、国会、美联储理事会在内的权力部门分工协调；④政府干预依然要建立在市场经济与私人产权的效率之上；⑤强调国际收支平衡的重要性。

为实现决策的民主化，3103 节规定了一个由企业家、劳工、政府等组成的"国家就业会议"，该会议于哥伦比亚行政区定期召开，主要议题围绕结构性失业、青年失业、就业激励等。

---

① 叶秋华、宋凯利、郝刚：《西方宏观调控法与市场规制法研究》，中国人民大学出版社 1999 年版，第 53 页。

② 张幼文、陈林：《市场经济体制国际比较概论》，东方出版中心 1998 年版，第 20 页。

③ 刘树成、姚愉芳、陈黎：《德国的经济波动、预测与宏观调控——赴德学术考察报告》，《数量经济技术经济研究》1995 年第 12 期。

（2）结构性经济政策与计划

"反就业周期政策"——3112 节一方面提出了 9 个项目实体以支持 3111 节的"总统政策与计划";另一方面明确了项目实体实施中必须遵循的"触发机制",即"……这一机制能够保证计划在失业时期得以贯彻,并在失业适当减少后逐步淡出,同时亦可统一各种有效的手段,以求在经济恢复的同时,协助依照本法制定的计划所救助的个体迅速恢复到常规的私人与公共就业状态中"。

"经济行动的协调一致"——3113 节既规定了总统在法律框架内统一协调"联邦、区域、州、地区与私人部门"之间各类经济行动的原则,又提出了"总统……一切措施……资金标准受限于各个州和地方政府的财政状况、预算条件……同时应该特别关注这些州和地方的失业率"的实体性要求。

"青年就业政策与计划"——3115 节着重探讨了在失业群体中占有特殊重要地位的青年人的就业问题,明确要求"总统……应当改进并扩展现存的青年就业计划……应当做到:制定相应条款以协调青年就业措施与其他相关就业、培训项目;发展一种从学校到工作的更为平稳的转换机制;为残疾或有其他就业障碍的年轻人开辟稳定而自立的就业途径;发展培训与工作两相结合的现实途径;制定相应条款以吸引结构性失业的年轻人前往效益良好的全职部门就业,同时应配备相应机制以激励雇佣他们的私人的和独立的工商部门"。

（3）国会监督与检查

3132 节规定了"委员会评审"这一重要监督机制:首先,"经济联合委员会应当检查并分析总统经济报告中依据《1946 年就业法》相关条款确立的短期与中期目标";其次,"经济联合委员会应当召开听证会,目的在于听取由国会众议院议员、联邦政府相关部门与机构、社会公众以及联合委员会认为合适的相关组织等组成的代表们的证词,也应该考虑来自州和地方政府的解释和观点";再次,经济联合委员会也应向国会两院的相关委员会提交相应报告。

（4）一般原则

第三分章主要包括"非歧视"与"劳动基准"两大原则,目的在于从劳工权益的角度解决《增长法》实施中可能出现的侵权问题。

3. 基本特征

（1）高度重视权力制衡与法律协调。美国政治体制是建立在"三权分立"基础之上的典型范式，立法也高度重视国会、总统、美联储与司法部门之间的权力制衡，尤其突出"总统经济报告"及其国会审核的制约功能，同时也通过《1946年就业法》等法律之间的制约机制实现政府干预的效力与约束。

（2）高度重视小型企业功能与青年就业工程。《增长法》高度重视小型企业在国民经济，尤其是解决失业问题上的重要作用，全文反复强调其重要作用，并设置若干激励、保护和引导机制以促进小型企业发展。《增长法》充分强调青年群体的就业问题，单列一节强调青年失业的危害，并给出了具体措施建议。

（3）科学民主决策与"协调一致"原则。《增长法》虽然没有建立一个跨部门的综合协调机构，但该法通过一个由企业家、劳工、政府等组成的"国家就业会议"及两院的相关专业委员会等机构实现了决策的民主化与科学化，并且着重规范了总统在法律框架内统一协调"联邦、区域、州、地区与私人部门"经济行动的一致性原则。

（4）程序与实体并重，注重法的实效性。《增长法》针对失业的政府干预行为，不仅制定了详尽的包括"总统经济报告"、国会监督制约、行政机关依法诉讼的程序性规定，也包含了大量诸如"青年就业工程"、"资本形成"、"就业储备项目"等实体性规定，其对"目标管理"与"计划管理"的高度重视也为普通法所罕见。

二　发达国家的价格宏观调控立法模式分析

西方各国的宏观调控模式不同导致了价格宏观调控立法模式也存在分野。宏观调控的模式大体可分为两种：

一是独立型的价格宏观调控法。

这些国家制定的专门价格法律有奥地利、瑞典、挪威等国的《价格法》，日本的《物价统制法》等。上述国家中已经形成价格宏观调控法律体系的首推日本。日本在基本价格宏观调控立法之外，还制定了《农产品价格稳定法》、《关于抢购和囤积生活用品等的紧急措施法》（1937年法第121号）、《稳定国民生活紧急措施法》、《农药价格稳定措施法》（1953年法第225号）和《畜产品价格稳定法》等等。① 《价格表示基准法》、《禁止私人垄断以及商品公正交易法》、《蔬菜生产交货安定法》、《石油供求合理化法》等法律法规，建构起价格管理的法律体系，有效地避免了权力滥用，提高了物价的透明度。

二是分散型或混合型价格宏观调控法。

一些西欧市场经济国家认为，经济运行主要靠"看不见的手"（市场）来调节，政府应该保证充分的市场竞争和公平交易，所以对价格直接管理和干预的程度较弱。也即这些国家没有单独的价格宏观调控法，其分散包含在非专门价格法的有关条款中。奉行自由竞争的西方市场经济国家，其价格宏观调控法规主要体现在反垄断、反不正当竞争法和物价管制中。有人甚至认为，通常所说的西方国家的价格宏观调控法规，主要就是指反垄断法中的有关条款，是有一定道理的。这种类型的国家以美国为代表。②

三　造成日本、美国价格宏观调控政策差异的原因分析

（一）经济因素

造成日本和美国采取不同的价格宏观调控立法模式的首要原因是因为两国所采取的市场经济类型不同。日本政府之所以高度重视运用计划手段和产业政策对市场经济进行干预，一方面是因为日本是个后起的资本主义国家，需要借助政府的力量来推进经济的进度，来引进技术、管理、制度的规模效应，分散的私人企业和自发进行的竞争难以使潜在的后发优势转化为现实的生产力。这印证了刘易斯的名言："国家越落后，一个开拓性政府的作用范围就越大。"③ 集权的程度越

---

① 晓文：《日本消费者权益保护政策和立法》，《中国工商管理研究》1999年第10期。

② 刘定华、肖海军：《宏观调控法律制度》，人民法院出版社2002年版，第424页。

③ ［美］W·阿瑟·刘易斯：《经济增长理论》，梁小民译，上海三联书店1990年版，第516页。

高，保障和规范政府宏观调控权的手段就越直接、越有力。二战中投降的日本，经济遭受重创，为了赶超欧美，不得不采取实行更为广泛、深入、有成效的干预政策，这种由人为强行导入的市场经济被称为"组织起来的市场"。[①]

"如果在市场经济体制或运行模式的范围内来研究当代西方市场经济的类型区分，那么就应以企业、市场、政府三者相互关系的特点和经济调节机制中宏观调控的特点为标准。如按此标准来划分和衡量，日本属于'官民混合'的市场经济，而美国则采用企业自主型市场经济。"[②]战后日本一直推行"官民混合经济"体制，日本经济高速发展的基础是"民间企业和以通产省为代表的政府的紧密合作"，这种经济体制的最大特点为：官、产、学共同协商进行决策。战后日本的各种审议会制度对于经济决策起了十分重要的作用，审议会是指政府和民间"共同"商讨大事的会议机构。在审议会中，日本政府和各界代表广泛协商，共同制定经济政策。但是作为大垄断资产阶级代表的日本政府，对经济政策的最后制定还是起了关键性作用。同时政府机构运用价格、税收等措施对经济实行计划调节和加强经济立法，以诱导私人经济沿着政府预期方向发展。这是另一个深层次的原因。

而美国的企业自主型市场经济，是企业、市场、政府三者关系为"政府调节市场，市场引导企业"的市场经济。这种市场经济体制比较突出强调的是保障企业作为微观经济活动主体的权利，保证企业作为微观经济活动主体的有效性，政府这只"看不见的手"一般很少直接干预企业的经济活动，而是通过市场来引导企业。政府的宏观调控活动集中在市场上，通过各种市场可以容纳的手段与方法，将宏观计划意图转化为市场信号，通过改变市场秩序、市场环境和市场信号，来间接地影响企业决策。一般情况下，是由市场与企业发生直接联系，企业基本上是面向市场来调整自己的活动态势。作为政府与企业二要素中介的市

---

① 魏礼存、利广安：《国外市场经济的宏观调控模式与借鉴》，中国计划出版社 1994 年版，第 38 页。

② 聂辰常、耿杰、王秀玲：《宏观经济运行与调控》，社会科学文献出版社 1999 年版，第 197 页。

场，也更多地保持着经济运行过程和资源配置过程中的既有地位。① 可见，美国的市场经济机制比较成熟，因而政府的根本作用在于实现经济的稳定发展，而不是寻求更高速度的增长，有时为了抑制过高的通货膨胀，甚至还需要控制过高的增长速度，宏观调控担负着极强的市场控制与调节功能。因此，在美国，财政政策和货币等相对稳定的经济政策是干预经济的主要工具，历届政府虽然在具体的调控方法上有些差别，但是坚持用财政政策和货币政策等作为调控工具的传统却被保留下来。

（二）政治因素

二战后的日本受到战败条约及限制发展军事、国防力量的影响，政府把更多的精力投放到国民经济的发展上来，把经济的发展作为头等大事来抓，国家的政治职能弱化而经济职能却明显地增强，政治职能和行政执政职能也是围绕着经济职能展开，加之传统的军国主义的影响，民众对经济的发展而采用了积极支持的态度，这有利于各种经济政策的推行，这些有力的经济政策又促成了企业、政府及市场之间的相互协调与配合，反过来，顺畅的市场经济又为各项宏观经济政策的推行提供了良好的环境。

在美国执政者看来，国家之所以对宏观经济进行干预，是为了更好地实现市场调节，是为了克服市场调节产生的波动性，是对私有经济的一种保护措施。甚或在美国人看来计划是对私有经济的一种束缚，一种破坏。② 在美国执政者看来，产业政策在一定意义上是经济计划的代名词。它要求国家对促进全国的工业发展采取战略的、目标导向的态度；需要中央政府对具体企业和产业的投资和生产决策作有选择的干预；产业政策的实施还需要有公共和私人权力中心为追求共同目标的积极协调。但这些因素在美国市场经济中是明显缺乏的，因此，美国也没有什么正式的产业政策。③ 基于文化等传统，在宏观调控手段方面，美国与

---

① 聂辰常、耿杰、王秀玲：《宏观经济运行与调控》，社会科学文献出版社 1999 年版，第 197 页。

② 黄范章：《外国市场经济的理论分析与实践》，商务印书馆 1998 年版，第 45 页。

③ 左大陪、裴小革：《现代市场经济的不同类型》，经济科学出版社 1997 年版，第 39 页。

日本有着很大的不同。

（三）文化因素

二战后日本市场经济大发展的过程中，计划法和产业政策法等直接手段的法律使得各项宏观经济政策得以顺利推行的重要原因是历史与文化的发展与现实要求统一的结果。日本政府利用法律这种强有力的手段才使得各项宏观调控政策得以顺利实施，从而弥补了市场经济所需的社会文化条件的先天缺陷。同时日本的产业政策也正是及时转化成了产业调控法律，才得以在国民经济的宏观调控中始终占据着举足轻重的地位。这说明日本的产业政策与其特定的社会文化、法律背景存在某种内在的联系。社会文化和法律条件以及在此基础上形成的官方协调的体制是日本产业政策有效性的重要基础。

美国的市场经济向来注重并鼓励自由竞争，政府并不总是干预经济，只有在执政者认为必要或者市场经济发展必要的时候才会出面。罗斯福新政实施的过程中，《农业调整法》和《国家工业复兴法》基本上是按计划派的思路设计的，虽然罗斯福更注重蓝领的利益，但是该法律终因大企业、中小企业与劳工的利益不一致，大农场也不配合，从而在执行方面大打折扣，后来被最高法院宣布违反宪法而失去效力，最终使得计划调控的思想冷落下来，直到现在美国也没有制订和实施过一项中长期国民经济和社会法中的综合性计划，从未设立过专门的政府计划部门，也没有将年度或中期财政预算作为带有计划性质的引导社会投资与消费的指示器。① 反而在财政、货币与税收政策等间接调控手段方面却极为发达。诚然，这是美国历史的选择，更是美国市场经济规律的作用使然。

（四）历史传统因素

日本是一个政府经济职能发挥得比较充分的国家，政府干预经济是一种传统。长期的经济干预在日本逐步形成了国家本位的意识形态，人民对于政府扩大干预范围、加强指导经济增长力度的做法也容易采用合

---

① 朱延福、刘可风：《市场经济国家中的计划》，人民出版社1996年版，第177页。

作的态度。① 重要的是这种传统从明治维新政府延续到二战以后的历届政府，并且成为日本经济发展的鲜明特色。

美国是个殖民地国家，虽然发展较晚，但受到的束缚却较少，发展极为迅速。因此，在面对经济发展的问题时，美国政府并不是依靠政府先制订计划，然后再反作用为产业政策等其他措施，这样的过程不但慢且周期长，不利于及时解决问题。况且一向以自我为中心的美国人们也等不了那么长时间，所以，在美国的历史文化传统中，一直以尊重市场的优先发展作为根本，直接的干预手段比计划更加卓有成效，且来得直截了当。

四 日本、美国价格宏观调控政策的相同之处

尽管，日本和美国的价格宏观调控存在着如此大的差异，但实行价格宏观调控的目的都在于维护市场价格基本稳定和公平有序的市场价格竞争环境，都采用了直接管制价格以制止价格垄断，都运用财务政策、货币政策、工资与汇率政策影响市场价格变动。

（一）直接价格管制

主要指政府直接制定特定商品和服务的价格。日本在战后初期，因战争破坏、物资匮乏、物价飞涨、社会动荡，政府根据形势需要，也及时建立了以米价和煤价为主的冻结价格制度。自 20 世纪 70 年代后期以来，美国联邦政府直接管理影响国计民生的一些农产品如小麦、糖、烟叶、牛奶、木材等的价格。

（二）制止价格垄断

日本早在 1947 年就制定了《关于反私人垄断和维护公平交易的法律》（简称《反垄断法》），对垄断、合并及垄断状态做出明确界定，并对卡特尔不公平交易行为做出了禁止；美国则是较早通过立法反垄断的国家，《谢尔曼法》、《克莱顿法》和《联邦贸易委员会法》合称美国的反垄断法。这些法对价格垄断、价格歧视、欺骗性定价等作了禁止规定，从而保护了交易的公平。

---

① 姚先国、罗卫东：《比较经济体制分析》，浙江大学出版社 2000 年版，第 206 页。

（三）手段相同

无论在日本还是美国，虽然宏观调控的方式依各国的国情不同，侧重点也不相同，但是两种方式都运用了经济手段，包括财政政策手段、货币政策手段和工资与汇率控制手段，这三个手段并称为控制物价水平的三大经济法宝。[①]

五　国外价格宏观调控立法模式对我国的借鉴

价格机制是市场机制的核心，价格应既反映价值又反映供求关系，这样才能充分发挥价格机制的作用，合理配置资源和实现公平的利益分配。但在现代市场经济可能出现垄断及其他破坏市场经济秩序的行为时，价格常常被扭曲，从而导致资源配置无效和利益分配不公平。当代经济中则普遍存在通货膨胀的问题，因此，稳定物价是各国政府追求的主要宏观经济目标之一。对价格水平进行宏观调控，是当今各国政府都面临的重要任务。西方各国的市场经济毕竟已经经历了 200 多年，已经形成了行之有效的价格宏观调控方法及经验。因而借鉴外国先进的价格宏观调控措施和立法经验，对于完善我国的价格宏观调控理论体系和完善政府价格宏观调控职能具有重大意义。

1. 发达国家在市场经济条件下，坚持以市场形成价格为主，但不放松对价格的直接管制，实行必要的政府行政干预并使之多样化。市场机制本身的缺陷使发达国家在全部放开价格上做了保留，对一些关系国计民生的价格实行控制。在直接控制的对象上，主要是一些关系国计民生、价格弹性小、垄断性强的商品和服务。如美国政府管理的价格主要有农产品、军需品价格及公用事业价格；日本政府直接管制能源、交通运输、邮电通信价格及医疗、清扫、国立及公立大学授课、电视节目播放等服务的价格等。在直接干预的方式上，除直接制定价格外，发达国家还采用多种方式，以最大限度地减少行政干预的弊端，如美国通过各公用事业委员会来规定公用事业的最高和最低收费率，以及禁止歧视性收费率。

---

① 漆多俊：《宏观调控法研究》，中国方正出版社 2002 年版，第 343—350 页。

2. 发达国家在宏观调控上把稳定物价与充分就业，保持国际收支平衡，适度经济增长率列为宏观经济管理的主要目标，采用经济手段促进上述目标的实现，并为经营者创造一个公平竞争、良好有序的市场环境。如日本通过压缩预算规模，提高存款储备率等财政金融性的抑制紧急需求的政策及扩大出口保证物资供应等增加总供给政策来抑制通货膨胀，保持物价稳定。

3. 发达国家把国家干预价格的手段制度化、法律化，通过制定一系列价格法规来确认政府部门的价格管理权限、范围、管理方式和程度，并以保护公平竞争、防止垄断作为管理的基本出发点来确认企业的价格行为和相应的法律责任，促进市场机制作用的发挥。

4. 发达国家依靠法律法规建立规范有力的价格管理机构并严格执法，有效地保障了价格法规的实施和促进了经济发展。如日本建立起了物价问题阁僚会议为最高决策机构，国民生活安定审议会、物价安定政策会议为决策咨询机构，物价担当官会议为协调机构的物价决策咨询机构，以经济企划厅物价局为核心，由政府各有关省厅和地方政府设立的物价管理机构所组成的物价管理执行机构及由大藏省、日本银行、公正交易委员会等部门组成的物价宏观协调与公正监督机构。[①]

总之，西方各国的价格宏观调控有许多值得我们借鉴的地方。"取他人之长"目的是"补己之短"，但切忌一味地照搬照抄。我们在借鉴的同时也要去伪存真、去粗取精，把它们融入我国的国情，建立起符合我国实际的具有中国特色的价格宏观调控机制。

---

① 卢炯星：《宏观经济法》，厦门大学出版社 2005 年版，第 464—466 页。

第六章

中国的价格宏观调控模式分析

第一节　中国价格宏观调控体系的发展历史

一　春秋战国时期的价格理论评析

我国春秋战国时代，就已经有了关于价格的描述。比如孟轲、墨翟和管仲等大思想家对价格做过认真的探索，提出了很有见解的主张。"夫物之不齐，物之情也，或相倍蓰，或相什百，或相千万，予比而同之，是乱天下也。"[①] 孟轲认为商品价格的高低应视质量优劣而异，同种物品，质量不同，价格应有高低之分。但对价格为什么有高有低，孟子并没有进一步解释。墨翟及其继承者对价格有了较为深入的研究。"贾宜，贵贱也。"[②] 意思是说，只要价格合理，买者愿买，卖者愿卖，价格贵贱无所谓。管子价格理论比前人有独到之处在于运用轻重理论对如何利用价格以调节经济活动上作了富有辩证思想的论述，是利用价格调控经济的渊源。管子的"币重则谷轻，币轻则谷重"的理论，不仅指出了价格和谷物存在互相制约的轻重关系，而且认为币、谷等角度应当掌握在国家手中，由国家进行合理的调度，才能保证国家的安定，即所谓"人君操谷币准衡，而天下可定也"。[③] 在价格政策上，管子还阐

[①] 《孟子·滕文公上》，转引自刘卓甫、王振之《社会主义价格学》，中国财政经济出版社 1987 年版，第 13 页。

[②] 《孟子·经说上》，转引自刘卓甫、王振之《社会主义价格学》，中国财政经济出版社 1987 年版，第 13 页。

[③] 《管子·山至数》，转引自刘卓甫、王振之《社会主义价格学》，中国财政经济出版社 1987 年版，第 14 页。

发了"物不得有常固","衡无数"① 的思想;"物不得有常固",是指物价不可能绝对的稳定,如果物价长期固定不动,即所谓的"高下不式,则万物不可得而使固"② 不利于经济的发展。所谓"衡无数",是指物价经常波动而达到均衡的意思,他认为物价的波动是正常的现象,没有波动就没有稳定,价格正是在一高一低的波动中求得平衡的。虽然还没有意识到价格波动的轴心是什么,但似乎已经看出价格运动是一种不断趋向平衡的向心运动。更为可贵的是管子主张利用价格调节生产和流通,当谷价腾贵时,则由国家低价抛售谷物,以抑制商人的投机和暴利行为;当谷物下跌时,则提高谷价以奖励农民发展生产。所谓"故人君御谷,物之秩相胜,而操事于其不平之间,故万民无籍而利归于君也"。③ 虽然他提出的价格政策和价格理论是为新兴的封建地主阶级及王朝服务的,却是对当时社会经济生活的经验总结,是今天的价格宏观调控的最早雏形和渊源。

我国古代思想家在探索价格奥秘上所取得的卓越成就,完全可同古希腊思想家相媲美。虽然受对自然认识程度和有所处时代的局限,其研究只停留在外在现象上,但是其思想中闪现的光芒却依然耀眼。

二　新中国成立后我国的物价调控

1. 新中国成立前后的物价调控

新中国成立前后的 1949 年 4 月到 1950 年 3 月,历时一年多的物价稳定斗争,是新中国成立前后经济战线上的一次重大战役,结束了国民党统治下连续十多年、中外历史上罕见的恶性通货膨胀和物价暴涨的混乱局面,建立起物价稳定的新民主主义经济新秩序,为迅速恢复国民经济和开展有计划的社会主义建设与改造创立了良好的开端。

---

① 《管子·轻重乙》,转引自刘卓甫、王振之《社会主义价格学》,中国财政经济出版社 1987 年版,第 14 页。

② 同上。

③ 《管子·国蓄》,转引自刘卓甫、王振之《社会主义价格学》,中国财政经济出版社 1987 年版,第 14 页。

2. 20 世纪五六十年代的物价调控

建国初期的物价大波动被成功制止后，50 年代物价基本上一直是稳定的，物价的再一次明显上涨，发生于 60 年代初期经济困难时期，是三年"大跃进"结出的苦果。1956 年经济建设方面出现冒进倾向，1958 年初被"批判"反冒进，造成了更大的"左"倾冒进，并发动"大跃进"、"公社化"运动，导致了 60 年代的经济困难和物价上涨。在商品特别是农产品缺乏，集市价格猛涨的情况下，1961 年国家实行了对粮食、棉布等 18 种重要商品的定量供应，维系了人们日常生活需求。为解决困难，中央要求有关部门研究价格政策，动员了约 2000 万"大跃进"时期从农村招收的职工返回农村继续从事生产，促进了农业的恢复，另一方面缩减城市职工的数量和工资，减少货币投入，基本上稳定了物价。1963 年，工农业生产开始明显回升。1961—1965 年召开了 7 次全国物价会议，从当时的会议记录来看，经历了从稳定物价为主要任务，调整为稳定与调整并重，再到全面调整提到首位的物价政策。①

3. 20 世纪七八十年代的物价调控

十一届三中全会以后提出把经济工作的中心转移到以城市为重点的经济体制改革上来，强调扩大企业的自主权，缩小指令性计划，允许企业在完成国家计划后按照市场需要组织生产，并实行自主经营、自负盈亏、独立核算，标志着我国的经济由计划经济时代逐步向商品经济时代过渡。因此，改革不合理的价格体系是经济体制改革成败的关键，合理调整各类产品的价格，并改变过去管得过死的价格管理制度，成为当时经济工作中的一项重要任务。

"七五"时期国民经济和社会发展的主要任务是："力争在五年或者更长一些时间内，基本上奠定有中国特色的新型社会主义经济体制的基础"，其中最大的尝试和焦点之战则是"价格闯关"。1988 年 5 月 8 日，各大新闻媒体透露，中国人民银行将发行第一张百元大钞，使得已经对价格高度敏感的老百姓的神经再次紧绷。同年 5 月 19 日，邓小平在人民大会堂会见朝鲜政府军事代表团时指出，中国的改革要"过五关

①　薛暮桥：《我国物价和货币问题研究》，红旗出版社 1986 年版，第 62 页。

斩六将",物价改革虽然风险很大,但是"非搞不可","要迎着风险、迎着困难上"。同年 6 月,《人民日报》发表评论员文章《改革有险阻苦战能过关》指出:中国的改革发展已经到了一个关键性阶段,到了非解决物价问题不可的时刻。同年 8 月 15—17 日,中共中央政治局第十次全体通过的《关于价格、工资改革的初步方案》提出,绝大多数商品价格放开,由市场调节。同年 8 月 19 日清晨,这条重要消息一经中央人民广播电台播发,各地就出现了抢购热潮,银行发生挤兑。人民群众对物价上涨的敏感及其反应,使这次价格闯关遭受重大挫折,也充分表明这几年经济形势中的各种矛盾为改革带来的巨大阻力。中央重新审视和调整决策,使得原有计划大转弯,急刹车。同年 8 月 30 日,国务院发出《关于做好当前物价工作和稳定市场的紧急通知》,对物价闯关的改革方案作出解释。同年 9 月 26 日,中共十三届三中全会批准了"治理经济环境、整顿经济秩序、全面深化改革"的方针。1989 年 11 月,中共十三届五中全会又作出《关于进一步治理整顿和深化改革的决定》,决定延长治理整顿的时间,将原定的"2 年或者更长一些的时间"延长为"3 年或者更长一点的时间"。①

4. 20 世纪九十年代的物价调控

1997 年,始发于泰国的亚洲金融危机,使我国外贸出口增幅从前一年的 20% 猛跌至 0.5%,利用外资额跌至 20 年来最低点;在国内,产能过剩、有效需求不足又成为经济生活中的突出矛盾。

1998 年,亚洲金融危机对中国的影响已相当明朗,并与一系列国内问题叠加,使经济受阻。1998 年 2 月,在达沃斯世界经济论坛上,时任副总理的李岚清发言表明,决策层不仅注意到了内需不足的存在,还下决心战而胜之。1998 年上半年,市场上已经没有供不应求的商品。企业家们都在忙着大打价格战,大商场也寻找一切理由打折,但消费者还是不为所动。事实上,在 1997 年,关于"软着陆"后宏观经济形势的判断,已经颇有争议。同年年初,一个名叫刘慧勇的人曾上书朱镕

---

① 徐建清:《七五计划（1986—1990）:改革闯关治理整顿》,《中国青年报》2006 年 3 月 20 日第 1 版。

基，建议应当注意通货紧缩。但这种观点在当时并未成为主流认识。1998 年 8 月 2 日，朱镕基第一次明确提出"扩大内需"的构想。国务院随后增发 1000 亿元财政债券，重点用于增加基础设施建设投资。同时采取了降低存贷款利率、提高出口退税率等在内的一系列宏观调控政策。与普通民众生活休戚相关的教育、医疗和住房三项，也从 1998 年开始了全面的市场化改革，和之后开始的黄金周等措施一起，发挥消费需求对经济增长的拉动作用。增加投资、刺激消费，对于拉动经济增长无疑起到了推动作用。1998 年，国内生产总值增长 7.8%。

由经济学者汤敏和他的夫人左小蕾共同撰写的信中提出的扩大高校招生的建议使得 1999 年之后的 3—4 年内中国高校的招生量扩大一倍。扩大高校招生不但每年可增加 1000 亿元左右的消费需求，同时可使每年一两百万新增的劳动力延迟进入市场，缓解当前的就业压力。2000 年，有关部门拟订计划，招生人数比前一年增加 20% 多，几个月后又增至 47%。

5. 当前的物价调控

随着改革开放向纵深发展，我国当前的物价调控更加注重发挥物价、工资、税收、财政等多方面的合力作用，为国民经济的持续、健康、良性发展创造了环境。加强和改善宏观调控，遏制物价过快上涨，实现经济平稳较快发展，是我们当前物价宏观调控的目标。我们实施积极的财政政策和稳健的货币政策，坚持正确处理保持经济平稳较快发展调整经济结构和管理通胀预期的关系，更加注重把握好政策实施的重点力度和节奏，努力做到调控审慎、灵活、适时、适度，不断提高政策的针对性、灵活性和前瞻性。在全球通胀预期不断增强，国际市场大宗商品价格高位波动，国内要素成本明显上升，部分农产品供给偏紧的严峻形势下，我们把稳定物价总水平作为宏观调控的首要任务，坚持综合施策，合理运用货币政策工具，调节货币信贷增速，大力发展生产，保障供给，搞活流通，加强监管，居民消费价格指数涨幅从 2012 年的 8 月起逐月回落，扭转了一度过快上涨的势头。

可见，物价调控始终是经济发展中的主流之一。

三　我国的价格宏观调控模式

"社会主义制度下，价格在社会经济活动中的地位和作用，取决于当时的社会主义经济模式和与它相适应的经济体制"①。我国价格政策的历程，走的是渐进式道路，与经济体制改革相适应，价格政策以1992年邓小平南巡讲话和党的十四大确立的市场经济体制为界线，分为计划经济体制下的价格宏观调控模式和市场经济体制下的价格宏观调控模式。二者的区别如下：

首先，在调控对象上：计划体制下，我国对经济实行高度集中的计划管理，无宏观价格与微观价格之分，国家对价格总水平的控制与对具体商品的直接控制是同一个过程。因此，有学者就认为计划体制下我国不存在宏观经济、中观经济、微观经济的说法，也就不存在价格宏观调控法。但是，这种不作区分的计划经济体制又可视为是宏观经济管理。而在市场经济体制下，我国的国民经济管理变直接管理为间接管理，因此才产生了宏观经济及其对宏观经济进行调控的概念。② 相应地价格区分为微观价格和宏观价格，微观价格大部分由企业决定，国家宏观调控的重点在宏观价格上，即对物价总水平稳定的控制上。

其次，在调控性质和手段上：计划体制下，国家主要以行政指令直接确定具体商品的价格，是一种直接干预，企业的预算约束软化，毫无定价自主权而言；市场体制下，国家主要运用货币、财政、投资、进出口等经济手段、法律手段间接调控价格，并在必要时辅以少量的行政手段，完成规范价格、依法管理的调控方式的转变。企业是微观价格的主要决策者，其预算约束硬化，定价自主权得到保障。

再次，在调控过程上：计划体制下，主要依靠指令性计划指挥企业定价，政策性强，随意性大，约束力弱，透明度差；市场体制下，则寻求宏观调控管理体制的规范化、法律化，并通过规定相应的法律责任强化管理的效果，透明度和管理效率大为提高。

---

① 王振之、乔荣章：《价格改革与价格管理》，中国物资出版社1987年版，第7页。

② 董玉明：《与改革同行——经济法理论与实践问题研究》，知识产权出版社2007年版，第198页。

最后，在调控目标及与通货膨胀的关系上：在计划体制下，尽管稳定物价是其主要的目标，但大都认为物价稳定是物价的固定不变，国家通过行政命令来维持物价的稳定性。为追求高速增长而过度投资，结果造成了通货膨胀，但却不表现为物价上涨，而是商品的严重短缺，国家又用冻结物价和凭票供应加以治理，结果使社会经济效率和资源利用大打折扣；在市场经济体制下，物价稳定是个相对动态的概念，表现为较长时期内市场物价总水平的相对稳定或不显著变化，国家通过宏观变量的协调来保证微观价格波动幅度控制在较小范围内，国家同时通过控制货币发行量等各种经济手段来综合治理通货膨胀。①

以上是价格在两种极端体制下的区别。诚然，计划经济体制下的价格宏观调控模式与市场经济体制下的价格宏观调控模式相比，具有种种弊端和不足，但是它在计划经济体制下也曾发挥过巨大作用。我们应一分为二地看待，客观地对其作出评价。市场经济体制下的价格宏观调控模式尽管有许多优点，但由于市场本身的缺陷，也不宜单独采用此模式。

因此，我国在完善市场经济体制的同时，也应强调计划的调节作用，应该建立计划调节和市场调节相结合的价格宏观调控模式。"也就是计划与市场内在统一，计划总是由市场制约并通过市场中介实现的计划，市场也总是由计划调节着的市场，计划和市场的作用范围覆盖全社会，全部经济活动都由受到宏观计划调节的市场机制来协调。简言之：'国家调节市场，市场引导企业。'"②

第二节　价格宏观调控法治体系的建构

市场经济就是法制经济，经济建设与社会生活的各个方面都必须走上法制化的轨道。市场经济的核心是市场，而市场的核心则是价格。市场需要通过价格调节来实现资源的优化配置，通过公平竞争来实现经营

---

① 卢炯星：《宏观经济法》，厦门大学出版社 2005 年版，第 461—462 页。
② 胡乃武、魏杰：《中国宏观经济管理》，中国人民大学出版社 1989 年版，第 42 页。

者的优胜劣汰，通过依法监督来实现市场机制的正常运行。国家需要运用价格杠杆来实现对市场的宏观调控。价格法规定价格的一般法理，而价格宏观调控法是专门约束与规范价格宏观调控行为的法，价格宏观调控法的制定是国家实行价格宏观调控的前提和基础。

一 价格宏观调控的实施主体——国务院

在此必须明确：国务院是唯一的价格宏观调控主体，但只对价格工作作出全局的、宏观的、整体上的政策的指引和规范，具体的价格工作要交由各级价格主管部门来执行。政府的工作重点是"定规则、当裁判"。在我国执行宏观调控的是"国家发展和改革委员会"（简称：发改委）[①]，主要负责综合研究拟定经济和社会发展政策，进行总量平衡，并指导总体经济体制改革，国家发展和改革委员会是我国专门执行宏观调控的部门。国家发展和改革委员会的工作要突出宏观性、战略性、前瞻性，把主要精力放在监测预警价格总水平，研究提出全国价格工作总体思路和方针政策，起草拟定价格法规规章、制定调整极少数重要商品和服务价格，组织指导全国价格工作方面。省级价格主管部门要重点研

---

① 国家发改委，全称"中华人民共和国国家发展和改革委员会"，是国务院的重要组成部门，脱胎于"国家计划委员会"。成立于 1952 年的"国家计委"曾长期承担综合管理经济的职能，在计划经济时代，全社会一年种多少棉花，纺多少纱，织多少布，生产几件衣服，有几种颜色，各生产多少，需要配多少纽扣，都属于计委的职责范围。因其重要，所以不仅中央政府有"计委"，普通企业中也有"计划科"，来承接上面制订的"生产计划"。随着中国由"计划经济体制"向"社会主义市场经济体制"转变，"国家计委"的职能也在转变。1998 年 3 月在朱镕基总理任期内，原"国家计划委员会"更名为"国家发展计划委员会"，主要职责为"管理有关国民经济全局的事务，着力制定发展战略，进行宏观经济管理"。"计划"二字虽然得到保留，但机构被要求"减少对微观经济活动的干预，创造公平竞争的市场环境，减少繁多的行政审批手续"。2003 年 3 月，温家宝任总理后，将"国家发展计划委员会"改为"国家发展和改革委员会"，"计划"二字完全从中国政府部门消失。2008 年《国务院机构改革方案》明确规定，国家发改委将进一步转变职能，减少微观管理事务和具体审批事项，集中精力抓好宏观调控。但实际上，"大部制"改革之后，发改委虽剥离了部分职能，仍然"无所不能"，掌握着各行业规划、产业政策制定、中央财政性建设资金审批权、改革试点审批权、一定规模以上投资项目审批权，甚至"连方便面涨价、汽车厂商上什么车型都得发改委下文"。2009 年，为应对国际金融危机，国家推出 4 万亿经济刺激计划，掌握项目审批权的发改委被委以重任，其带有明显"计划"色彩的职权得到再次强化。一段时间里，作为"政府第一部委"，发改委被称"小国务院"。参见顾俊《改革发改委是政府转变职能的关键》，《中国经营报》2013 年 3 月 9 日第 1 版。

究制定区域性政策和价格调控措施，在国务院价格主管部门确定的基本原则内，对所管辖的具体商品和服务价格进行管理和监督。地（市）、县（区）价格主管部门工作重点转移到加强监督检查、规范市场秩序，制止不正当价格竞争上来。①

二　价格宏观调控的手段

（一）价格总水平调控手段

价格总水平是国家宏观经济运行的综合反映，其稳定是宏观经济调控的首要目标。调控市场价格总水平稳定的手段多种多样，按性质的不同有经济手段、法律手段和行政手段之分，且为适应市场经济发展的需要，应以经济手段、法律手段为主，并辅之以必要的行政手段。经济手段具有"作用方式的间接性、利益诱导性、效应滞后性、组合使用性"②的特点，它通过对影响物价升降的各种因素的调控达到间接调控物价总水平稳定的效果，又不会扭曲市场条件下的价格，因而经济手段成为主要的调控手段。经济手段主要有财政、货币、投资、进出口等。法律手段具有规范性、稳定性、严肃性的特点，在市场经济条件下，政府通过制定一系列的价格法律、法规，确定价格的职能、地位和作用，确立价格决策主体的权利和义务，建立价格运行的机制和公平合理的市场秩序，确立价格调控管理制度和法律责任，探求政府宏观调控的规范化、制度化，从而减少政府行为的任意性和提高政府工作效率。因而，法律手段也成为最重要的手段。行政手段的主要特征是具有强制性和直接性，调节过程短、见效快。用行政手段来管理、调控经济不仅是某一特定时期内的需要，也是社会化大生产和公有制经济本身的内在要求。

三种手段除各有特色和优势外，也都存在一定的局限性。经济手段建立在经济主体追求自身经济利益最大化的基础上，利益驱动会导致经济手段一定程度的失效，严重时还会引起经济波动。因此，单纯的经济手段难以建立和维护经济的有序性。法律手段的局限性在于经济本身是

---

① 《国家计委关于进一步做好价格工作的意见》（计价格［2001］2号）。
② 陈学彬：《价格宏观调控论》，上海财经大学出版社1995年版，第159—160页。

一个动态的变化过程，而法律具有相对独立性，难以调节各种经济变量之间的动态关系。而行政手段具有强制性、直接性和局部性等特点，容易造成价格机制的扭曲。因而在市场经济条件下，应遵循价值规律等经济规律，尽量多用经济手段和法律手段，但行政手段作为一种即时效果显著的干预方式，不应完全取消，而应在特定情况下利用，限于必要的程度，并且当这种特定情形消失时，行政手段就应及时解除，必须明确它只是对经济调控手段起着有益的辅助作用。目前我国政府使用的行政手段主要有国家定价、限价、冻结物价等，以建立起三种手段相互联系、相互补充、相互制约的有机调控体系。

（二）价格总水平调控制度

价格总水平调控应建立起一整套调控制度，不仅政策措施要配套，而且调控方法也要适当，即做好事前、事中和事后的调控。

1. 事前调控。事前调控是调控价格总水平的主要措施，也是根本措施，用于事前调控的手段大体有：（1）财政手段，主要采取开辟财源增加财政收入，压缩和控制财政支出的措施；（2）金融手段，主要通过控制货币投入量，提高或降低贷款利率和存款准备等措施，调节流通中的货币量；（3）投资手段，主要通过增加或减少固定资产投资，扩大或缩小基建规模等措施，影响社会需求总量，从而影响价格总水平；（4）进出口手段，主要是通过减少或扩大出口的手段调节某些具体商品的供给，缓解供求矛盾；（5）产业政策，主要是通过调整产业结构，增加有效供给，缓和供求矛盾；（6）工资政策，主要通过工资制度的改革控制消费基金增长，调节社会购买力，也能起到调节供求的作用。如果能综合运用，效果会更好。

可见，价格总水平调控目标的实现，离不开配套制度为其创造的良好运行环境。同时，宏观经济的良性运作是各种经济调控手段合力作用的结果。

2. 事中调控。事中调控是事前的延伸，有利于确保调控目标的全面实现，特别是对价格运行过程中的突发现象，有立竿见影的效果。目前，我国已建立了重要商品储备制度等，但问题的关键在于落实，建议国家应尽快制定调控市场价格总水平的管理办法，加快建立和完善调控市场价格的重要商品储备制度、价格调节基金制度、价格监测制度、价格调节基金制度、提价申报和调价备案制度等。

3. 事后调控。事后调控是事前、事中调控的补充，通常看作补救措施。在价格宏观调控过程中，我国应借鉴日本的做法，除国务院这一单独主体外，还应建立起由全国人大进行监督的监督机构，并加强人民群众的社会舆论监督作用，同时也应建立相应的责任制，由国务院对自己的价格调控失误行为承担过错责任。

同时，在价格总水平调控力度上应因时而异，即由于各个时期的情况不同，没有一个固定的模式可以遵循。在当前国家货币政策、就业增长、经济发展稳定和国际总体经济形势复杂、多变、低迷的总体形势下，采用"微调"的方法更有利于保持经济发展的持续与稳定。因此，在价格宏观调控中应采用多种手段，多种方法，以经济手段、法律手段为主，以行政手段为辅，将直接调控与间接调控，事前、事中、事后调控相结合，在调控力度上要因时而异，具体时期具体对待。

三　价格宏观调控的救济机制

依据"公共负担原则"，我们并不建议直接赋予公众对政府调控行使诉讼的权利，但针对政府尤其是地方政府在调控中的程序失范，应当进行行政问责，包括决策者本人的责任，有责任才能起到更强的约束与规范作用，[①] 同时，对构成犯罪的依法追究刑事责任。可见，价格宏观调控救济机制主要是行政救济与刑事处罚。例如：在 2013 年 5 月 31 日发生的黑龙江中储粮林甸直属库火灾事故中，最终储粮林甸直属库主任郜彦平等 9 人因涉嫌重大责任事故罪于 2013 年 6 月 3 日被移送当地公

---

① 作为"国（务院）中之国（务院）"的国家发改委，职权过大，必然一方面卷入微观经济运行过深，影响市场配置资源的合理性和效率；另一方面同政府具体职能部门形成职能重叠和冲突，比如，国家发改委名义上行使宏观管理职责，实际上替代了行业部门的决策权和监督权，结果是行业部门有职责无权力，而发改委有权力却不承担职责。体现于发改委但不局限于发改委的权责脱节、效率缺失和权力寻租，构成新一轮政府机构改革的动力。"发改委是大部制或者说内涵式大部制改革的晴雨表。"对其改革的核心是让发改委从微观管理中抽身，将其项目审批权、经费审批权等具体权力剥离出来，下放到行业部门，通过职权转移，解决政府机构重叠、职能交叉问题，并为解决行政资源割据、利益部门固化等问题创造机会和条件。参见顾俊《改革发改委是政府转变职能的关键》，《中国经营报》2013 年 3 月 9 日第 1 版。

安机关接受处罚。诚然，中储粮在一定程度上承担着国家粮食宏观调控的职能，对其相关责任人的问责能等同于对决策者的问责吗？而导致中储粮库的失火的安全隐患是为了执行 2012 年经国家发改委、粮食局、财政部批准的采取露天芡囤储的方式开展政策性粮收储工作后埋下的，是不是由这些决策机构承担责任，以健全宏观调控体系的责任问责机制呢？

四　价格宏观调控的监督机制

发挥"全国人民代表大会"和"全国人民政治协商会议"的立法与监督职能，通过常规报告和特殊报告相结合的审议程序，形成有效的监督制约机制；顾及价格调控决策的科学化与民主化，德国"专家委员会"制度与美国"国家就业会议"制度可以综合借鉴，即在行政主体之外设立由独立的学者、企业与普通公民共同组成的委员会，行使建议、听证与监督的辅助性职权。

第七章

价格总水平调控的完善建议

一 价格总水平调控的含义

从宏观上调控价格称为价格总水平调控。价格总水平也称一般价格水平，是指一个国家或地区一定时期内全社会各种商品和服务价格的加权平均水平。价格总水平是对一个国家、地区范围内商品和服务价格水平进行监测、计算和比较的结果，体现着宏观经济发展状态的一个侧面。价格总水平的变动有三种形式：基本稳定，上升或显著上升，下降或显著下降。通常，价格总水平持续上升表明单位货币购买力下降，也就是通货膨胀，其不但会造成不公平的财富分配，还会使市场供求关系扭曲，价格信号失真，价格机制失效，降低社会资源配置的效率；价格总水平下降，表明单位货币购买力上升，从而导致通货紧缩，造成经济衰退。因为随着价格下跌，市场萎缩，企业订单的减少等导致库存增加，利润下降，使人们对经济发展的前景信心不足。在经济运行中，价格总水平应该保持基本稳定。可见，价格总水平的基本稳定是保持宏观经济稳定增长的基本前提条件，而且它本身就意味着国民经济的稳定与协调发展。

价格总水平调控是"指国家利用经济、法律和行政手段，对价格总水平的变动进行干预和约束，以保证价格总水平调控目标的实现，从而最大限度地维护宏观经济的稳定和健康运行"。[①]《价格法》第 26 条明确规定："稳定市场价格总水平是国家重要的宏观经济政策目标。国家根据国民经济发展的需要和社会承受能力，确定市场价格总水平调控目

---

① 漆多俊：《宏观调控法研究》，中国方正出版社 2002 年版，第 367—368 页。

标，列入国民经济和社会发展计划，并综合运用货币、财政、投资、进出口等方面的政策和措施，予以实现"，以法律的形式赋予了价格总水平调控在国民经济发展中的基础性地位和重要作用。

二　价格总水平调控的必要性

价格是国民经济活动的综合反映。价格总水平的变动，反映着整个国民经济运行的状况。有效控制价格总水平，保持市场物价的稳定或基本稳定，是经济增长和经济振兴的必要条件，也是顺利进行经济体制改革，使市场机制能充分发挥作用的必要条件。价格宏观调控是运用价格手段实行的以实现国民经济宏观调控目标为目的的调控方式。而价格手段调控作用的发挥，主要是通过价格总水平的调控来得以实现的。

（一）对价格总水平内涵的界定

市场价格总水平也叫一般价格水平，是指一个国家或地区在一定的时期内，在全社会范围内各种商品和服务价格变动的平均或综合。它是一个总括的概念，不具体指某一种或某几种商品服务价格的变动水平；它是一个大范围的地域的概念，不具体指某一集市或某一摊位商品服务价格水平，而是一个国家或一个地区范围内价格的变动状态；它是一个时间段的价格变动状态，而不是一个静止的某一时某一分的价格；它是一个比较的概念，指出此时与彼时价格变动的情况。价格总水平是对一个国家、一个地域范围内商品服务价格水平进行观测、计算和比较的结果，体现其宏观经济发展基本状态的一个侧面。由于价格总水平是用来比较不同时期整个经济中价格变化的概念，而不同期间整个经济中各种商品的数量是不同的，因而为了表现出价格的变化，价格总水平总是以一定时期为基期，以另一时期与之相比较而言的。[1] 为了表明某一时期价格总水平变动情况，可以这一时期年平均变动幅度与另一特定时期年平均变动幅度相比较，以显示其特点。[2]

从影响价格变动的因素分析，价格总水平的发展趋势，有三种可

---

① 白暴力：《价值与价格理论》，中国经济出版社 1999 年版，第 465 页。
② 胡昌暖：《价格学原理》，中国人民大学出版社 1991 年版，第 284 页。

能：一是价格上涨的趋势；二是价格下降的趋势；三是价格稳定的趋势。① 价格总水平上升就是指单位货币购买力下降，也就是通货膨胀。价格总水平的下降，就是通货紧缩。当然其上涨和下降的程度会有所不同，有激烈的程度也有缓和的程度，但是价格绝对稳定不动，是不存在的。世界各国的通常做法是：把价格总水平的涨幅控制在一定的幅度内，避免其大起大落，稳定市场价格总水平也就是使市场价格总水平波动不大。因此，保持价格总水平的相对稳定或基本稳定，是宏观调控所追求的目标和方向。

（二）价格总水平相对稳定的必要性

老百姓需要一个稳定的价格环境，以保持生活的基本稳定；企业同样需要一个稳定的价格环境，有利于扩大商品和服务的流通；国家为宏观管理和调控的需要，为稳定财政金融，维护国家对外信誉，也需要市场价格总水平的基本稳定。保持价格总水平的相对稳定，对国民经济发展最为有利。国家可以拿出更多的资金来调整职工工资，改善人民的生活条件与公共设施服务条件；国家可以根据不同的状况和条件，调整积累和消费之间的比例，调整产业结构，把国民经济的综合平衡工作做得更好；保持价格总水平的基本稳定，有利于各种产品的生产和销售，有利于安定人民生活。

为了保持价格总水平的相对稳定，必须采取各种措施克服影响价格总水平上升的因素，坚持社会购买力与商品供求平衡、生产建设和物资供求平衡、财政收支平衡、信贷收支平衡和进出口贸易平衡。②

保持社会商品供应量同社会商品需求之间的平衡，是保证物价总水平相对稳定的最为重要的条件。因为这关系着人民币币值稳定的问题，关系到整个市场物价稳定的问题，特别是关系到微观领域的价格稳定的问题。

生产建设和物资供应平衡也是保证价格总水平稳定的重要条件。当生产建设对物资（包括原料、材料、燃料、电力等）的需要量明显超

---

① 胡昌暖：《价格学原理》，中国人民大学出版社 1991 年版，第 153—158 页。
② 同上。

过供给量，或物资的供给量明显大于生产建设的需求量时，不仅影响这些物资本身价格的稳定，而且会影响许多消费品价格的稳定，比如，石油的价格上涨很大原因是因为对其需求量的增大，供给与需求不平衡造成的。因为许多产品既可以作为生产资料，也可作为生活资料，在供给与需求极度不平衡时，势必会影响到社会购买力和商品供求的平衡，从而影响价格总水平的稳定。

（三）保持价格总水平相对稳定的措施

价格总水平调控是国家运用价格经济杠杆，实现国家宏观经济目标的一种手段。保持宏观经济领域价格总水平的相对平衡，是国家永久的调控目标，也是国家引导微观市场领域的一种经济杠杆。调控需要政策的导向，但是政策属于政治的范畴，而调控是法律的概念。政策不能代替调控，价格总水平的调控中应当避免这类事情的发生，注意调控的方法与手段的恰当性、必要性、及时性。

1. 控制社会总需求和货币供应量

宏观经济管理的对象，主要就是社会总需求量和总供给量。宏观经济管理的目标，就是保持社会总供给及其结构的基本一致或平衡。如果社会总需求量在同社会总供给量一致或基本一致的范围内，没有出现过分膨胀的现象，就能有效地稳定价格总水平。反之，如果社会总需求增长过快，超过了社会总供给量，物资供不应求，价格总水平就会趋于上涨。① 投资膨胀是需求膨胀的主要原因。国家为控制投资，以控制社会总需求，首先要采取"紧缩性"的财政政策，政府靠税收来支撑各种支出，不搞财政赤字预算。与此相配套的是实行"紧缩性"的货币政策，严格控制货币供应量，紧缩银根，提高利率，以控制信贷规模，从而达到控制预算外投资的目的。我国实行的就是紧缩性的财政政策，有效地控制了通货膨胀，保障了物价的基本稳定，实现了经济的持续快速高效增产。但是这种双紧政策，会抑制投资和需求，容易把经济控制得太死，从而使经济增产受到影响。所以在国民经济进入正常发展阶段

---

① 张卓元：《社会主义价格理论与价格改革》，中国社会科学出版社 1987 年版，第 197—201 页。

后，不宜继续采用。当前，我国实行的是宽松的财政政策和稳健的货币政策，有利于刺激投资，鼓励经济发展，这是由我国当前的经济总体形势所决定的。因此，控制价格总水平的上涨幅度，要以国民经济发展计划为依据，并对相应的配套制度作出适时的调整。

2. 采取调放结合的方针，避免价格总水平失控

在有计划的商品经济中，组织和管理社会主义经济，既要按计划原则办事，又要充分尊重市场规律。在搞活经济，放活市场，使其具有一定弹性的同时，也要加强对价格总水平的控制，要处理好自觉调整价格和放开价格的关系。价格是市场的信号和调节器。但是价格作用的充分发挥，必须以市场为依托。一般说来，市场的透明度越高，竞争展开得就越充分，价格就越接近价值，价格信号也越真实、准确。但是，单纯的市场往往不能保证价格信号的高准确度，更何况由于一些产品具有关系国计民生的重要性，不宜到市场上参与竞争，应实行国家定价或指导价。所以，在放开价格，搞活市场的同时，也要考虑国家整体利益，全局利益，要注意用宏观调控弥补市场的不足，有效抑制市场的缺陷，实行调放结合，调放自如，从总体上保持价格总水平的相对平衡。

3. 建立价格监测制度，科学预测价格发展趋势

由于价格总水平的波动是通过一系列价格指数反映出来的，为维护价格总水平的相对稳定和实行价格管理的需要，应该建立价格监测制度，全面、及时、准确地监测重要商品、服务价格、农产品等的价格变动情况，以预测价格总水平的升降趋势，再针对性地采取措施，以克服价格总水平的上下大幅波动。[1] 国家应设置专业的机构，聘请相关的专家负责和从事价格的监测工作，以确保预测信息的真实、及时和准确性。机构监测的灵敏性，有利于科学预警、预测价格的变动，为价格总水平调控目标的实现起到参谋建议作用。

4. 处理好价格与其他相关配套措施的关系，为价格总水平的稳定创造良好的外部环境

宏观调控目标的实现，不能靠各经济杠杆的"孤军奋战"，单项运

---

① 卢炯星：《宏观经济法》，厦门大学出版社 2005 年版，第 478 页。

动去实现，而需要综合运用经济杠杆，并使各经济杠杆协调、和谐发挥"合力"来实现。因此，价格机制作用的发挥，还需要具有良好的外部环境，因此理顺价格的相关制度也很必要。价格机制作用的发挥，需要财政、税收、金融、投资、外贸、工资等体制相配套，它们可为价格改革创造一个较为宽松的经济环境，建立一个对价格信号传递迅速的市场组织系统，和对价格信号反应灵敏的微观运行机制。① 温家宝总理的政府工作报告把居民消费价格涨幅控制在 3.5% 左右，同时指出实现上述目标，必须继续实施积极的财政政策和稳健的货币政策，保持政策连续性和稳定性，增强前瞻性、针对性和灵活性。② 从而从实证角度论证了价格机制的良性运作需要良好的配套制度。

三　价格总水平调控的价格手段

从《价格法》第四章的规定来看，价格总水平调控的价格手段主要有如下几种。

（一）重要商品储备制度

重要商品储备制度是指政府为平抑或稳定某些重要商品市场价格，建立起这些商品的调节性库存，并通过吞吐库存来平衡市场供求，调控市场价格的管理制度。我国已经相继建立起了粮食、棉花、食油、食糖等重要商品的储备制度，而且在保障市场供给、平抑市场价格、应付突发事件和重大自然灾害等方面已经发挥了重要作用。如 2003 年"非典"期间，国家及时运用部分药品的战略储备，并打压绿豆价格的暴涨。

（二）价格调节基金制度

价格调节基金制度是政府为了调节商品供求，平抑市场价格而建立的专项基金。价格调节基金主要用于平抑临时和突发性的市场价格波动以及对重大节假日的副食品市场价格进行补贴、加强农贸市场和专业批

---

① 张卓元：《社会主义价格理论与价格改革》，中国社会科学出版社 1987 年版，第 214 页。

② 《温家宝：2013 年两会政府工作报告》，2013 年 3 月 5 日，中新网（http：//www.chinanews.com/tp/hd2011/2012/03-05/90260.shtml）。

发市场建设等。价格调节基金的建立，使地方政府利用作为经济手段的价格杠杆调控市场供求，稳定市场价格，维护市场价格总水平基本稳定的能力大大增强，对于保护当地经营者和消费者的合法权益，维护社会稳定等起到了积极作用。

（三）保护价政策

《价格法》第 27 条规定："政府在粮食等重要农产品的市场购买价格过低时，可以在收购中实行保护价，并采取相应的经济措施保证其实现。"所谓保护价格是指政府为了保护生产者利益和消费者利益而规定的最低收购价格。在市场经济体制的建立过程中，为了保护生产者的利益，政府制定了主要粮食品种的收购保护价，由国有粮食收储企业在粮食丰收、市场上粮食价格过低时，必须按保护价敞开收购，超过正常周转库存的费用，由国家建立的粮食风险基金支付；为了保护消费者利益，保持市场粮食的相对稳定，政府制定了主要粮食品种的销售限价。①

（四）价格监测制度

价格监测制度是指政府价格主管部门为适应价格调控和管理需要，对重要商品、服务的价格、成本的变动进行监测、整理、分析的一种制度。价格调控必须以价格监测、价格信息为基础，价格监测对政府及时掌握市场信息，预测价格变动趋势，合理进行价格决策，在价格变动时及时稳定市场价格和价格总水平，保证价格调控目标的实现等具有积极作用。特别是在重要节假日、重大价格改革措施出台前后意义更大。

（五）临时干预措施

《价格法》第 30 条规定："当重要商品和服务显著上涨或者有可能显著上涨时，可以对市场价格临时采取干预措施。"这一条件限制也包括四个层面：（1）商品或服务的市场价格已经有显著的上涨或有可能显著上涨，这是首要条件；（2）这里所指的商品或服务品种是比较重要的品种②，而非一般的品种；（3）而且是已经采取过一般正常措施而仍不能见效的；（4）采取此措施的主体只能是国务院和省、自治区、

---

① 刘学敏：《中国价格管理研究》，中国社会科学出版社 2000 年版，第 82 页。
② "重要的品种"一般是指群众日常生活必需品，而且是属于市场调节价范围的品种。

直辖市两级人民政府，且后者必须报前者备案。

（六）价格紧急干预措施

《价格法》第 31 条规定："当市场价格总水平出现剧烈波动等异常状态时，国务院可以在全国范围内或者部分区域内采取临时集中定价权限，部分或者全面冻结价格的紧急措施。"价格紧急措施是在市场价格总水平出现剧烈波动时，国务院决定在全国范围内或部分区域内实施临时集中定价权限、部分或全部冻结价格的制度。其实施的条件更为严格：（1）市场价格总水平出现了剧烈波动或者其他异常状态；（2）这种市场价格总水平的剧烈波动，不但采取其他一般价格调控措施难以见效，而且采取临时干预措施为时已晚，而不采取紧急措施又不能使市场价格恢复正常；（3）紧急措施实施的主体只能是国务院，其他任何部门不得随意实施。①

需要特别说明的是，价格干预措施和紧急干预措施是政府在特定时期对市场价格实施的一种特别管制，它的实施必须有一定的时间期限，而不能无限期地实行下去。所以，价格法规定政府在特定情况下经过特定程序可以实施这种措施的同时，也规定当决定采取价格干预措施和紧急措施的情形消除后，应当及时解除临时干预措施和紧急措施。

四 价格宏观调控手段的完善建议

实践证明，我国现有的六大价格调控制度在国家价格宏观调控中发挥过也正在发挥着巨大作用，然而，随着我国市场经济的逐步成熟，也渐渐暴露出些许的不足，需要完善。

（一）对重要商品储备制度的完善建议

首先，重要商品储备指的是市场调节性储备，类似于我国古代的"平准"②制度，起"平准仓"的作用，而不是为备战备荒的战略储备。当重要商品市场供给出现较大缺口，价格大幅度上涨时，政府即适时抛

---

① 刘定华、肖海军：《宏观调控法律制度》，人民法院出版社 2002 年版，第 437—438 页。

② "平准"是在京师设立的管理市场和物价的机构，主要目的在于稳定物价。参见张光远《经济转轨中的价格机制》，中国物价出版社 2002 年版，第 133 页。

售，增加供给，平抑市价。反之，在市场供给过剩，价格下跌时，政府适时收购，转入储备，增加市场需求，制止价格进一步下跌。目前我国已有粮食、棉花、石油等国家储备，但多属国家战略储备，量小且运转不灵，难以起到平抑市场价格波动的作用。因此，本书认为，应更新观念，变战略储备为市场调节性储备，发挥价格杠杆的宏观调控作用。

其次，重要商品储备的设置层次应按政府调控市场价格的责任和能力来划分，中央政府负责调控全国价格总水平，对影响全国价格总水平的重要商品建立国家级储备；地方政府负责本地区价格水平的控制，建立影响本地区价格水平的重要商品储备，根据我国地理和交通条件，地方储备一般建立在省一级，省以下地市县属于商品生产地或主销地的，也建立重要商品储备①，并实行"分级储备、分级负担"的原则。

再次，重要商品的选择要严格。一般应具备以下条件：一是对国计民生有重大影响的商品；二是经常出现市场供求不平衡的大宗商品；三是产销量大的商品；四是在技术上易于存储的商品。我国应根据自身经济发展和人民生活水平的提高进一步扩大储备商品的种类。

最后，建立食品安全追溯体系。目前，我国正是在部分城市建立起了对肉菜食品安全的追溯体系，本书认为应该在全国推广。对肉菜等重要食品的储备不但要保证储备种类、数量，更要保证储备的质量。追溯流通体系，不仅对稳定物价有积极的作用，同时也对扩大消费有不可替代的作用，对我国的食品安全起到一定的保障作用。

（二）对价格调节基金制度的完善建议

1. 价格调节基金的含义

所谓价格调节基金，是指专项用于政府平抑物价、平衡供求、稳定市场，重点用于保障人民群众特别是低收入群体基本生活的基金。同时，它也对因居民重要生活必需品价格大幅上涨，导致基本生活受到影响的低收入群体给予适当补贴。价格调节基金的目的在于调控市场、稳定市场，但地方政府这种随意征收的行为实际上却加重了企事业单位和个人的负担。到目前为止，全国多数城市都建立了副食品价格调节基金

---

① 张光远：《经济转轨中的价格机制》，中国物价出版社 2002 年版，第 201—202 页。

制度。

（1）价格调节基金的设置范围。价格调节基金是针对某些容易发生市场价格波动、对国计民生有重大影响的商品的调控而设置的。这些商品主要有粮、棉、油、肉、蛋、菜、糖等农副产品。目前，我国已建立副食品、粮食风险调节基金。

（2）价格调节基金的筹集。从各地的经验来看，价格调节基金的主要来源有，政府财政对粮食、蔬菜、猪肉等主副食品的原有价格补贴或预算拨款；向社会的征收，征收范围主要涉及旅馆业、旅游业、建筑业、餐饮业、服务业、工商业、运输业。

（3）价格调节基金的使用。一是扶持商品生产。包括对所调控商品的生产基地建设的资金支持，对生产者的收购奖励或补贴。二是对流通企业的政策性差价补贴。流通企业受政府委托或执行政府物价政策，高价收购、低于经营成本加正常利润的价格水平销售商品，因而产生政策性亏损。这部分亏损由政府使用价格调节基金支付。三是支持市场建设。对有利于价格调控而建立的某些商品的批发市场和直销市场建设，政府可以用价格调节基金支持。

价格调节基金的设立，对于政府抑制通货膨胀，保持人民生活必需品价格稳定，防止市场价格的剧烈波动，维护社会稳定等方面起到了很好的作用，因而是用经济手段管理价格的有效措施。

2. 价格调节基金的法律依据

各地开征价格调节基金的依据主要有三个文件：一是1988年国务院《关于试行主要副食品零售价格变动给职工适当补贴的通知》，明确提出了要在全国城市中建立副食品价格调节基金的要求；二是1993年国务院下发的《关于积极稳妥地推进物价改革抑制物价总水平过快上涨的通知》（国发［1993］60号），其中提到"已经建立了主要副食品价格调节基金的地区，要充分发挥基金的作用；尚未建立基金的地区要尽快建立起来"；三是现行《价格法》。《价格法》第27条规定："政府可以建立重要商品储备制度，设立价格调节基金，调控价格，稳定市场。"此外，2009年广西壮族自治区物价局向国家发展和改革委员会发出《关于县级人民政府是否有权决定征收价格调节基金的请示》，国家发展和改革委员会根据《价格法》第 27 条复函称："县级人民政府有权设立价格调节基金。"复函并没有明确表示，县级政府是否能够征收，但有些地方也把这个文件看作是开征价格调节基金的依据之一。

全国绝大部分省、市、自治区都存在不同程度的价格调节基金，而且，各地征收对象、征收范围以及征收比例更是五花八门。国内各地市价格调节基金筹集主要有三种模式，一是各级政府通过筹措财政性资金安排，纳入同级财政预算管理，如北京市、江苏省、新疆维吾尔自治区以及珠海市等地；二是向社会征收，如广东省、长沙市、海口市等地；三是多方面筹集，各级政府财政预算安排一部分，向社会征收一部分及其他来源，如湖北省、福州市、南宁市。

征收范围也是各不相同。有些地方规定，缴纳增值税、营业税和消费税的纳税人，应当分别按照实际缴纳"三税"税额的 1% 同时缴纳价格调节基金，比如甘肃省和湖北省；成都市则按照纳税人销售收入或营业收入的 1% 征收；贵阳市则为销售收入或营业收入的 1%。

各地对于价格调节基金的管理经费也有着不同规定，比如，广东省政府的文件授权地方制定管理经费的标准，阳江市甚至规定了要提留高达 10% 的经费。根据《阳江市价格调节基金征集管理办法》第 13 条，从征收价格调节基金中提取 10% 作为基金管理和征集的费用，其中代征价格调节基金的部门留 5%，价格调节基金主管部门从价格调节基金中提留 5%。

3. 价格调节基金乱象背后的实质

追溯价格调节基金的前身，它起源于 1988 年国务院下发通知建立的副产品价格基金，当时处于价格闯关时期，国务院要求大中城市建立平抑副食品的价格基金，基金来源可根据当地情况，多渠道筹集，具体办法由当地人民政府规定。这个通知成为地方政府设立价格调节基金的最早依据，通知中所规定的"根据当地情况"以及"多渠道筹集"成为今天价格调节基金各种征收方式和乱象的政策根源。

目前，全国大部分地区都建立了价格调节基金，但值得注意的是，这个已经存在了 24 年的基金，不仅其合法性一直受到质疑，而且，更有多地价格调节基金，曾被财政部以"乱收费"的名义叫停，甚至目前，财政部门内部仍然将其定性为"地方政府违法违规越权成立的政府基金"。价格调节基金的目的在于调控市场、稳定市场，但地方政府这种随意征收的行为实际上却是加重了企事业单位和个人的负担，一些部门法规实际上授予了省级政府可以征收基金的权力，这显然违背了税收法定原则。尤其是像广东等省份向汽油、燃气等基础能源型产品征收，间接起到了推高物价的作用。

导致价格调节基金乱象背后的实质是对《价格法》第27条的误读。《价格法》第27条规定仅赋予地方政府设立价格调节基金用来调控价格，并没有授权政府可以向企事业单位或个人征收价格调节基金。可以"设立"和可以"征收"完全是两个概念，开征价格调节基金本质上和税收一样，属于对企业和公民财产权的分割，应该对法律采取从严解释。《价格法》既然没有明确征收，那就不应该解释为可以征收的方式来获取基金。《价格法》只是提出政府设立价格调节基金，法律意义上的政府是五级政府，法律显然不可能授权五级政府全部可以征收价格调节基金，因此，可以明确这条是指在财政支出制度中设立价格调节基金，政府应该从财政资金中安排专门资金来设立这一基金，比如，北京2012年拿出5个亿来建立价格调节基金就是一种符合《价格法》原意的做法。①

可见，地方政府的做法显然是故意曲解《价格法》的规定，以扩大地方政府的权力及职责范围。价格调节基金属于地方政府违法违规越权成立的政府基金，其立法、征收和使用都亟须进一步加强管理和规范。

4. 制止价格调节基金乱象的完善建议

由于我国价格调节基金制度是根据改革的需要建立起来的，还处于探索阶段，需要在实践中继续加以健全和完善。

首先，出台《价格调节基金管理办法》。对价格调节基金的设立、征集、管理、使用等进行规范，以使其更好地发挥作用。应使价格调节基金法制化，明确其地位、作用、资金来源和使用范围，并使价格调节

① 《被误读的〈价格法〉第27条》，2012年5月11日，新浪网（http：//jiangsu. sina. com. cn/news/finance/2012-05-11/24800_ 2. html）。

基金各项工作制度化、规范化。为进一步发挥价格调节基金在调控价格、稳定市场方面的作用，国家正在起草《价格调节基金管理办法》。在管理办法出台之前，各地不得乱设价格调节基金；对已设立的价格调节基金，合法的要进行规范，非法的要清理、取消。建议中央政府尽快对地方政府征收价格调节基金的行为进行审查并尽快出台政策进行废止，由国务院对征收对象、范围、比例、减免等内容作出明确规定。价格调节基金必须依照国家规定的审批程序，经批准后才可设立。

其次，改变中央与地方政府事权与财权的分配关系，扩大地方政府的财力，使得地方政府完全有能力通过财政支出来建立价格调节基金，最好是纳入政府财政预算与决算中。要根据需要和可能，逐步扩大价格调节基金的征收范围和征收渠道，在巩固和完善现行的粮食、副食品价格调节基金制度的同时，逐步建立石油等少数重要资源专项价格调节基金。价格调节基金应多方筹资，多渠道筹集，以减轻财政的负担；并由价格主管部门设专门的委员会来管理，实行专户专存，由同级政府决定动用的时机和商品项目，对挪用专项基金的责任人加以法律制裁。

再次，扩大建立价格调节基金的重要商品和城市的范围。目前，我国仅在有条件的大中城市建立价格调节基金，以调节副食品的市场供求，平抑市场价格，维护副食品的基本稳定。本书认为，对粮食、淡水、石油、药品等重要商品和资源都可以设立价格调节基金，且国家行政区划的每一个城市、地区都可以设立，以使价格真正起到稳定市场的作用。

最后，国务院应该对价格调节基金进行清理整顿，清理乱收费和滥用现象。要改善价格调节基金的使用办法，提高其使用效率，特别要防止挤占、挪用行为的出现，做到专款专用。

（三）对保护价政策完善建议

作为农业大国，粮食等重要农产品每年的产量总额庞大，其收购价格直接制约着价格总水平的基本稳定。既涉及农民的物质利益，也影响着农民生产和生活，关系到国民经济发展和社会稳定的大局，且粮食等农产品的生产具有受自然因素影响较大、周期较长、价格供求弹性小等特点，因而对粮食等农产品建立保护价政策意义重大，否则，不仅"谷贱伤农", 也会"米贵伤民", 于农民、居民和国家都不利。为保护粮农利益, 国家连年采取保护价收购措施, 在一定程度上保护了农民利益。但由于国家财力有限, 加之一些地方落实不利, 又在一定程度上制约了保护价格政策作用的有效发挥, 并且保护价的政策在实施中面临着种种困难。

1. 现行保护价政策的不足

(1) 执行主体与责任主体分离

中国粮食收购和存储的主要力量是中粮、中储粮和华粮, 而在 2013 年 3 月 14 日, 华粮并入中粮。在国家政策性粮食收购和保管方面, 中储粮①是最主要的力量, 素有"国家的粮仓"之称。中储粮公司是最低收购价的执行主体, 由于中储粮系统库点较少, 在托市政策执行过程中, 绝大部分收购任务实际上是由一大批受委托的国有粮食购销企业完成的。地方粮食行政管理部门承担了很大一部分监管任务, 成为实际责任主体, 但收购企业收购的粮食必须由中储粮系统来验收, 粮食局对托市粮没有调控能力。只有责任没有权力, 国家要求米袋子省长负责制, 实际上, 粮食局连何时启动预案的权力都没有, 又如何来保证农民的利益? 中储粮等粮食储备机构存在的最大问题在于其粮食储备和经营业务不分, 以及将粮食储备业务分包出去收取利益的行为。按理说, 中储粮作为粮食储备与调控的主体本身已经享受到了国家给予政策性补贴的优惠和利益, 就不能再以经营活动来牟利, 但中粮储这样做的最大危害是其经营活动影响到其调控国家粮食总量和平抑粮食价格的职能。例如, 在粮食歉收、粮价高涨期间, 中储粮应该退出粮食收购市场, 但却与市场上的其他粮食企业一样, 成为抢粮大军, 结果反而助涨了粮价的

---

　　① 中储粮, 全称中储备粮管理总公司, 副部级中央企业, 成立于 2000 年, 在全国拥有 24 个分公司。受国务院委托, 对中央储备粮的总量、质量和储存安全负总责。主要业务为负责每年为国家收购并保管粮食。主要承担粮食"蓄水池"的作用, 在粮食生产过剩时, 国家购买农民多余的粮食, 存入粮库; 在粮食紧缺时 (如战争、饥荒), 粮库内的粮食就进入市场, 在满足粮食需求的同时又能平抑粮价。2012 年, 中储粮响应国家的临时收购政策, 收购政策性粮食 3747 万吨, 是中粮的三倍还多。但因为库存不够, 所以, 在黑龙江省中储粮林甸直属库的粮食采用露天茓囤储粮的方式开展政策性粮食收储工作, 为安全埋下了隐患。参见《粮库大火与中储粮》, 《新闻百科》第 161 期, 2013 年 6 月 4 日, 腾讯网 (http://news. qq. com/newspedia/161. htm)。

恶性上涨。

（2）粮食产销衔接中断

现有的收储政策使得保护价调节作用削弱，价格被扭曲，保了粮价、伤了市场，因保护价效率和成本代价太大，令国内农产品价格丧失竞争力，使农产品市场维持高价格、高补贴、高成本的"三高"状态，国内市场反被国外产品侵占；收储政策的负面影响还在于，当保护价高于市场价时，国家要动用相当的财力保持粮食库存，而且政策执行部门在追求自身经济利益时容易滋生腐败；粮食最低收购价政策实施的根本目的是保护种粮农民利益，但实际上，国家给种粮农民在销售环节的政策好处，有一部分被中间商通过差价形式占有了。

（3）预案启动时间长

收购预案规定收购贷款由中储粮直属库向农发行承贷，再根据小麦收购情况预付给委托库点。但在实际操作中，由于库贷挂钩，企业为了减少利息，在预案公布后向农发行贷款，预付变成了后付，资金实际拨付到具体收购点至少滞后一星期。

（4）收储规模与存储安全之间存在矛盾

2013年5月31日黑龙江中储粮林甸直属库发生火灾，是"超负荷运转"的原因。依据《国家临时存储收购政策》和黑龙江省要求，公司及直属企业"对农民余粮应收尽收"。为此，林甸直属库在固定仓容装满的情况下，按照对农民售粮不拒收、不限收的要求，经国家发改委、粮食局、财政部批准采取露天苫囤储粮的方式开展政策性粮收储工作。在敞开收购的政策下，收购的粮食越多，存储的时间越长，享受的国家补贴资金也就越多。这样的粮食收储政策，导致一些参与政策收购的企业尝到了多收多储多盈利的甜头，屡屡出现违规抢购粮食、收购粮食品质不达标、以次充好、想方设法拖延粮食出库时间乃至出现了"转圈粮"等乱象。所以，该事件暴露出的粮食存储方面的负面效应足以让我们认识到问题的严重性。

2. 针对现行保护价政策不足的完善建议

针对以上的不足，本书对此提出如下完善建议：

（1）出台《粮食法》明确中储粮等储备机构的性质与职能

随着政治体制改革的逐步深入发展，对中储粮等大型国有企业的改革也在逐步推进。这次大火的沉痛教训是中储粮政企不分的结果，从而再次引发我们对像中储粮等负有国家调控职能企业改革问题的思考。按照 2012 年公布的《粮食法》（征求意见稿）的规定：储备粮承储企业应当按照国家有关规定管理储备粮，不得利用储备粮进行商业经营，不得从事其他违反国家粮食政策和规定的活动。① 因此，中储粮应全面停止除与储备吞吐轮换直接相关业务以外的其他一切购销经营活动，以确保专业从事国家粮食储备及宏观调控的职能。

（2）增加执行主体

黑龙江中储粮林甸直属库 2013 年 5 月 31 日发生火灾，造成粮食损失 284 万元，加上储粮资材损失 23.9 万元，火灾直接损失共约 307.9 万元。这次大火共损失的粮食达 4.7 万吨，如果每人每年按 400 斤口粮计算的话，这个损失相当于 11 万 7500 千人吃一年的口粮量，② 引发社会广泛关注，从而暴露了个别企业对安全生产工作不重视，岗位责任不落实，防范措施不到位等问题，亟须采取切实措施严格整改。建议将收购储备主体增加到中储粮和地方国有购销企业两家。地方政府的责任与权力增加后，会主动解决好现有收购点布局、收购时间等难题，并且以购销为手段，实现优粮优价、优质优价，带动农业产业结构调整优化。③ 各地粮食行政管理部门要按属地原则，切实履行好行业主管职责，加强监管督导。特别是中储粮总公司，必须采取有力措施，彻底扭转近年来事故频发的局面。

（3）充分尊重市场规律

从中长期角度看，应将计划与市场分开，国家储备必须坚持，但收购主体同样应让中储粮和地方国有购销企业共同承担。在操作上，国家

---

① 孙春芳：《中储粮利用储备粮搞商业经营，助粮价恶性上涨》，《21 世纪报道》2013 年 6 月 5 日（http://www.21cbh.com/HTML/2013-6-5/wONDE4XzcwMDIwOQ.html）。

② 《粮库大火与中储粮》，《新闻百科》第 161 期，2013 年 6 月 4 日，腾讯网（http://news.qq.com/newspedia/161.htm）。

③ 《完善粮食最低收购价政策迫在眉睫》，2013 年 1 月 23 日，新浪网（http://finance.sina.com.cn/nongye/nyhgjj/20130123/085914374219.shtml）。

应该对储备进行测算，产销区各应承担数量，比如安徽，必须完成国家计划，其余都交给市场。在此前提下，地方要完成粮食收购计划，只能高于市场价收粮，否则农民可以不卖。如此一来，无须规定价格，市场价格自然会调高，达到托市保底的成效。首先应该在降低种粮成本、尊重市场机制的前提下加大对农业的补贴；其次要加大粮食信息的透明度，使之更好发挥降低粮食市场长期波动的积极功能；最后要给予允许市场机制自由发挥作用的空间。

（4）加大资金支持力度

各级政府应设立保护价专项基金，以保证保护价政策适用真正到位；应进一步加大保护价政策贯彻执行的力度，认真落实保护价政策，地方政府要把这作为一项重要工作任务来抓，从战略的高度对农民利益加以重视和维护；各级政府应帮助农民增强市场意识，改善种植结构，不断拓展农产品深加工途径等，使农民生产出适销对路的产品，帮助农民增产增收。

（5）消除粮食收储政策的负面效应

随着产量的提高及国家对民生问题的关注，粮食的存储与收购是国家十分关注与重视的事情。有备无患，国家加大对余粮的收购，体现了国家宏观调控的职能。黑龙江中储粮火灾事件的教训告诉我们，高库存安排必然要加大仓储硬件投入、加大财政负担、占用更多土地，并且增加保管费用、损耗等。而且并不是库存越多越好，据 2011 年的统计数据，中国粮食库存达到了 40%，小麦库存还有 2000 亿斤，几乎相当于一年的小麦产量，我国粮食库存已经大大超越了国际公认的粮食安全线。[1] 如此收购，势必会造成浪费，从而引发更大的问题。

（四）对价格监测制度的完善建议

首先，政府应当建立和完善价格监测信息系统，改善信息传递手段，提高信息的准确性和有效性，及时收集、整理与发布价格信息。

其次，增强政府价格服务意识，及时通过传媒在社会上发布各种信息，以引导商品在不同地区之间更广泛、迅速地流通。

---

[1] 《粮食库存并非越大越好》，《财经观察》2013 年 6 月 4 日第 868 期。

　　最后，各地还可根据实际情况，增强本地区监测的品种，扩大监测的地区范围。对确定监测的品种，要定日、定时、定点采集和报送每种商品和服务的实际价格，并对价格水平变动情况进行分析，对出现的价格涨落过大情况找出原因，以为价格决策提供参考。我国监测的日常生活品种有粮、油、肉、菜、糖、水产品、水果等 10 大类 58 个品种的价格、销售量、销售额，2600 多家农副产品批发市场和超市通过互联网直接报送信息。北京、上海等 17 个省（区）、市及 10 个城市建立了省市级地方猪肉储备。安徽、河南、山西、陕西、广西、新疆也增加或新建地方储备制度。① 本书认为，不但要对销区、主产区进行监测，对需区、供区的价格也应进行监测。同时对影响社会商品供给变化的因素、影响社会商品需求变化的因素、对价格总水平变动产生直接或间接影响的因素和国际市场价格的变化、汇率变化对国内市场某些商品价格产生的影响也应作出价格监测。②

　　（五）对临时干预措施的完善建议

　　如前所述，临时干预措施的实施是有严格条件限制的，也即只有在特定情况下，国家基于稳定市场、稳定物价的特殊需要方可采取，且具有临时、紧急等特点。价格临时干预措施有：限定差价率或利润率、规定限价、实行提价申报和调价备案制度等，这些措施可选择使用，也可交叉使用。干预措施是非正常措施，也是反市场经济要求的行政强制措施，因此对其实施应慎重，并加以严格限制。

　　首先，制定《政府价格临时干预措施实施细则》，对其实施条件、措施、情形等作出严格的限制和规范。

　　其次，由于其采取的干预措施是行政性的手段，因此，政府要转变职能，防止行政随意干预市场甚至滥用行政权力干预市场的现象发生。

　　最后，对越权、滥用行政权力干预的政府责任人加以法律的制裁，严重者让其承担刑事责任。

　　（六）对价格紧急干预措施的完善建议

　　价格紧急干预措施是更为严厉的行政强制干预市场价格的措施，所

---

① 《58 种生活必需品价格我国将实行每日监测》，《石狮日报》2007 年 9 月 2 日第 14 版。
② 刘定华、肖海军：《宏观调控法律制度》，人民法院出版社 2002 年版，第 436 页。

以，实施的条件更为严格。其种类有：（1）临时集中定价权限；
（2）部分或全面冻结价格。对其也应出台《价格紧急干预措施实施细
则》，从法律上加以规范。但是，价格干预措施并不是常态，当紧急情
况消除后，应该及时退出，以防止控制过严，打击了经济发展的积
极性。

第八章

公共产品的价格宏观调控法律问题研究

第一节　公共产品的价格宏观调控的理论分析

改革开放以来，我国的价格改革主要在私人产品①领域中进行，并已基本上确立了市场价格形成机制，但是公共产品的价格改革却相对滞后。由于公共产品自身的特殊性和重要性，不适于充分竞争来形成价格，因此，完善公共产品价格改革成为深化我国价格体制改革的关键性环节。

一　公共产品的界定

所谓公共产品（public goods），又称"公共品"、"公共物品"，是指那种不论个人是否愿意购买，都能使整个社会每一成员获益的物品，是与"私人产品"相对的概念。②

从整个社会来讲，公共产品大多涉及与人民群众日常生活密切相关的水、电、气等市政基础设施领域，这一领域又可以分为纯公共产品和准公共产品两大类。前者如行政、国防、公安、基础教育等关系国家安全和国计民生的重要领域；后者如公共交通、供水供电、邮电通信、非基础教育、文化卫生、预防保健、博物馆、图书馆、公园等非公益性公共领域。③

---

① 私人产品（private goods）是那些可以分割、可以供不同人消费，并且对他人没有外部收益或成本的物品。参见［美］萨缪尔森《经济学》，萧琛等译，华夏出版社1999年版，第268页。

② ［美］萨缪尔森：《经济学》，萧琛等译，华夏出版社1999年版，第268页。

③ 杨洁、王振平：《经营城市中公共产品定价策略研究》，《价格理论与实践》2004年第1期。

正是因为公共产品与人民的生活息息相关，才具有投资大、规模适度、沉淀成本高、管网供给特征强、消费需求弹性低等特点，同时公共产品在消费上具有非排他性和非竞争性的特征，也即当某人消费该种物品时，要拒绝他人消费是不可能的，或者是要付出高昂的成本同时只要消费者的总数限制在一定的范围之内，那么，增加一个人的消费并不影响或者损害别人的福利。[①] 所以说这类产品的价格不适合单纯由市场来形成，尤其是纯公共产品应实行政府定价或政府指导定价。

二　现有公共产品价格机制的现状及风险

1. 公共产品价格市场化

长期以来，我国的公共产品由政府及其所属国有企业垄断供给与经营，实行"低价＋亏损＋补贴"的经营模式，造成了垄断低价背后的低效率、低供给、低质量、低服务等恶性循环。事实上，竞争作为市场经济体制的重要机制已渗透到公共产品领域，传统的国有国营的局面已经被打破，民间资本、国外资本开始渗透到公共产品领域与市政建设相竞争，国有资本大量撤离城市公用事业领域以后，市场机制激活和优化自然垄断资源的调节空间明显放大。然而，城市公用事业市场所愈加凸显的商业风险、财政风险、政治风险和不可抗力风险，最终要通过价格市场化风险，演绎为供求双方的利益冲突。[②] 因此，我国的公共产品领域也面临着价格市场化的挑战，公共产品的人格市场化显然与传统的政府掌权不相适应，如何更好地应对这一挑战，既避免风险又不偏离我国社会主义市场经济的轨道，已成为一个关系到价格体制改革大局的重要问题，必须更新观念，打破传统的垄断观念，引入市场竞争机制。纯公共产品如国防、外交、公共安全等行业或部门，因关系到国家政治的利益和安危，根本无法进行直接收费，通常只能靠纳税人交纳税金来解决其产品的供给。而对于准公共产品可以用直接收费来进行供给，并允许经营者获得微利。

2. 公共产品行业经营观念相对落后

传统上，公共产品领域一直是垄断经营的行业，且出于对国家利益

---

① 刘学敏：《中国价格管理研究》，经济管理出版社 2001 年版，第 64 页。
② 童珂：《公共事业价格市场化改革问题探讨》，《价格理论与实践》2003 年第 10 期。

和社会公共利益的考虑，经营者往往是国家、地方政府，或政府隶属的事业企业性单位，这些经营主体在国家提供绝对支持和保障的前提下，往往消极地经营和管理，按部就班，缺乏创新性。因而，在公共产品市场化的挑战下，唯有尽快地转变观念，与时俱进，主动迎合市场竞争的挑战，主动积极地思考经营对策，充分发挥其行业优势，才能为人们创造更多的实惠和利益。

3. 公共产品领域资源分配不均

现今我国的公共服务资源短缺及配置不均，城乡之间、城市与城市之间差别较大，使我国服务价值形成机制不够完善，在此高价之上，医疗和教育领域的服务价格仍有上涨压力。另外，受自然垄断行业价格的影响，公共产品的价格也出现了明显的波动。例如，成品油价格的提高带动了交通服务行业价格的上升。

三　完善我国公共产品价格宏观调控体系的路径选择

综上所述，传统的观点认为公共产品领域由于其与人民群众日常生活的密切关系，以及非排他性和非竞争性的特征，不适合展开竞争，不应放入市场经济体制中，而应由政府或国有企业来提供。然而，改革开放以来，市场经济体制的建立和日趋完善，已使竞争渗透到了这一领域，只有竞争才能真正地把企业搞大搞活，所以公共产品的价格市场化已成为必然趋势和时代所需。重新定位公共产品的价格调控体系不但是一个经济问题，也是一个关系改革大局的政治问题。

（一）公共产品的价格市场化

在市场经济体制下，市场是配置资源的主要手段，绝大多数商品和服务的价格应由市场来自主形成，而且，市场机制越发达，市场调节价的范围也应该越大。对于竞争领域而言，实行市场调节价早已达成共识，公共产品领域就是这样一个区域。近几年，这些领域日渐有了多种形式的投资、控股、参股方式，实际上竞争机制已渗透其中，传统的国有国营观念在分化瓦解，价格市场化已经开始。而且，改革的实践证明，在这些领域引入竞争后不但没有改变我国公有制的国家性质，而且使这些企业一改往日的萧条局面，变得更加生机勃勃。然而，公共产品的价格市场化改革仍面临着种种风险和艰难抉择，选择恰当合适的改革方案关系着成败的大局。所以针对公共产品的价格市场化，本书欲提出如下双赢对策：

1. 建立公共产品市场主体价格风险分担机制

也即在公共产品领域引入产权约束机制，严格划清投资方、受益方各自所独立承担的风险、责任、回报方式。具体而言，凡是由生产经营活动决策失灵造成的诸如成本增加、利润减少和亏损的风险，投资方应独自承担责任；凡是由政府决策失误、宏观调控政策失灵所带来的风险则应由政府承担；同样，由市场供求关系所导致的价格上涨的风险则由消费者自己来承担。如果风险或亏损是由政府和投资者共同造成的，由二者共同承担。这充分体现了"谁受益、谁付费"原则和"谁投资、谁受益"原则的结合。

2. 建立合理的价格构成机制

公共产品作为具有公益性，且人们群众生活的必需品，其价格是否合理关系到政治、经济、社会安定的大局。在保民生、促和谐的社会理念之下，构建公共产品的价格构成机制，更能体恤民心，深得民意。比如，电价的阶梯定价机制就是在"建机制、保基本、促公平"这一价格改革新理念下实施的，对阶梯的确定也是在综合考虑了各种因素之后，科学制定并经过反复论证，采纳合理听证意见后作出的。档次太低会让更多的民众背上负担，而档次太高又不利于节约能源，促进管理。完善的价格构成机制是体现价格宏观调控的重要指标。制定商品价格是个极其复杂的过程，但再复杂也要向民生倾斜，要作出有利于老百姓的价格构成机制，阶梯电价的实施，也为今后水、天然气等其他资源性产品价格改革积累了宝贵经验。

3. 完善价格听证机制

正是因为公共产品的特殊性，决定了政府在对其价格进行宏观调控时，必须考虑市场供求的变化、生产成本、消费者的合法利益以及全社会的整体经济利益。而政府作为行政机关责任主要在于行政领导，必然使其对市场的供求、生产成本等不了解，因而应当推行公共产品价格听证制度，广泛听取经济学家、消费者、生产者等的意见和建议，集思广益，从而制定合理的价格调控政策，并及时调整现有的政策以适应市场经济发展的需要。从 2012 年 7 月 1 日起，全国除西藏和新疆以外的 29 个省（区、市）实行了居民阶梯电价，经历两个月的听证阶段后，各地陆续公布了最终的实施方案。听证阶段关于"首档电量过低"、"家庭人口数量影响"以及"季节不同用电量浮动"等争议问题，在多省的最终方案中都得以解决，而该次居民阶梯电价的听证会是我国有史以来最大范围的听证会，受到前所未有的关注度和社会参与度，可见，听证会对完善电价改革起到了集思广益的作用，在调动民众参与积极性的同时也使其发挥了充分的监督作用。

4. 建立价格调控预案机制

建立价格调控预案机制的目的是及时预警价格调控中的风险，减少不必要的投资，节约资源。推行新的公共产品的定价机制，既要兼顾边际成本也要考虑平均成本来定价，使价格合理合情。相信，随着公共产品价格市场化的不断完善，公共产品的价格调控机制也将更为合理与完善。

（二）完善公共产品的立法机制

公共产品的立法是确定其合理价格机制的法律依据，是决定其科学性、树立公信力保障实施力的来源。我国有《电力法》、《水法》等法律，但这些法律也只是从对电和水能公共产品的法律制度作了泛泛的规定，而针对这些产品的定价机制的专门立法还没有。所以，我国应该加快制定这方面的立法。国家发改委在 2010 年公布的《关于居民生活用电实行阶梯电价的指导意见（征求意见稿）》成为了各省、市制定阶梯电价的依据，虽然阶梯电价已于 2012 年 7 月 1 日起在全国正式试行，但是，阶梯电价的实施却没有全国统一的法律，只有各省、市制定的地方条例，即使区域性的条例都结合了各自的真实状况，但效力不高、标准不一，依然需要一部全国性的立法去统一。下一步，国家发展和改革委员会还计划对自来水、天然气实施阶梯价格，也需要统一立法、明确标准。

（三）吸引多方投资

在公共产品领域，政府首先要转变思想，接受民营资本、外国资本的进入并与其公平竞争，只要不损害我国的国家主权和尊严，不损害我国人民的利益，不破坏我国传统的支柱产业，就应该大胆地引进。政府的定价目标不仅仅在于获取利润，而且在于社会责任及消费者和社会的最大效益，要综合考虑消费者利益、社会利益和生态利益等整体利益。公共产品的投资属于基础性投资，耗费的资金大，却回报周期长，单靠政府的力量无以应对，倒不如吸引民间资金进入，可以通过设置优先收费权等让其先收回投资。

"另外，要不断增强宏观调控的预见性、针对性、综合性和有效性的取向，严格控制垄断产品的任意或搭车涨价。公共产品价格、与人民生活息息相关的医疗和教育费价格的过高，造成了其他产品的消费不足，因此要加强公共部门的价格监督，纠正医疗医药的乱收费。其次，加快资源性产品价格改革，主要有油、气、电、水和地价等形成反映资源节约体制，加快产业组织结构，推进资源产品价格市场化，加快结构性调整，达到供求平衡，使物价传导链条合理通畅"。①

但本书认为，对于国防我们不提倡价格市场化，因为国防是一个国家主权的体现，也是一个国家人民安定生活和生产的首要前提。国防作为公共产品因其特殊性应始终控制在政府手里，否则，没有巩固的国防，国将不存，还谈何其他？

第二节　公共产品价格宏观调控的实证分析一
——从站票打折争议看我国的火车票价格改革

春运时节，一票难求的局面仍然很严峻。尽管铁道部开通了各种售票渠道，也增加了很多便民措施，但是依然抢不到火车票。春运与我国铁路运输力的矛盾再次暴露出来，促使人民再次思考火车票的价格改革机制及铁路改革、民生问题的改善等诸多的深层次问题。

一　火车的站票该不该打折

对于这个问题，不同的人有不同的看法，下面我们就具体分析之。

①　赵淑敏：《2006 年 CPI 物价分析及预测》，2006 年 9 月 5 日，金都信息港（http：//www.jdxx.cn/tjfx/200695164323.html）。

1. 民众意见

据民调显示，近八成的民众认为应该半价，还有近二成的民众认为应该在全价的基础上打折，只有很少的民众不支持半价。很显然，在许多人看来，坐票和站票是有差别的，因为站票与坐票价格虽然相同，但所享受的服务却不同，这违背了《消费者权益保护法》中的平等权原则。

2. 铁道部意见

铁道部不同意打折，基于以下的原因：首先，购买站票是乘客自愿的行为。在乘客购买站票时，铁路局已经尽到了足够的提示义务，等于征得了同意，乘客是自愿的，且他们对站票的各项服务也是很清楚的。其次，站票打折会导致投机心理。如果有人图便宜，在能买到坐票的情况下也买站票，就会出现座位过剩。如此发展，会出现买了站票，也可享受座位的情况，这就出现另一种不公平。再次，站票并不是常态，无论乘客坐着还是站着，体重并没变，因此火车或公交车对每个乘客付出的运营成本是一样的，有座无座同价有其合理性。[1] 最后，无座票减价，不仅操作困难，也与铁路部门提供无座票的初衷相违背。火车沿途有旅客上下，无座也容易换成有座。站票与坐票同价，在客运高峰时能起到分流客流、减少超员的作用。

3. 法律专家意见

根据《价格法》第18条和《国家计委和国务院有关部门定价目录》相关规定，火车票票价应该实行政府指导价或政府定价，但《铁路客运运价规则》和《铁路客运运输规程》并没有对火车的站票进行规定。《铁路客运运输规程》第12条规定"旅客票价包括两部分——客票部分：分为硬座、软座客票票价。附加票票价：分为加快、卧铺、空调票票价。附加票是客票的补充部分，可以与客票合并发售，但除儿童外不能单独使用。"同时，一旦买票，乘客与铁路局之间形成了合同关系，既然无座和有座在服务方面是有差别的，那么，理应在价格上有

---

[1] 王萍：《乘客状告北京铁路局：坐票站票一个价不合理》，《北京晚报》2006年7月4日第10版。

所体现。

二 站票打折事件背后的真相剖析

(一) 我国铁路发展的总体情况分析

1. 铁路属于公共产品

因为公共产品消费的普遍性、非排他性和依赖性的属性，加上大多投资大、风险多、资金回收周期长，私人无力或不愿承担如此高的成本，所以，在我国铁路属于公共资源。既然，市场机制在公共产品的提供方面很难像在私人产品的供给方面一样体现高效率，此时，政府作为巨大的经济资源中心和最大的社会公共管理机构，就义不容辞地承担起了提供公共产品的职责。实行适度的调控并允许在一定范围内的垄断经营是必要且有益的。这也是由纯公共产品的性质决定的，因此，火车票价长期以来由政府定价。

2. 我国铁路总体建设情况

近几年来，我国的铁路建设取得了突飞猛进的发展。一批铁路重点项目建成投产，世界上第一条高寒高速铁路——黑龙江省哈尔滨市到辽宁省大连市的高铁顺利开通，北京到石家庄、石家庄到武汉客运专线建成投产，标志着世界上运营里程最长的高速铁路——京广高铁全线贯通，合蚌、汉宜等一批重点项目也顺利开通运营。到 2012 年底，全国铁路营业里程达到 9.8 万公里，居世界第二位；高铁运营里程达到 9356 公里，居世界第一位。[①] 目前我国铁路完成的旅客周转量、货物发送量、货物周转量、换算周转量均居世界第一位。铁路科技创新水平明显提高，在高速铁路、高原铁路、重载运输等领域取得一系列科技创新成果，我国铁路总体技术水平进入世界先进行列。

3. 2012 年我国的铁路完成运输量情况

2012 年我国铁路完成的旅客周转量、货物发送量、货物周转量均居世界第一位。据铁道部统计中心数据显示，在客运方面：2012 年全

---

① 《中国铁路工作会议召开 高铁运营里程居世界第一》，2013 年 1 月 18 日，红网（ht-tp：//jt. rednet. cn/c/2013/01/18/2884225. htm）。

国铁路累计发送旅客 18.93 亿人，比 2011 年增加 8618 万人，增长 4.8%。旅客周转量完成 9812.33 亿人公里，同比增加 200.03 亿人公里，增长 2.1%。在货运方面：2012 年全国铁路货物发送量完成 38.92 亿吨，货物周转量完成 28891.9 亿吨公里。铁路部门继续倾斜运力加强电煤、粮食、棉花、节日物资、救灾物资等重点物资运输，有力地满足了国民经济发展需求，彰显了铁路"国民经济大动脉"的社会责任。全国铁路全年煤炭运量完成 226175 万吨；石油运量完成 13777 万吨，同比增长 1.7%；粮食运量完成 10444 万吨，同比增长 5%；化肥及农药运量完成 9297 万吨，同比增长 7.3%。在加强客货运输的同时，铁路客货服务水平也大幅提升。在服务质量方面：铁路部门深入开展服务旅客创先争优活动，全面强化服务"硬件"和"软件"建设，在实名制售票、网络售票、改善车内环境、加强信息服务等方面推出一系列便民利民举措，客运服务水平明显提升，尤其春运、黄金周和小长假，运输均实现历史性进步。借鉴客运改革的成功经验，铁路部门大力实施货运组织改革，实行货运业务网上受理，推行"实货制"运输组织方式，拓展全程物流服务，推动了铁路运力资源公开公平地服务社会。①

（二）春运与铁路运输之间的矛盾

我国的铁路运输已经取得了突飞猛进的发展，但铁路作为国民经济大动脉、国家重要基础设施和大众化交通工具，肩负着重要使命和责任，国民对全民站票半价博弈的背后体现的是春运与铁路运输之间存在矛盾。有钱没钱回家过年，这是中国人的一大传统习俗。春运实际上是全民大迁徙，除了回家，还要走亲访友，都为出行增加了压力。因铁路运输便宜、携带行李方便、安全稳当、不受恶劣天气影响等特点，所以，肩负着春节团聚梦想的春运压力几乎都集中在了铁路运输上。矛盾的集中爆发，一方面反映了公民社会意识的觉醒，对自身社会权益关注的提升，另一方面反映了公民对铁路公共产品的期望。本书认为，问题不在于站票与坐票本身，而在于站票对民众社会权益的挑战与忽视。一次旅行，时间也许很短，即使时间长点，也终因团聚的期盼而充满期待，但是，糟糕的旅途，却破坏了

---

① 《2012 年全国铁路运输旅客 18.93 亿人》，《人民铁道》报 2013 年 1 月 18 日第 12 版。

民众回家的好心情，讨个说法也只是为了挽回那份尊严。

三　对铁路系统改革的完善思考

（一）去除铁路系统的司法特权

铁路法院存在设置没有法律依据，管辖权独特，从业人员不够专业等种种不足，因而，几乎每次的审理结果都是铁路方面胜诉，可见，铁路法院的身份与地位是铁路部门特权的集中表现，司法特权成为其行政特权的保护伞。将独立的司法权与独立行政权集于一身，这与法治国家的建设宗旨格格不入。在2012年6月30日前基本完成的铁路系统的司法特权改革构成了铁道部被拆分前的序幕，为铁道部最终彻底去除行政化奠定了基础。

1. 做好铁路司法权移交地方法院的后续工作

2012年2月，最高人民法院和最高人民检察院向各地方下发通知，要求各地在同年6月底7月初之前完成铁路检、法两院向地方移交的工作，涉及30多个铁路运输中级法院和铁路运输检察分院，以及100多个基层两院，涉及数千名法官、检察官，所以，移交完成后，接下来的完善工作才是重点。

2. 将铁路司法机关的工作人员由职工变成公务员

2009年，提出铁路公检法干部要从企业职工转变为公务员，铁路两院的人事随即被冻结近3年，各单位已出现青黄不接的状况——新人不进，老人不退，能人"不升"。原铁道部表明对铁路法院、检察院的经费保障只维持到2012年6月底。因此，地方铁路检、法两院若不能按时完成移交，就要面临"断粮"的窘境。这种釜底抽薪的做法，表明即使改革的阻力再大，变革的趋势与进程也已是势不可当。2012年7月2日，最高人民检察院发布消息称，截至2012年6月30日，全国17个铁路运输检察分院、59个基层铁路运输检察院已全部分别移交给所在省市自治区人民检察院。① 至此，铁道部的司法特权被取消了。但是

---

① 《铁路司法机构移交地方背后：收入每月降低数千元》，2012年7月9日，新浪网（http：//finance. sina. com. cn/china/20120709/104912513480. shtml）。

接下来的工作比移交更重要，犹如器官移植后的排异现象，总要持续一段时间。即使强行完成移交，但工作衔接、人员身份转化、经费保障、部门协调及利益调整等复杂问题的解决等问题依然存在。人事改革导致铁路公检法的移交变得更为复杂，这不是开一两次会或者换一两块牌子所能解决的。

虽然在放权这个问题上会面临着痛苦，但是这种痛苦终将过去，原本在中国占据第一位的铁道部不但被去除了司法特权，更被交通部所吸收整合，现在看来2012年的司法改革已经为铁道部的改革拉开了帷幕。

（二）实行政企分离

1. 撤销铁道部

2013年的十二届一中全会的大部制改革，按照铁路政企分开的目的，将铁道部拟定铁路发展规划和政策的行政职责划入交通运输部；组建国家铁路局，由交通运输部管理，承担铁道部的其他行政职责，负责拟订铁路技术标准，监督管理铁路安全生产、运输服务质量和铁路工程质量等。组建中国铁路总公司，承担铁道部的企业职责，负责铁路运输统一调度指挥，经营铁路客货运输业务，承担专运、特运任务，负责铁路建设，承担铁路安全生产主体责任等。因此，铁道部被拆除。这个素有中铁老大之称的部门退出了历史舞台。

中国铁路总公司已经于2013年3月14日挂牌成立，注册资金为10360亿元人民币，中国铁路总公司是经国务院批准，由中央管理的国有独资企业，由财政部代表国务院履行出资人职责，交通运输部、国家铁路局依法对公司进行行业监管。这意味着中国铁路总公司是仅次于中石化、中石油、国家电网、工商银行的中国第五大超大型国企。公司实行总经理负责制，总经理为公司法定代表人，由原铁道部部长盛光祖担任。当前，铁路管理体制实行的政企分离改革，为深化铁路投融资体制，更好地发挥政府和市场的作用，促进铁路持续发展创造了良好条件。

2. 做好铁道部被撤销后的债务继承工作

铁道部政企分开后，原来由商业银行向铁道部发放的贷款以及铁道部发行的债券，铁道部下属企业从商业银行拿到的贷款都由新组建的中国铁路总公司继承。国家对铁道部原来贷款或债券等各项支持措施和支持政策不变。下一步国家将会采取综合性的措施支持铁路建设、支持铁路的投资和融资。① 从解放到现在，国家除了修青藏铁路的 400 亿元投资，其余的铁路都是铁道部贷款投资修建的，这就造成当前 2.6 万亿的债务，再加上 1 万多亿的新建铁路债务，目前铁道部的债务将近 4 万亿，铁道部一年要偿还银行 1000 亿左右的利息。② 如果铁路总公司能够按现代化的公司治理制度运营，在市场化运营之后优先提高铁路系统内部的效率，节约运营成本，改善铁路工程质量与运营服务，改善企业效益，以此带动企业利润的快速增长，才能从根本上化解巨额债务。改革不仅仅是拆分，更主要的是去除行政化后的铁路交通系统该如何运营的问题。

3. 铁路总公司改革的方向

一是推进铁路投融资体制改革，多方式多渠道筹集建设资金；二是不断完善铁路运价机制，稳步理顺铁路价格关系；三是建立铁路公益性、政策性运输补贴的制度安排，为社会资本进入铁路创造条件；四是加大力度盘活铁路用地资源，鼓励土地综合开发利用；五是强化企业经营管理，努力提高资产收益水平；六是加快项目前期工作，形成铁路建设合力。

2013 年初铁道部被拆分后永远退出了历史的舞台，标志着改革迈出了关键的一步，之后的路依然充满艰难，改革的风险还需要继续防范，改革的后续工作还任重道远。

（三）提高铁路服务的管理水平

1. 提升服务质量

随着我国经济的发展，我国的社会保障权益也在逐步地提高和改善。对于火车这种公共产品来说，应该强调其服务性的社会基础设施功能，全民福利的功能，从这一点上来说，火车票降价或者免费，才是全民福利的最好见证；或者是不降价，提升服务质量，比如增加列车数

---

① 《央行：中国铁路总公司继承原来铁道部贷款》，2013 年 3 月 13 日，腾讯网（http://news.163.com/13/0313/15/8PRTLQTI0001124J.html）。

② 《专家称火车票价肯定要涨甚至可能超过机票价》，2013 年 3 月 19 日，腾讯网（http://hb.qq.com/a/20130319/000489.htm）。

量，增设线路，等等。其实动车、高铁就是一种服务质量的提升，但是价值决定价格，这些车的票价相对来说较高，对于春运的主力打工仔和学生群体来说，也许负担不起，只能瞄准那种普通火车，继续着艰难的历程。所以，要想真正解决火车票的问题，还需要我们继续发展经济，提升社会保障与福利能力。因此，国家应继续支持铁路建设发展，加快推进铁路投融资体制改革和运价改革，建立健全规范的公益性线路和运输补贴机制。同时，继续深化铁路企业改革，建立现代企业制度。因此，本书认为，铁路服务质量的提升，需要交通部运筹帷幄，也需要铁路企业真正实现企业化运营。

2. 发挥多种运输方式的合力

一票难求，指的是火车。除了火车，还有汽车和飞机等运输工具，为什么在火车如此堪忧的情况下，其他交通工具不能分担呢。汽车不安全，尤其是在冰雪覆盖的冬季，加之人为的其他因素，导致了事故高发。尽管年年抓超载、疲劳驾驶，但依然是问题多多。所以，汽车的安全保障才是关键。而飞机即使票价打折，再加上燃油税等、到机场的费用和离开机场的费用，对随身携带行李的要求，等等，很多人坐不起，也不愿乘坐飞机，所以，汽车和飞机在春运方面的劣势显现无遗，导致了春运的矛头指向了火车这种交通工具。但是，本书认为，缓解火车春运的压力，必须发挥整个交通运输的合力，如果我们加强了汽车的安全管理，保障了汽车的安全，还会有人不选择吗？如果飞机票不是那么高，还愁没人选择吗？所以，春运考验的是整个运输系统的综合能力，多渠道解决问题是必要的，也是可行的。如果存在多家长途运输客车的优质服务与火车相竞争，市场的优胜劣汰规律必然会增加火车运营的活力，并促使其提高服务质量。

为充分发挥各种交通运输方式的整体优势和组合效率，有必要实行铁路政企分开，加快推进综合交通运输体系建设。将铁道部拟订铁路发展规划和政策的行政职责划入交通运输部的大部制改革，由交通部统一行使交通运输权力，统筹规划铁路、公路、水路、民航发展，有利于加快推进综合交通运输体系建设，全国的运输系统将形成合力，共同为交通运输的顺畅发展贡献力量。政企分离后，中国铁路总公司统一调度指挥铁路运输，实行全路集中统一管理，确保铁路运营秩序和安全，确保重要运输任务完成，不断提高管理水平，为人民群众提供安全、便捷、优质的服务。因此，这次大部制的改革，打破了铁道部长期以来行政与企业职能不分的局面，为我国铁路运输事业的大发展扫除了障碍，为铁路企业的筹资和建立产权明晰、权责明确、利益直接、管理科学的现代化的铁路企业奠定了坚实的基础。

3. 加速城镇化建设

十八大已经把城镇化建设作为重要发展战略，这对解决春运有很大的帮助。如果广大农村发达了，生活富裕了，能在自己的家门口工作、学习、生活，还需要再跑到城市去打工？或者在工作的地方能安家立业，有较为宽敞的住房，有能够供养家人的收入，老人和孩子都在身边，还需要春运期间再跑回老家过年吗？所以，加速城镇化建设，加速农村发展，缩小城乡差距，健全社会保障体制改革，这些问题都是影响铁路春运质量的因素。

（四）完善市场定价机制

自 1995 年至今，铁路客运的普通客票基准票价率一直没有作过调整，始终实施低运价政策，铁路运输企业保本经营已十分困难，当前我国铁路存在政企不分的情况，使铁路客货运基本运价水平偏低，且有运价外收费较多的情况，运价体系过于复杂直接削弱了铁路在综合运输市场上的竞争力。可见其价格调整机制已经势在必行了。客货运定价改革将逐步接近市场化运作，解决长期以来运价形成机制过于行政化的问题。[①] 铁路作为公共交通设施，是重要的基础产业。铁路运价既关系到铁路正常运营发展，又关系到群众日常出行和切身利益。铁路运价实行政府定价或政府指导价。中国铁路总公司成立后，这种运价管理方式目前还没有改变。铁路企业将完全进入市场，依靠市场的竞争机制来运作。因此，市场化后，火车票价自然会随着市场状况的变化有降有升，并与其他运输方式开展理性价格竞争，为抢客源，火车票价自然会打折。

---

① 《铁路基准票价率 16 年未变 世行建议中国改革定价机制》，2012 年 1 月 10 日，客运站（http://www.keyunzhan.com/knews-288001）。

1. 公开票价的构成

2013 年 1 月 1 日起，全国铁路实施新票价，新的票价内不含有强制意外保险。人们满心期待票价会降低很多，但结果却让民众大失所望。原来旅客票价是由基本票价、附加票价、保险费等部分构成的，根据《铁路旅客意外伤害强制保险条例》规定，保险费为基本票价的 2%，相应的，取消强制保险费后，降的仅是基本票价的 2%，而非票面金额的 2%。高铁下调后的票价降价幅度并不是票面价格的 2%，而是 0.5 元至 4 元之间，以南京为例，南京到北京高铁票价下调 1.5 元。① 对于高铁的部分票价来说，除了以上的内容，还可能包括饮用水、盒饭等服务的费用。一张简单的要式票面，却包含了很多内容，而这些对于大多数人来说，并不一定清楚。之所以会引起如此强烈的反差，究其原因是没有建立起火车票的定价机制，让人们清楚地知道票价的构成。

2. 设置阶梯票价

铁路部门应该根据市场化的需要，提供普通票、动车票、高铁票等不同价位的票，以满足人们的不同需求。例如韩国就采用了阶梯票价制度，不但分不同种类的票种，还针对老人、儿童和残疾人的打折票价，适应不同人的需求。我国《铁路客运运输规程》只有针对学生和儿童的特色票价，中国人民解放军和武装警察部队的伤残军人凭"残疾军人证"、因公致残的人民警察凭"伤残人民警察证"购买残疾军人优待票，而针对老人的优惠还没有设置。

3. 开展票价调整的听证制度

根据《政府制定价格听证办法》，制定关系群众切身利益的公用事业价格、公益性服务价格、自然垄断经营的商品价格等政府指导价、政府定价，应当建立听证制度。当下，亟待改革火车票定价机制，向社会公开成本，纳入听证范畴，接受参与和监督。下一步要考虑按照铁路与公路保持合理比价关系的原则，制定合理货运价格，建立铁路价格随公路变动的机制，由政府定价改为政府指导价。

---

① 张遇哲：《误读"降价 2%"拷问火车票定价机制》，2012 年 12 月 25 日，华声在线（http://opinion. voc. com. cn/article/201212/201212250918004314. html）。

（五）建立公益性运输补贴机制

除了铁路系统可以通过公开、透明、高效的企业运营降低成本之外，国家也将建立铁路公益性运输补贴机制。对铁路承担的学生、伤残军人、涉农物资等公益性运输任务，以及青藏线、南疆线等有关公益性铁路的经营亏损，建立铁路公益性运输补贴机制，采取财政补贴等方式，对铁路公益性运输亏损给予适当补偿。

（六）完善铁路系统的信息公开制度

我国的铁路定价确实不明确，所以很多公民要求公开火车票的定价方案，尤其是在京广高铁开通后，这种要求更加强烈。火车上供应商品的价格是人们所表达不满情绪的集中点。如果能及时进行信息公开，充分听取民众的意见，效果会更好。

随着铁道部的拆分，政企分离改革的进一步深化，竞争机制将在铁路运输系统内部充分开展。如果整个运输系统内部能展开充分、良性、互动的竞争，火车票价也会自然涨落。

第三节　公共产品价格宏观调控的实证分析二
——房价宏观调控法律问题研究

一　近年来的房价宏观调控措施回顾

（一）2003—2013 年我国房价调控一览表

表 8 - 1　　　　　2003—2013 年中国房地产调控政策一览表①

时间	概要	内容	评论
2003 年（1 项政策）	18 号文件	2003 年 8 月份，国务院明确将房地产行业作为国民经济的支柱产业；《关于促进房地产市场持续健康发展的通知》，简称 18 号文件。明确提出要保持房地产业的持续健康发展，要求充分认识房地产市场持续健康发展的重要意义。	将房地产行业定位为拉动国民经济发展的支柱产业之一

① 《2003—2013 年中国房地产调控政策一览表》，2013 年 2 月 27 日，搜狐网（http：// business. sohu. com/20130227/n367325551. shtml）。

时间	概要	内容	评论
2004 年 （2 项政策）	提高地价	2004 年 3 月，国土资源部、监察部又联合发文，严令各地须在当年 8 月 31 日前将协议出让土地中的"遗留问题"处理完毕，否则国土部门有权收回土地，纳入国家土地储备，是为"8·31"大限。	8·31 大限提高拿地"门槛"，调控开始
	上调存贷款利率	2004 年 10 月，央行 10 年来首次宣布上调贷款利率。中国人民银行决定从 2004 年 10 月 29 日起上调金融机构存贷款基准利率并放宽人民币贷款利率浮动区间和允许人民币存款利率下浮。金融机构一年期存款基准利率上调 0.27 个百分点。	利用信贷利率来调控限制资金，以吸引投资，控制需求
2005 年 （6 项政策，建立问责机制）	提高个人房贷首付比例	2005 年 3 月，央行决定即日起调整商业银行自营性个人住房贷款政策，宣布取消住房贷款利率优惠政策；对房地产价格上涨过快的城市或地区，要追究有关责任人的责任。个人房贷首付比例从 20% 上调到 30%。	房贷优惠政策取消，调控涉及消费层面
	推进房地产税改革	2005 年 3 月，财政部副部长肖捷在出席"中国发展高层论坛"时表示，中国目前房地产保有和交易环节税费偏轻，今后将重点推进房地产税改革。	房地产税改革深入，调控涉及交易环节
	老"国八条"	2005 年 3 月，国务院出台八点意见稳定房价，一是高度重视稳定住房价格；二是将稳定房价提高到政治高度，建立政府负责制；三是大力调整住房供应结构，调整用地供应结构，增加普通商品房和经济住房的土地供应，并督促建设；四是严格控制被动型住房需求，主要是控制拆迁数量；五是正确引导居民合理消费需求；六是全面监测房地产市场运行；七是积极贯彻调控住房供求的各项政策措施；八是认真组织对稳定住房价格工作的督促检查。	"国八条"出台，调控上升到政治高度
	"新国八条"	2005 年 5 月，国务院办公厅发出通知，转发建设部等七部委《关于做好稳定住房价格工作的意见》，要求各地区、各部门要把解决房地产投资规模过大、价格上涨幅度过快等问题，作为当前加强宏观调控的一项重要任务。	七部委意见，调控加强、细则出台
	银监会 212 号文件	2005 年 9 月，银监会 212 号文件收紧房产信托。	收紧房产信托
	买卖二手房须缴纳个人税	2005 年 10 月 11 日，国家税务总局发布《关于实施房地产税收一体化管理若干具体问题的通知》，文件正式明确个人买卖二手房，须缴纳个人税。	国税总局重申二手房缴纳个人所得税
2006 年 （11 项政策，调控从指导意见转向可操作性）	再次上调房贷利率	2006 年 4 月 27 日央行全面上调各档次贷款利率 0.27 个百分点，其中 5 年期以上的银行房贷基准利率由 6.12% 上调到 6.39%。	通过信贷政策控制房价
	"国六条"	2006 年 5 月 24 日，温家宝主持召开国务院常务会议，会上提出了促进房地产健康发展的六项措施：一是切实调整住房供应结构；二是进一步发挥税收、信贷、土地政策的调节作用；三是合理控制城市房屋拆迁规模和进度，减缓被动型住房需求过快增长；四是进一步整顿和规范房地产市场秩序；五是加快城镇廉租房制度建设，规范发展经济适用房，积极发展住房二级市场和租赁市场，有步骤解决低收入家庭住房困难；六是完善房地产统计和信息披露制度，增强房地产市场信息透明度。	新一轮调控大幕开启

续表

时间	概要	内容	评论
2006 年 (11 项政策，调控从指导意见转向可操作性)	国务院出台限制套型 90/70 政策	2006 年 5 月 29 日，国务院办公厅出台《关于调整住房供应结构稳定住房价格的意见》，人称 9 部委 15 条，对国六条进一步细化，而且在套型面积，小户型比例、新房首付比例等方面作出量化规定。	限制住房的面积，但最终 90/70 政策名存实亡
	国税总局出台二手房营业税政策	2006 年 5 月 31 日，《关于加强住房营业税征收管理有关问题的通知》，要求各级地方税务部门要严格执行调整后的个人住房营业税政策。	加税
		2006 年 6 月 1 日后，个人将购买不足 5 年的住房对外销售全额征收营业税。	加税
		2006 年 7 月 6 日，未取得预售许可证的楼盘不得发布预售广告。	限制售楼条件
	建设部出台 171 号"外资限炒令"	2006 年 7 月 11 日，建设部联合其他 5 部委下发 171 号文件《关于规范房地产市场外资准入和管理的意见》。	限制外资进入房地产市场
		2006 年 7 月 26 日，108 号文件全国范围内强制征收二手房转让个人所得税。	税收调控
		2006 年 8 月 1 日，土地新政出台和《协议出让国有土地使用权规范》正式施行。	土地新政
		2006 年 8 月 19 日，央行调整金融机构人民币存贷款基准利率 0.27 个百分点。	信贷调控
		2006 年 8 月 30 日，建设部出台《城镇廉租房工作规范化管理实施办法》。	保障房建设
		2006 年 9 月，房地产市场整顿《国务院办公厅转发建设部等部门关于调整住房供应结构稳定住房价格意见的通知》；房产税收改革上海、重庆试点迈出实质性步伐；5 月 1 日起《商品房销售明码标价规定》即将执行，各地房企将实行商品房销售一房一价的规定，商品房销售明码标价后，可自行降价，但涨价必须重新申报。二手房交易也要参照执行。	房产税改革进入试点阶段
2007 年 (8 项政策，5 次加息，从金融层面打压房地产)	多部门联合制定规则以引导二手房交易	2007 年 1 月，建设部规范房产经纪行业，资金监管、网上签约、标准买卖合同三大详尽相互配合的文件一起出台，引导二手房交易进入良性、正规的轨道。	规范二手房交易市场，压制住房需求
	再次上调存款准备金	2007 年 3 月 18 日，央行再次上调存贷款基准利率 0.27 个百分点。	利用信贷调控手段
	第二次加息	2007 年 5 月 19 日，央行再次加息，上调 0.27 个百分点，一年期贷款利率上调 0.18 个百分点。个人住房公积金贷款利率上调 0.09 个百分点。6 月 5 日期，上调金融机构人民币准备金率 0.5 个百分点。	
	第三次加息	2007 年 7 月 20 日，央行第三次加息，此次针对活期存款利率上调，由 0.72% 上调至 0.81%，为 2002 年 2 月以来首次上调活期存款利率。	
	第四次加息	2007 年 8 月，央行第四次加息，存贷款基准利率上调 0.27 个百分点。	利用信贷调控手段

时间	概要	内容	评论
2007 年（8 项政策，5 次加息，从金融层面打压房地产）	第五次加息	2007 年 8 月，央行第五次加息，存贷款基准利率上调 0.27 个百分点，一年期存款利率达到 3.87%，一年期贷款利率达到 7.29%。	
	提高二手房首付比例	2007 年 9 月 27 日，央行出台新政，二套房首付比例不得低于 50%，贷款利率上浮至 1.1 倍。	
2008 年（16 项政策，金融危机爆发成为政策分水岭，多次利用信贷调控从金融层面打压房地产）	70/90 政策	2008 年 3 月，建设部 70/90 政策适用范围扩大到经济适用住房。	保障性住房
	再次上调存款准备金率	2008 年 3 月 25 日，上调存款类金融机构人民币存款准备金率 0.5 个百分点，达到 15.5%，创下历史新高。	信贷调控
	再次上调存款准备金率	2008 年 4 月 20 日，再次上调存款类金融机构人民币存款准备金率 0.5 个百分点。	
	再次上调存款准备金率	2008 年 5 月 20 日，再次上调存款类金融机构人民币存款准备金率 0.5 个百分点。	
	严格控制土地政策	2008 年 5 月 30 日，国家多项调控近期开始施行，土地阀门再度把紧。商品住宅开发不得超过 3 年，土地管理不作为将受严惩，6 月 1 日起执行。	严格控制土地利用
		2008 年 6 月 10 日，税务总局：企业为个人购买房产需征个人所得税。	税收调控
	国土部发文	2008 年 7 月 14 日，国土部表示小产权房不给宅基地证。	控制小产权房
	国务院新规	2008 年 8 月 11 日，国务院新规：商品房销售应明示能源消耗指标，并附上住房保修书和住宅产品说明书。	严格商品房卖售条件
	《2008 年廉租房工作计划》	2008 年 8 月 14 日，三部委联合印发《2008 年廉租房工作计划》，新增廉租住房保障户数 250 万户，达到 350 户。	住房保障政策力度加大
	限制土地的取得	2008 年 8 月 25 日，央行银监会联合发文要求严格建设项目贷款管理，土地质押必须有土地证，贷款额度不得超过质押物价值的 7 成，贷款期限原则不超过 2 年。对利用农村集体土地开发商业性房地产，不得发放任何形式的贷款，对购买农村集体土地上建设住房的城镇居民，不得发放住房贷款。	美国金融危机拯救了奄奄一息的房地产，在政策支持、通胀恐慌、外贸出口受阻的三大因素下，房地产又迎来一次暴涨，连续数年的宏观调控努力在即将取得成效的时候，戛然而止

时间	概要	内容	评论
2008 年（16 项政策，金融危机爆发成为政策分水岭，多次利用信贷调控从金融层面打压房地产）	下调利率	2008 年 9 月 15 日，央行宣布"双率"齐降。受美国金融危机影响，央行宣布 9 月 16 日起，下调一年期贷款基准利率 0.27 个百分点，下调存款准备金率 0.5 个百分点。	信贷调控
	降率免税	2008 年 10 月 9 日，西方央行联社降息，中国打出"降率免税"组合拳。	
	下调利率	2008 年 10 月 19 日期，下调一年期存贷款基准利率各 0.27 个百分点，下调存款准备金率 0.5 个百分点。同时储蓄存款利息所得税暂免征收个人所得税。	
	小产权房的希望	2008 年 10 月 12 日，十七届三中全会：土地或可转让抵押继承，小产权房有望破题。	对小产权房的限制有望取消
	出台系列新政	2008 年 10 月 12 日，系列新政支持房地产。	
		2008 年 11 月 1 日期，个人首次购买 90 平方以下普通住房，契税下调到 1%，免征印花税，免征土地增值税。首次购买住房和改善性普通住房提供贷款利率 7 折优惠，最低首付下调为 20%。 个人住房公积金贷款利率同时下调，5 年期内和 5 年期以上的贷款利率分别下调 0.27 个百分点，分别为 4.05% 和 4.59%。 地方政府可制定鼓励住房消费的收费减免政策。（例如：杭州救市 24 条，包括购房入户等政策，极大地促进了房地产市场的火爆）	调控放松
	第三次调息	2008 年 10 月 28 日，央行年内第三次下调利率，存贷款分别下调 0.27 个百分点。	信贷调控
2009 年（4 项政策，多利用税收调控手段）	加强土地增值税	2009 年 5 月 21 日，为加强房地产开发企业的土地增值税收管理，规范土地增值税清算工作，国家税务总局制定《土地增值税清算管理规程》。1. 房地产开发项目全部竣工完成销售的；2. 整体转让未竣工决算房地产开发项目的；3. 直接转让土地使用权的。	2009 年政策整体来看，从 5 月开始为政策分水岭，在 GDP 保八的前提下，前半年出台的政策仍然有利房地产市场发展，大大促进了房地产市场的发展。尤其是地方政府可自主出台救市政策，对沿海一带楼市的推波助澜起到关键性作用。后半年由于房价快速飙升，投机日盛，房地产宏观调控再次卷土重来
	研究开征物业税	2009 年 5 月 25 日，发改委提出今年将由财政部、税务总局、发改委、建设部负责研究开征物业税。	
	个人住房转让营业税征免时限由 2 年恢复到 5 年	2009 年 10 月，营业税免征优惠政策终止。国务院总理温家宝 10 月 9 日主持召开国务院常务会议，会议决定，2010 年 1 月 1 日起，个人住房转让营业税征免时限由 2 年恢复到 5 年，其他住房消费政策继续实施。	
	"国四条"	2009 年 10 月 24 日，温家宝主持国务院常务会议，国四条出笼：1. 增加普通商品住房的有效供给；2. 继续支持居民自主和改善性住房消费，抑制投资投机性购房，加大差别化信贷政策执行力度；3. 加强市场监管；4. 继续大规模推进保障性安居工程建设。	

续表

时间	概要	内容	评论
2010 年 (13 项政策，较多利用行政调控手段调控房价)	"国十一条"	2010 年 1 月 10 日，国务院出台"国十一条"，严格二套房贷款管理，首付不得低于 40%，加大房地产贷款窗口指导。	2010 年 4 月份，在国内各大城市房价狂飙的情形下，在一季度 GDP 增长超过 11% 的前提下，中央终于下定决心，对房地产市场进行史上最严厉的宏观调控"国十条"，限制异地购房、二套房贷标准大幅提高等具体可执行性的措施一下子将高温的房地产市场打入冰窖，各地房地产市场交易严重萎缩
	《国土资源部关于改进报国务院批准城市建设用地申报与实施工作的通知》	2010 年 1 月 21 日，国土资源部发布《国土资源部关于改进报国务院批准城市建设用地申报与实施工作的通知》提出，申报住宅用地的，经济适用住房、廉租住房和中低价位、中小套型普通商品住房用地占住宅用地的比例不得低于 70%。	
	《关于加强房地产用地供应和监管有关问题的通知》	2010 年 3 月 10 日，国土资源部再次出台了 19 条土地调控新政，即《关于加强房地产用地供应和监管有关问题的通知》，该通知明确规定开发商竞买保证金最少两成、1 月内付清地价 50%、囤地开发商将被"冻结"等 19 条内容。	
	规范用地行为	2010 年 3 月 22 日，国土资源部会议提出，在今年住房和保障性住房用地供应计划没有编制公布前，各地不得出让住房用地；将在房价上涨过快的城市开展土地出让、招、拍、挂制度完善试点；各地要明确并适当增加土地供应总量；房价上涨过快、过高的城市，要严控向大套型住房建设供地。	
	央企退出房地产市场	2010 年 3 月 23 日，国资委要求 78 户不以房地产为主业的中央企业，要加快进行调整重组，在完成企业自有土地开发和已实施项目等阶段性工作后要退出房地产业务，并在 15 个工作日内制订有序退出的方案。	
	严格首次购房的优惠政策	2010 年 4 月 2 日，财政部下发通知称，对两个或两个以上个人共同购买 90 平方米及以下普通住房，其中一人或多人已有购房记录的，该套房产的共同购买人均不适用首次购买普通住房的契税优惠政策。	
		2010 年 4 月 7 日，国家发改委发布 2010 年经济社会发展工作重点提出，要进一步加强房地产市场调控，增加普通商品住房的有效供给，支持普通自住和改善性住房消费，大力整顿房地产市场秩序。	
		2010 年 4 月 14 日，国务院常务会议指出，全球金融危机的影响仍在持续，将保持货币信贷适度增长，坚决抑制住房价格过快上涨，并将加快研究制定合理引导个人住房消费的税收政策。	
	提高二套房的首付比例	2010 年 4 月 15 日，国务院出台具体措施，要求对贷款购买第二套住房的家庭，贷款首付款不得低于 50%，贷款利率不得低于基准利率的 1.1 倍；对购买首套住房且套型建筑面积在 90 平方米以上的家庭，贷款首付款比例不得低于 30%。	

续表

时间	概要	内容	评论
2010 年（13 项政策，较多利用行政调控手段调控房价）	限制用地计划	2010 年 4 月 15 日，国土资源部公布 2010 年住房供地计划，今年拟计划供应住房用地总量同比增长逾 130%，其中中小套型商品房将占四成多，超过去年全国实际住房用地总量。	2010 年 4 月份，在国内各大城市房价狂飙的情形下，在一季度 GDP 增长超过 11% 的前提下，中央终于下定决心，对房地产市场进行史上最严厉的宏观调控"国十条"，限制异地购房、二套房贷标准大幅提高等具体可执行性的措施一下子将高温的房地产市场打入冰窖，各地房地产市场交易严重萎缩
	限制三套房贷款	2010 年 4 月 18 日，国务院发布通知指出，商品住房价格过高、上涨过快、供应紧张的地区，商业银行可根据风险状况，暂停发放购买第三套及以上住房贷款；对不能提供一年以上当地纳税证明或社会保险缴纳证明的非本地居民暂停发放购买住房贷款。	
	限制小产权房	国土资源部：在建及在售小产权房须停建、停售。	
	限制开发商贷款	住建部：开发商买地不得贷款。	
	民间资本可投入到房地产市场	国务院：引导民间资本进入政策性住房建设。	
2011 年（14 项政策，行政手段与税收手段综合运用）	"国十一条"	2011 年 1 月 10 日，国务院出台"国十一条"，严格二套房贷管理，首付不得低于 40%，加大房地产贷款窗口指导。	
	实施差别化房贷政策	2011 年 1 月 17 日，银监会召开 2011 年工作会议，会议指出，对房地产领域风险，要继续实施差别化房贷政策。继续认真清理规范银信合作业务，要加强"防火墙"建设和并表管理，确保成本对称，坚决禁止监管套利。规范开展信贷资产转让，严格遵守真实性、整体性和洁净转让原则，防范"不当销售"，确保信贷资产转让真正服务于银行信贷风险管理的真实需要。	利用信贷调控政策
	"国八条"	2011 年 1 月 26 日，国务院办公厅发布"国八条"，扩大限购范围、加大限购力度，要求直辖市、省会城市、计划单列市（若不含拉萨共计 35 个城市，简称"35 个大中城市"）和房价过高、上涨过快的城市要在一定时期内实施限购政策。把二套房贷首付比例提至 60%，贷款利率提至基准利率的 1.1 倍。加上此前的政策，2011 年，首套房商业贷款的首付为 30%，第三套及以上住房不发放商业贷款。在东莞无法提供一年的纳税证明或社保证明的家庭，也无法获得商业贷款。	国务院办公厅发布"国八条"扩大限购范围、加大限购力度

续表

时间	概要	内容	评论
2011 年（14 项政策，行政手段与税收手段综合运用）	个人住房房产税改革	2011 年 1 月 28 日房产税试点：上海、重庆。5 月 1 日起《商品房销售明码标价规定》即将执行，各地房企将实行商品房销售一房一价的规定，商品房销售明码标价后，可自行降价，但涨价必须重新申报。二手房交易也要参照执行。	房产税改革迈出实质性的一步 加税、压制购房需求
	住房和城乡建设部发布《关于调整住房公积金存款利率的通知》	从 2011 年 2 月 9 日起，上调个人住房公积金贷款利率。五年期以上个人住房公积金贷款利率上调 0.20 个百分点，调至 4.50%。五年期以下（含五年）个人住房公积金贷款利率上调 0.25 个百分点，调至 4.00%。	
	加大住宅供地	2011 年 4 月 20 日，国土部今年加大住宅用地供应，加大对闲置房地产用地的清理力度；今年普通商品房住宅的用地量将高于前两年的平均水平，同时要继续完善招、拍、挂制度，改变过去完全靠价高者得的方式，综合考虑各种因素来控制低价。	
	《商品房销售明码标价规定》	2011 年 5 月 1 日《商品房销售明码标价规定》执行，各地房企将实行商品房销售一房一价规定，商品房销售明码标价后可自行降价，但涨价必须重新申报。二手房交易也要参照执行。对违反明码标价规定未执行"一房一价"的房地产开发企业，将处以每套房 5000 元罚款。构成价格欺诈的，将没收违法所得，并处违法所得 5 倍以下罚款；没收违法所得，处 5 万元以上 50 万元以下罚款。	一房一价全国执行
	《关于公开城镇保障性安居工程建设信息的通知》	2011 年 5 月 10 日，住建部下发了《关于公开城镇保障性安居工程建设信息的通知》，要求各地在下发文件后的 20 个工作日内公布保障房建设计划、开工和竣工相关信息。按照住建部的规定，6 月 9 日则是公布信息的最后期限，截至 6 月 9 日，北京、上海等一线城市已公布了今年保障房的建设情况。	保障性安居工程
	《保障性住房目标责任书》	2011 年 5 月 19 日，住建部与各省、自治区、直辖市签订《保障性住房目标责任书》，完成 1000 万套保障性安居工程住房的分配任务。	
	保障房开工大限	2011 年 6 月 20 日，保障房开工时间设大限，11 月底前必须全面开工；今年开工建设千万套保障性安居工程住房，这是"十二五"开局之年的重大标志性民生工程，住房和城乡建设部有关负责人表示，各地公开的保障房安居工程 11 月末以前必须全面开工。	保障性安居工程
	"新国五条"	2011 年 7 月 12 日，国务院：房价上涨过快，二三线城市要采取限购措施。	
	国务院发布土地市场"国五条"	国务院发布土地市场"国五条"，强化土地调控。	

时间	概要	内容	评论
2011 年（14 项政策，行政手段与税收手段综合运用）	央行：继续实施执行差别化房贷	按照这样关于"房地产调控决心不动摇、方向不改变、力度不放松"的要求，进一步执行好差别化住房信贷政策，督促金融机构符合条件的保障性住房建设项目及时发放贷款，促进房地产市场健康平稳发展。	保障性安居工程
	新婚姻法	2011 年 8 月 12 日发布《婚姻法》司法解释（三），共 19 条，并于 13 日起正式实施。重点对结婚瑕疵登记的救济手段、亲子关系诉讼拒绝亲子鉴定后果、父母为子女结婚购买不动产的认定、离婚案件中一方婚前贷款买房的处理等问题作出明确规定。	
2012 年（2 项政策，行政手段与信贷调控手段的综合利用）	住房信息系统联网	住建部启动的全国 40 个城市的个人住房信息系统的建设工作将在年底前完成。该 40 个城市包括省会城市计划单列城市及一批大型的地级市。	加强信息交流加强信贷调控
	四大行首套房贷利率降到基准线	工、农、中、建四大行在内部召开了研究全面落实差别化房贷政策的座谈会，会上，四大行共同提出，将切实满足居民家庭首次购买自住普通商品住房的贷款需求，合理权衡定价，在基准利率的基础上根据风险原则合理定价首套房贷款利率，但首套房首付比例仍然执行 30% 的标准。此外，还将提高住房贷款审批效率。	
2013 年（1 项政策，综合运用了行政、税收、信贷三种手段）	"新国五条"	1. 完善稳定房价工作责任制。各直辖市、计划单列市和除拉萨外的省会城市要按照保持房价基本稳定的原则，制定并公布年度新建商品住房价格控制目标。建立健全稳定房价工作的考核问责制度。 2. 坚决抑制投机投资性购房。严格执行商品住房限购措施，已实施限购措施的直辖市、计划单列市和省会城市要在限购区域、限购住房类型、购房资格审查等方面，按统一要求完善限购措施。房价上涨过快的其他城市，省级政府应要求其及时采取限购等措施。严格实施差别化住房信贷政策。扩大个人住房房产税改革试点范围。 3. 增加普通商品住房及用地供应。2013 年住房用地供应总量原则上不低于过去五年平均实际供应量。加快中小套型普通商品住房项目的供地、建设和上市，尽快形成有效供应。 4. 加快保障性安居工程规划建设。全面落实 2013 年城镇保障性安居工程基本建成 470 万套、新开工 630 万套的任务。配套设施要与保障性安居工程项目同步规划、同期建设、同时交付使用。完善并严格执行准入退出制度，确保公平分配。2013 年底前，地级以上城市要把符合条件的外来务工人员纳入当地住房保障范围。 5. 加强市场监管。加强商品房预售管理，严格执行商品房销售明码标价规定，强化企业信用管理，严肃查处中介机构违法违规行为。推进城镇个人住房信息系统建设，加强市场监测和信息发布管理。	楼市上涨预期增强，国五条细则出台使第五次调控升级。国五条掀起了房价上涨的高潮，很多人都赶在三月份出售二套房子，各地二手房爆棚

时间	概要	内容	评论
2013 年（1 项政策，综合运用了行政、税收、信贷三种手段）	各地纷纷赶在最后期限之前公布新"国五条"实施细则	国务院要求各地在 2013 年 3 月 31 日前公布年度房价控制目标和住房用地供应计划；北京、上海、广州、深圳、天津、重庆、厦门、大连、合肥、济南、贵阳、南宁、南京、武汉、昆明、石家庄、青岛 17 个城市陆续对外公布了楼市调控细则或房价控制目标。	虽各地细则松紧不一，多地细则不细、可操作性不强等问题突出，行政手段进一步强化的迹象明显，地方版"国五条"有待进一步具体化

（二） 对 2003—2013 年我国房价调控的总结

1. 对 2003—2013 年我国房价调控阶段的总结

从 2003 年的"18 号文"，到随后出台的"国八条"、"国六条"、"国四条"、"国十条"、"新国八条"，再到最新出炉的"国五条"及其细则，10 年里，国务院先后 9 次常务会议专题研究房地产市场调控。"国五条"的出台再次重申坚持执行以限购、限贷为核心的调控政策，坚决打击投资投机性购房。这 10 年，楼市的风吹草动牵动人心。10 年持续调控，房价却一路走高。如何吸取过去教训，既做到房价合理回归，又避免伤及无辜，是未来房价调控必须面对的难题。

（1） 第一阶段：为房地产业正名（2003—2004 年）

2003 年 7 月，国务院常务会议认为，"促进房地产市场持续健康发展，有利于扩大内需，促进消费，改善居民居住质量，提高人民群众生活水平"。"18 号文"开启了 10 年楼市调控的序幕，明确房地产业为国民经济支柱产业。2003 年 8 月，中央银行下发通知，对房地产企业和项目加大信贷支持。在利好刺激下，兴起的房地产市场赢得了快速发展，很快成为经济增长的重要引擎之一。就在 2003 年 12 月，北京世纪第一拍创造了一个"地王"。①

---

① 叶前：《新华社称房价屡调屡高让很多人没有购房资格》，2013 年 3 月 2 日，新华网（http：//finance. qq. com/a/20130303/000116. htm？pgv_ ref = aio2012&ptlang = 2052）。

（2）第二阶段：降温（2005—2008 年）

2005 年 4 月，国务院常务会议认为，"目前房地产市场存在主要问题是：房地产投资规模过大，商品房价格上涨过快，商品房结构不合理，房地产市场秩序比较混乱"。2006 年 5 月，国务院常务会议再次专题研究房地产调控，认为"房地产领域的一些问题尚未根本解决"。

在此之前，中央银行已于 2004 年底开始紧缩"银根"，商品房开发资本金比例上调、加息接踵而至。2005 年 3 月，国字号条文首次出现，"国八条"出台后不到半年，更严格的"新国八条"进一步加大调控力度。2006 年，更具针对性的"国六条"出台，随后，"限价房"应运而生。现在看来，这一轮调控颇有"先见之明"，且房价上涨并没有像后来 2009 年下半年至 2010 年底那般反弹暴涨得厉害。然而，2005—2008 年上半年，仍是房价上涨的一段"黄金期"。以北京市为例，新建住房均价从约 5000 元/平方米飙升至 15000 元/平方米，涨幅达 200%。①

（3）第三阶段：紧急救市（2008 年下半年—2009 年）

为应对全球性金融危机对中国经济的冲击，楼市成为支持经济稳定增长的一剂强心针。2008 年 12 月，国务院常务会议指出，"进一步鼓励和支持住房消费，保持合理的房地产开发投资规模，促进房地产市场健康发展"。随后，二手房营业税减免、个人住房转让营业税免征时限由 2 年延长至 5 年等刺激政策为房地产释放了活力。这一轮"政府托市"，是金融危机下发挥宏观调控作用的必然之举，为经济稳定增长贡献了不少力量。不过，从 2009 年春开始，刚刚有所下降的大中城市房价很快进入"报复性反弹"。②

（4）第四阶段：全面加码（2010 年至今）

2009 年 12 月至今，国务院先后 5 次常务会议研究房地产市场调控。从最初的"随着房地产市场的回升，一些城市出现了房价上涨过快等问题，应当引起高度重视"，到"近期部分城市房价、地价又出

---

① 叶前：《新华社称房价屡调屡高让很多人没有购房资格》，2013 年 3 月 2 日，新华网（http：//finance. qq. com/a/20130303/000116. htm？pgv_ ref = aio2012&ptlang = 2052）。

② 同上。

现过快上涨势头"，到"部分城市房价上涨压力仍然较大，有的城市调控力度有所放松"，再到"支持自住需求、抑制投机投资性购房是房地产市场调控必须坚持的一项基本政策"，楼市调控一直没有放松。2010 年开始，全面加码的调控政策相继出台。"国十条"提出限贷政策，二套房首付比例提高至不低于四成，房贷利率上浮 10%，当时被称为史上最严厉调控政策。一年后，以限购为主要内容的"新国八条"打出了"杀手锏"，全国 36 个城市先期纳入限购范围，此后限购范围越来越大。住房贷款的首付比例再次提高至 50%。限购、限贷、限价三管齐下。2011 年限购组合拳以来，70 个大中城市房价快速上涨得到了一定程度的遏制，部分城市还出现了小幅下跌。但总体上，房价这头"脱缰的野马"只是放慢了些脚步而已①，调控的结果依然没有达到理想的状态。

2. 对 2003—2013 年我国房价调控手段的总结

（1）调控手段多

2003—2013 年的 10 年是我国房价调控频次最多的 10 年。随着我国经济的发展，人们生活水平的改善，对住房的需求也在加大。调控频次多、手段多样化，目的都在于使房价趋于合理。

（2）多种手段综合运用

多种手段综合运用是我国宏观调控的特点。在对房价的调控中综合运用了行政手段、法律手段、经济手段，体现了宏观调控的政策性、多变性、经济性和综合性的特点。

（3）行政手段多

每一年的调控都离不开行政手段的使用，而且使用频次越来越多，当然这些行政手段在条件成熟时会转化为法律，用法律的形式固定下来，同时对房价的调控渗透法律的各个方面，只要能控制房价的，都是广义上的房价调控的法律渊源。但是，过多的行政手段也造成了调控的随意性与强制性，结果依然难以控制房价的过快上涨，再次印证了行政

---

① 叶前：《新华社称房价屡调屡高让很多人没有购房资格》，2013 年 3 月 2 日，新华网（http：//finance. qq. com/a/20130303/000116. htm？pgv_ ref = aio2012&ptlang = 2052）。

手段只是宏观调控辅助手段的观点。

（4）目标一致

虽然多种调控手段同时运用，但目标是一致的，就是能把房价控制在一个合理的预期内。尽管结果有时不尽如人意，但是国家宏观调控的决心和目标始终没有改变。

（5）多方位解决住房问题

在对商品房价格进行严格调控的同时，也加大对保障性住房的建设力度，力求多方位解决国人的住房问题。同时打压投机性、投资性住房需求，以把房价控制在一个合理的预期内。

二　对近年来房价宏观调控的评析

从 2010 年开始，我国加大了对房价的宏观调控力度，史上最严厉的宏观调控措施出台，但是我国的楼市依然不能降温，在有些城市还存在持续走高的势头。

（一）现有的宏观调控手段

在房价调控中，应强化住房的居住功能，淡化投资功能，去除投机功能，同时合理调控预期。在 2012 年，房地产市场的调控仍应放在与增长问题和通胀问题同样重要的地位上，对其进行持续性的科学调控，让房地产市场回归理性的同时又将其对经济的不利影响降至最低，主要目的在于控制房价，挤压房产泡沫。

1. 税费层面调控

首先，按现行所得税法，对住房投资征收利得税，并在此基础上征收住房投资附加利得税，并按持有年限执行累退税率。比如，持有两年以内，对税后所得按 100% 征收；持有两年以上 5 年以内，对税后所得按 80% 征收；持有 5 年以上 10 年以内，对税后所得按 50% 征收；持有 10 年以上 20 年以内，对税后所得按 20% 征收；持有 20 年以上，不再征收附加利得税。

其次，房地产税调控手段。房地产税是在 2011 年初开始试点的，其实早就存在，参见表 8-2。

表 8 – 2　　　　　　　　　　　房地产税演变过程表

年份	调控内容
1986	国务院颁布房产税暂行条例，对个人所有非营业用房产免房产税
1998	住房制度改革，个人自住房逐渐成为主流，随后多年内房产税多次被提及，但均被搁置
2010	1 月国办发文，提出加快研究完善住房税收政策 4 月国务院发文，要求财政部、税务总局加快研究制定房产税政策 9 月有关部委出台调控措施，提出加快推进房产税改革试点工作，并逐步扩大到全国
2011	1 月 27 日上海、重庆根据国务院常务会议精神进行对个人住房征收房产税的改革试点
2012	1 月住建部联合财政部评估房产税执行效果 2 月 16 日中共中央政治局常委、国务院副总理李克强在《求是》上发表文章称，逐步扩大房产税改革试点 2 月 18 日住建部首提加快推进房产税 8 月 29 日国务院称将稳步推进房产税改革试点

　　2011 年初，在沪、渝两点开始进行房地产税的改革试点。"重庆版"房产税偏重对高档房、别墅的征收和打击外地炒房客；上海的方案主要针对新增房产，按人均面积作起征点考虑，税率为累进税率，房屋价值高、人均面积大的房屋税率高。时至 2013 年初，沪、渝两地的房产税已经试点两年，但并没有在全国扩大试点进而加以推广。

　　最后，全面征收物业税。把投资性住房逼向房屋租赁市场，抑制房租，并给地方政府提供稳定的税源，预防地方政府财政危机。目前我国的地方政府财政收入的很大一部分来自出售土地使用权，这就形成"房地产绑架地方财政"的情形，而全面征收物业税，有利于开拓地方政府税收来源，不仅对房价起到调控作用，还能消除房产调控的后顾之忧，并预防地方政府债务危机，一举多得。如果在持有环节不征税，那持有者就几乎没有持有成本，考虑到交易成本等因素，租出住房的积极性就不高。因此，实行物业税可以为市场提供更多的租房选择，抑制房租大幅上涨，为改善民生起到重要作用。之所以要全面征收物业税，就在于一个人可能在许多城市都有住房，对其持有的部分住房征税将造成地方政府间税收利益的分配不公。借鉴发达国家经验，一个住房所在的政府为这套住房及其所有者提供了安保、教育、医疗、道路等公共服务，因此所有者应该缴纳税收。

2. 信贷政策方面调控

选择执行限购政策，尽量避免用提高利率、提高首付等手段控制房价。由于限购政策在根本上违背市场的选择机制，长期实行会给社会带来福利损失，因此如果上述税收政策能认真贯彻实施，就不再需要限购手段。但考虑到我国的国情和政策的滞后周期，上述政策不是短期内就能出台的，因此，限购政策就应该继续执行下去，直到住房税收体系完善为止。而控制房价的目的首先是民生范畴的意义，提高利率虽然可能有助于抑制房价，但却提高了房贷和月供，这部分支出受影响最大的还是"刚性需求"中的工薪收入者。工薪收入者的住房支出可能并没有发生大的变化，然而提高首付则直接限制了工薪收入者的购房能力，对"刚性需求"有大的挤出效应，与调控目的不符。因此房地产市场的直接调控中，应选择好调控指标和手段，以防出现与调控初衷背道而驰的现象。

3. 增加保障性住房福利

加强保障房建设，优化保障房结构，对保障房合理定位，完善保障房分配制度。对于极低收入群体，应以保障房来满足其住房需求。同时从经济运行的层面而言，调控房价所带来的固定资产投资下降，很大一部分可以通过保障房的建设来弥补。可以说，保障房一方面从住房需求角度满足了极低收入者的住房需求，促进社会公平，同时又作为调控政策对刺激实体经济方面的"缓冲垫"，防止房地产市场调控对其上下游企业造成的巨大冲击。

（二）对现有宏观调控手段的评析

从现有政策来看，我国市场化宏观调控手段类似于主导型国家的做法，多采用税收、信贷等市场化调控手段且已经成为房价调控的主体，行政干预性质的措施将逐渐退出，但目前的政策不会有明显松动。

1. 没有充分合理考虑调控房价预期效果

房价调控是政府调控者与老百姓之间的博弈，政府对老百姓的房价预期有很大影响，而预期对房价则具有正反馈作用。应该注意到政府政策尤其是政府房价调控目标及政府对该目标的表述方式对老百姓房价预期的影响。当然，老百姓房价预期的最关键决定因素还是之前所说的政府采取的其他实质性调控措施，比如限购、所得税、物业税等，这些政策的选择应考虑到其对老百姓的预期的影响。我国政府近几年来宣布的房价调控目标是"抑制房价的过快增长"，但是这可能会导致被误解。人们会认为即使政府的调控目标最终得以实现，也只不过是房价增速下降，而房价还会继续上涨，因此人们还会抓紧时间购房、投资，期待自己买到的房子继续升值。2013 年 3 月 1 日晚，"国五条"细则落地，没有给出房价上涨过快的城市名单，看似是放弃"一刀切"的调控，将调控交给地方政府和市场，但面对巨大的地产财政收益，地方难以割舍。而且房产税试点扩容没有给出名单，住房信息联网也再次延迟推出。虽然强调了二手房严格征收差额 20% 个人所得税，也只是对此前调控措施的重复强调而已。① 因此，结果不但没有控制房价，反而适得其反，引起了房价的上涨，背离了房价调控的初衷，这也是近年来房价调控措施不力的根源所在。房价调控的效果有下图为证。因此，本书认为，房价下降的预期是个渐进的过程，政府应注意谨慎选择宣布房价调控目标，以免房价下降过度。至少在目前阶段，应该继续坚持"让房价回到合理水平"的目标，利用预期的正反馈机制，让房价慢慢降下来，从而回归理性。同时，再辅之以调整政策目标和明确合理房价区间，形成"房价稳定"的预期。

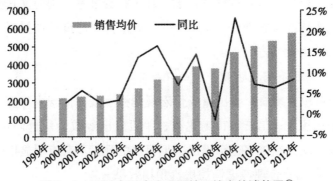

图 8 - 1　2004 年以来宏观调控下楼市的涨势图②

---

① 《国 5 条细则不细　调控放权地方》，《腾讯财经观察》第 801 期，2013 年 3 月 2 日。
② 同上。

2. 保障性住房的投入与监管不力

一方面，现有保障房太少，另一方面，保障房分配制度有缺陷，导致许多高收入者得到保障房，而极低收入者反而得不到。我们可以在保障房的户型、面积等方面进行专门考虑，以挤出高收入者对保障房的需求。比如，可以考虑保障房面积分 20 平方米、30 平方米、50 平方米三种，小面积的给单身使用，中等的给没有孩子的两口家庭使用，大的给三口之家使用。使用者可以申请购买，也可以以保护价租赁。并且保障房不得在市场上出售，也不能出租，只能按原买入价（可以进行通货膨胀调整）卖回给政府主管机构，一个家庭买了商品房之后必须把保障房卖回给政府。这样，高收入者就没有了获取保障房的积极性。第一，户型小，不符合高收入者的需求，而低收入者则能够接受。第二，不能在市场上出售，意味着不能取得投资收益，投机者也不需要。第三，一个人不会永远都是低收入者，随着年龄、资历、经验等的增加，人们的收入水平会提高，比如刚毕业的学生肯定买不起房子，只能住保障房，随着收入的增加，就能买得起更好的房子，于是就会搬走，保障房腾出来给新的年轻人使用。也就是说，保障房就是仅能满足人们最基本的住房需求的住房，保障房的条件不能太好，否则就会产生寻租行为，保障房可能就到不了真正需要的人手里。对住房有更高需求的人可以进入商品房市场，用市场价格满足自己的居住需求。

3. 行政手段过多

从 2010 年 4 月的房地产调控开始到现在，已超过两年半的时间，但对房价的调控多使用限购令等行政手段，这些行政管制手段不合理、不科学，在一定程度忽视了房地产市场的规律，导致了限购等行政手段在运用上遇到市场非议，从而使行政手段的弊端暴露无遗，促使政府开始反思并重新审视市场因素。同时，行政手段短期成效明显，与法律手段与经济手段相比，缺乏了持续性，且需要不断地加以调整，从而导致了其不稳定。以"新国五条"为例，其个别条款引发市场争议。其中，二手房个税新政已经导致多地二手房成交量出现腰斩。各地在落实政策的过程中，也祭出"限价令"等行政色彩浓厚的手段，造成市场供应短缺，房价上涨预期强烈。①

4. 房产税的试点缺乏法律依据

房产税早已存在，在沪、渝的试点只不过是修改了 1986 年《房产税暂行条例》中的免税条款，对公民的部分非经营性房产恢复征税。国家的初衷是通过税收这种市场化而非行政限购的方式，让人均住房面积超标的房产所有者重新权衡利弊，引导房地产市场朝着平衡住房供需和抑制过高房价的方向发展。地方也希望能通过房产税来培育新税源，以便在土地财政和营业税风光不再的未来有所依靠。初衷无疑是好的，但税收是一国之策，必须按照税收法定的原则来实行，但至今房产税的试点尚未获得立法机构的授权，这是反对声颇大的首要原因。《房产税暂行条例》是全国人大授权给国务院的，按照《立法法》第 10 条不得转授权的规定，全国人大未审议，国务院常务会议就同意沪、渝两地试点，本就有违程序正义。更何况修改《房产税暂行条例》，其权力在人大，各级政府在中国税制体系里是无权新设或修改税种的。已实施两年之久的沪、渝房产税试点，至今仍看不出切实成效。两地更多的是把房产税设计成限购政策的辅助，这一点在征税对象和减免标准的户籍分界上体现最为明显，有户籍者两套房起征，无户籍者首套房起征，照顾本地人和控制城市总人口的目标隐隐若现，这显然与税收制度的受益原则和量能课税原则相违背，认为不公平的反对声也由此而起。② 房产税有违税法基本原则，这是其不能被推广甚至大面积实施的最主要原因。

5. 现有的房价调控措施效果有限

房地产调控的十多年以来，北京、上海等一线城市房价上涨了 3—5 倍，而手中握有房子的人资产的增值速度快过任何一项理财投资产品，一些投资者因此而暴富③，而有些人的买房梦似乎近在眼前却又遥不可及，阻碍因素既有自身经济力量弱的因素，也有政策因素的影响。比

---

① 张敏：《楼市调控政策重估在即　行政手段或择机退出》，2013 年 5 月 23 日，腾讯网（http：//finance. qq. com/a/20130523/001385. htm？ pgv_ ref = aio2012&ptlang = 2052）。

② 胡家源：《房产税改革已届两年，被指名不正言不顺》，《经济观察报》2013 年 2 月 1 日第 5 版。

③ 刘勇：《房价收入比被扭曲　80 后买房梦渐行渐远》，《华夏时报》2013 年 3 月 2 日第 1 版。

如：2011 年 2 月 17 日北京市实行了外地人买房必须有 5 年社保的限购政策，使得很多有经济实力买房的人被限购挡在门外，从而失去了机会，只能看着房价上涨。房价收入比是衡量房价是否合理的重要指标，目前，我国不同的收入阶层之间房价收入比差别相当大，房价收入比高的一个原因是收入分配严重不公，一部分人收入提高从需求方面把房价推高，其中有一部分人的收入提高来自灰色收入、隐性收入，一些中高端房子都被这些人购买，房子成了衡量收入差距的标准。从 2013 年初胡润财富榜公布的调查结果来看，房地产行业是最富的行业，是全球造就巨富人数最多的产业，全球房地产业共有 219 人上榜，其代表为香港超人李嘉诚。大中华地区中，上榜富豪比例最高行业中房地产也成为绝对首位，占比近乎三成。① 过去的政策主要针对限制开发商的价格、限制消费者的二套购买和非户籍人口进入城市，让骂声指向开发商，也让许多非户籍人口的市民化的梦依然无法实现。如今政策指向了卖旧买新的改善家庭，让更多的人也变成了政策的受害者，至少让二手房的资源会减少，让购房者的选择更少。当更多人只能选择购买新房时，只会付出更高的代价。可见，该实施细则并无新意，只是不断重复和重申过去的错误，用抑制需求的方式来掩饰供应不足的矛盾只能积累更多的问题，二手房交易的重税会让更多人挤进一手房交易市场，此举弊大于利，会伤害更多人的利益，调控效果可想而知。② "新国五条"出台两个月后，多地楼市成交量暴跌，但房价上涨压力仍存。国家统计局数据显示，2013 年 4 月 70 个大中城市中 67 个城市新建商品住宅（不含保障房）价格环比上涨。③ 我国政府强调：必须坚定不移做好调控工作，把抑制房地产投机投资性需求作为一项长期政策，重点是针对商品房领域。究其原因，一是没有充分考虑到我国的房地产市场的供求关系，二是没有合理地分流与引导民间投资。在人的一生中，房子的消费

---

① 《胡润富豪榜显示我国 10 亿美元级隐形富豪约 750 人》，《新京报》2013 年 3 月 1 日第 12 版。

② 《任志强：国五条重复过去的错误弊大于利》，2013 年 3 月 1 日，腾讯网（http：//finance. qq. com/a/20130303/000111. htm? pgv_ ref = aio2012&ptlang = 205）。

③ 张敏：《楼市调控政策重估在即　行政手段或择机退出》，2013 年 5 月 23 日，腾讯网（http：//finance. qq. com/a/20130523/001385. htm? pgv_ ref = aio2012&ptlang = 2052）。

可谓是头等大事。虽然我国的整体社会保障水平与福利待遇、人民的生活都在稳步上升，但是，我国人口多，住房需求大，而供应少，获得渠道少，仍然是不争的事实。所以，保障性住房还需要进一步加大加强。

6. 各地的标准不一

从 2013 年 3 月底公布的各地房价控制目标即"国五条"的实施细则来看，北京版细则的表述最为严厉，提出 2013 年北京新建商品住房价格相对 2012 年保持稳定，进一步降低自住型、改善型商品房价格；深圳、重庆、厦门、合肥、大连、贵阳、济南、南京等大部分城市的房价控制目标相同，要求 2013 年新建商品住房价格涨幅低于人均可支配收入的实际增长速度；上海则提出切实贯彻落实各项房地产市场调控措施，保持房价基本稳定。①

在征收出售房屋个人所得税方面，北京、上海、重庆、天津出台的细则明文规定，对于能通过税收征管、房屋登记等历史信息核实房屋原值的，依法严格按照转让所得的 20% 计征。其中，北京和天津还规定，对个人转让自用 5 年以上，并且是家庭唯一生活用房取得的所得，免征个人所得税。其他城市在征税问题上大部分并未出台明确规定，缺乏实际操作性。比如深圳版细则只提到要严格执行国办发 17 号文关于出售自有住房个人所得税的征收规定，但却没有具体细节方面的内容。

在限购政策方面，北京市新细则规定北京市户籍成年单身人士在本市未拥有住房的，限购 1 套住房，对已拥有 1 套及以上住房的，暂停在本市向其出售住房。其他限购城市多表述为继续严格执行商品住房限购政策。

各地政府受地方保护主义、自身发展状况、地方经济利益的驱使，在实施细则上的标准不统一属于正常现象。"国五条"及其实施细则对房价的调控作用已经不言自明。中国楼市新"国五条"在各地落地一个月后，中国指数研究院做了调查分析，就其 2013 年 5 月 2 日发布的数据结果显示，2013 年 4 月中国 100 个重点监测城市（新建）住宅均

---

① 《17 个城市"国五条细则"落地　北京版表述最严厉》，2013 年 4 月 1 日，赢商网（http：//news. winshang. com/news-158048. html）。

价环比3月上涨1%，连续第11个月环比上涨。北（京）上（海）广（州）深（圳）等一线城市成交量回落明显，楼市成交量的降低主要的原因是因为新政落地前（3月份）的"末班车效应"透支2013年4月的需求以及开发商捂盘、业主惜售带来的供应量下降导致，但供不应求的大趋势依旧，缺乏房价下降的动力，房价涨势依然难逆。①

7. "灰色房贷"暗流涌动

随着限购、限贷政策的严格执行，北京二套房首付从六成升至七成，其他部分地区，也提高了公积金贷款门槛。

2013年第一季度，主要金融机构及小型农村金融机构、外资银行人民币房地产贷款增加7103亿元，同比增加4667亿元，增量占同期各项贷款增量的27%。这一季度增量几乎是2012年第四季度新增贷款的两倍，房地产类贷款增速迅猛。个人购房贷款2013年第一季度新增4662亿元，同比多增3088亿元，占全部新增贷款的66%。抵押消费类贷款的上升是造成2013年5月北京个贷市场交易量上浮的主要原因，2013年3月疯长的二手房交易量使得市场消化这部分人群后，使用抵押贷款用于装修的用途较多，助力非交易类贷款市场。②

因此，为了规避监管层监管，降低购房成本，一些两套房以上的购房者开始通过住房抵押申请消费贷款，最终，消费贷款曲线变身为房款。部分银行信贷资金以消费贷款③名义曲线进入房贷市场。客户能顺利拿到购房资金，中介公司能做成交易赚取佣金，担保公司有手续费可赚，银行也能完成业绩指标，各方都有好处，但通过"消费贷款"方式流入购房人手中的银行信贷，实际上是进入了一个"灰色地带"，使得贷款暗藏风险，更成为楼市调控政策背后一股涌动的暗流，其实这种"灰色房贷"是典型的贷款挪用。可见，我国的金融宏观调控政策还需

---

① 《新"国五条"落地满月　楼市量跌难阻价涨》，2013年5月2日，腾讯网（http：//news. 163. com/13/0502/17/8TSV8Q8V00014JB6. html？src=360news）。

② 潘清、王凯蕾、王涛、岳瑞芳、梁倩：《楼市调控背后暗流涌动　银行消费贷悄然变身灰色房贷》，《经济参考报》2013年6月17日第1版。

③ 消费贷款是指银行向个人客户发放的有指定消费用途的消费性个人贷款，这其中并不包含房贷。参见潘清、王凯蕾、王涛、岳瑞芳、梁倩《楼市调控背后暗流涌动　银行消费贷悄然变身灰色房贷》，载《经济参考报》2013年6月17日第1版。

要进一步加强监管，不能仅仅贪图一时的业绩，为房地产市场乃至整个金融业留下隐患。

三　房价调控的未来走势

党的十八大蕴含着房价调控措施将有所转变，新一届领导人更加注重房地产市场自身政策的调控逻辑，保障房体系逐步完善，双轨制建成，具备了一定市场缓冲期，楼市限购与限贷政策会逐步退出，房产税也会作为限购的替代性政策而逐步推出来。

1. 房地产业仍然是经济的支持性产业

经济增长模式转型显然是摆在十八大后中国经济基本面最紧迫的问题。国内劳动力成本不可逆转地上升，导致中国人口红利效应进入递减周期；环境资源的透支已接近极限，使得靠牺牲环境的方式换得经济增长变得不可持续。在这一基础上，中国一要保证制造业大国定位不变的前提下提升产业质量，依靠科技进步和知识创新驱动；二要调整经济结构，从简单的外贸依存度经济和投资驱动转变为扩大消费驱动的能力。2012 年前三季度经济运行的事实表明，"转方式、调结构"的效应正在显现。但要想真正使中国经济的安全系数得到持续保证，需要社会资本的价值方向对应转型。因此，"去虚向实"已然成为宏观决策层面总体的价值取向。在这一前提下，过去房地产短期暴利化所形成的社会财富效应必然会受到抑制，否则，经济增长模式的转型缺乏事实上的"执行者"。①

贫富差距缩小显然是摆在十八大后中国社会基本面最具有政治性的任务。十八大报告提出了未来十年城乡居民人均收入均比 2010 年翻一番的目标，以中国经济体的能力，这显然是一个可以实现的数据。但问题的实质不在此。宏观层面当然能意识到中国社会目前的潜在危机不在平均数据上而是分配公平上。因此，收入的可支付能力和收入分配的均衡度将是关键。在教育、医疗、住房、社会保障等涉及民生的事项中，

---

① 《后十八大楼市，去房地产化已成共识》，2012 年 11 月 23 日，《南方都市报》（http://qg. house. 163. com/12/1123/13/8H0FM2T500074LLB. html#from = relevant）。

住房权利是基本生存权利，这一领域的改善路径，一是依靠政策性保障住房的加速和持续提供，二是控制以长期的房地产合理政策确保房价的稳定性。如果房价不能遏制非理性上涨的局面，居民收入的可支付能力将无法保障，翻番的居民收入也将毫无意义。社会的贫富悬殊，将透过基本财产的实现能力差距而进一步放大。

十八大报告提出，在发展平衡性、协调性、可持续性明显增强的基础上，2020 年实现国内生产总值和城乡居民人均收入比 2010 年翻一番；坚持走中国特色新型工业化、信息化、城镇化、农业现代化道路，推动信息化和工业化深度融合、工业化和城镇化良性互动、城镇化和农业现代化相互协调，促进工业化、信息化、城镇化、农业现代化同步发展。其中十八大报告所提的"新四化"（工业化、信息化、城镇化、农业现代化）中的城镇化，与 2020 年实现国内生产总值和城乡居民人均收入比 2010 年翻一番，这样的发展目标所承载的历史使命为房地产市场中长期持续发展提供了市场机会。而且要科学判断十八大之后政府换届对中国经济和房地产业的影响，必须建立在历史分析的基础之上。历史经验来看，每一次政府换届都会为宏观经济及房地产市场带来新一轮的市场发展机会，新一届领导人也不会例外。内需为主是大国发展的必由之路，而扩大内需还与保障和改善民生密切相关，因为，扩大内需能够开拓发展领域，创造社会财富，促进居民增收。政府应该把扩大内需作为发展的战略基点，而房地产业是扩大内需的重要途径。

2. 房地产调控的市场化和法治化

市场化的手段并非现在才有，春秋时期的管仲在治理齐国时就提出一个观念，即"让富人散资于民"，他想出个办法把一种画有花纹的彩色鸡蛋推荐给达官贵人，价格比普通鸡蛋高八九倍。画花纹增加了就业，彩鸡蛋价格贵增加了政府税收，同时彩蛋满足了富人对于生活品质的要求，从而达到了三方的共赢。这对于我国的市场化改革是有一定启示的，就像鸡蛋一样，富人可吃彩蛋，穷人吃普通鸡蛋，公共服务也要分层次，基本的公共服务必须由政府来保障，高端的服务则可以拿出来进行市场化，多提供一些优质服务，让内需扩大一点，让有钱人多出点钱，达到高端的满足。而政府可通过转移支付帮助穷人。将管仲的观念借用到当前的房地产业，尽可能采用市场手段而非行政手段来建立"让有钱人多出钱，让没钱人少出钱"的机制，这不仅仅是调节收入分配的手段，也是扩大内需的手段。政府房地产调控目标首先是让老百姓有房子住，其次是防止出现金融危机，限购限价这些政策过于具体化。政府以低税率收点房产税用于保障性住房，实际上也就实现了"让富人多出点钱，让穷人少出点钱"。同时大力发展服务业，尤其是现代服务业，以与房地产业的发展相适应。

房地产的调控只是让供需关系在一个合适的价格上交易而非抑制房地产业的发展，房地产去暴利化也并非去利润化，而是让房地产逐步进入一个基本行业而不是特殊行业。① 房地产调控，从长期讲还需要逐步完善，更加注重市场和法制手段。包括房地产业的科学规划、规范市场秩序、使价格合理回归，都是为了促进房地产业的长期稳定和可持续发展。市场手段也即经济手段，包括税收和信贷政策，严格实施差别化住房信贷、税收政策和住房限购措施，抓紧研究制定符合我国国情、系统配套、科学有效、稳定可预期的房地产市场调控政策体系；还包括市场供求关系的调节，如在住宅用地供应上进行结构性调整，增加普通商品住房用地和保障性住房用地的供应。另外，还包括市场预期的调整，通过制定行业发展规划来引导市场预期。而法制手段是要强化、规范市场，制定激励和惩罚措施来加大政策执行力度。针对高房价最应该做的就是加快立法进程，尤其是高级别、高层次、高效力的法律和条例，如制定出台住房保障法、房产税暂行条例。需要依据市场规律重新补充修订十多年前修订的法规、条例，如公积金管理条例、住房金融等方面的制度性措施都需要调整。

3. 城镇化加速成楼市发展动力

十八大报告强调了"加速城镇化进程"和"收入倍增"，一方面意味着未来城镇化建设会加快脚步，越来越多的旧房改造及新农村建设工程展开，小区住宅渐渐取代了自有住房；另一方面意味着人们手中的可

---

① 《后十八大楼市，去房地产化已成共识》，2012 年 11 月 23 日，《南方都市报》（http：//qg. house. 163. com/12/1123/13/8H0FM2T500074LLB. html#from = relevant）。

支配资金越来越多，消费水平越来越高，为房地产发展坚定了信心，提供了动力。通过加速城镇化，会有相当数量农村富余劳动力及人口转移到城市，这将带来投资的大幅增长和消费的快速增加，也会给城市发展提供多层次的人力资源。积极稳妥地推进城镇化，注重提高城镇化质量，科学规划城市群规模和布局，促进大中小城市和小城镇合理分工、功能互补、集约发展。可以说，未来的几年甚至十几年，城镇化将始终是我国经济发展的最大动力。城镇化至少产生 120 亿平方米的住房需求，相当于 2011 年全国商品住宅销售面积的 12 倍以上。另外，城镇化带来的居民收入持续增长，也将提升居民购买能力，这对楼市发展显然会提供动力。随着城镇化的发展，城市的版图也在改变和扩充，特别是为中小城镇带来了一个发展的契机，业内专家预测，十八大之后中国的房地产发展重心将越来越多地向大中城市周边和二、三线城市移动。①房地产开发商也看到了城镇化所带来的需求量的增加，纷纷把目光投向了二、三线城市，从而推高了房价。

4. 高铁经济的辐射效应

2008 年当京津城际铁路开通时，"一小时都市生活圈"概念曾拉动当年设站的武清区、天津东站和塘沽等处房地产行业迅猛上涨。2011年沪杭高铁通车之后，嘉兴南站所在区域房价也上涨了一倍，桐乡的房价也上涨了 30%。2012 年 12 月试运营的京广高铁纵贯南北，全长 2298公里，由北京出发向南经石家庄、郑州、武汉、长沙至广州，沿线经过28 个城市，覆盖总人口将近 4 亿，将环渤海经济圈、中原城市群、武汉城市圈、长株潭城市群、珠三角经济圈等主要经济区连接在一起。京广高铁设计时速 350 公里，初期运营时速 300 公里。从北京到石家庄只需要 50 分钟；从长沙到武汉需要 1 小时，长沙到广州 2 小时，核心城市之间到达时间大大缩短。京广高铁的全线开通，使得四纵四横②的高

---

① 《房地产走到又一个敏感时期 十八大后楼市走向解读》，2012 年 11 月 25 日，《南方日报》（http://sh.house.163.com/12/1125/09/8H55U36J00073SDJ.html）。

② 四纵：京沪高铁、京深高铁、京哈高铁、沪深高铁。四横：青岛—石家庄—太原高铁；徐州—郑州—兰州高铁；上海—南京—重庆—武汉高铁；上海—杭州—南昌—长沙—昆明高铁。

铁网将逐步成形，我国的东部、中部和中西部地区的大多数城市都被纳入了规划，覆盖到93%的省会城市、80%的50万以上城市人口的大城市、70%的地级及以上城市。加快高速铁路建设，对促进中国城镇化进程将发挥重要作用。高速铁路沿线地区产业和人口集聚，将促进新城镇形成，并可以降低城镇化成本，拓展城镇的发展空间，增强已有城镇的竞争力，对城镇化产生强大的推动作用。中国加快城镇化是必然趋势，高速铁路网必将促进和带动城镇发展。随着产业升级、城镇化带动经济发展，居民收入水平将得以提高，再加上市场化运营的不断完善，高铁经济对城镇化的助推效应也越发明显。而城镇化的发展，加速了房地产业的发展，影响到房价的稳定。

　　高铁经济的蝴蝶效应不仅仅为旅游行业以及相关内需带来刺激作用，更为直接的刺激效应是房价的飙升。目前尽管房地产调控并没有放松迹象，但受影响最大的应该是北京等一线城市，而京广高铁所经过的28个城市大都为二三线城市，而其停靠的车站大都在城市的偏远地区。① 虽然在北京、广州工作的人不会去石家庄或者武汉买房，但随着高铁车站的规划和建设，为经济流通和人员流动节省了大量时间。因此，在高铁经济的辐射效应的影响之下，无论是房地产投资，还是相关配套设施和服务水平都将有极大的提高和改善空间，不但其周边地产将随着经济发展而升值，商业地产将成为最大的受益者，而且，房地产业的发展也将迎来重大机遇。

　　5. 保障性住房的建设保障

　　十八大报告建立了"市场配置和政府保障相结合的住房制度"，阐释了房地产制度"双轨制"的发展目标，不仅从制度层面明确了未来的完善方向，同时也对市场走势带来影响。从习近平总书记的记者见面会上的讲话中可以看出："我们的人民热爱生活，期盼有更好的教育、更稳定的工作、更满意的收入、更可靠的社会保障、更高水平的医疗卫生服务、更舒适的居住条件、更优美的环境，期盼孩子们能成长得更好、工作得更好、生活得更好。人民对美好生活的向往，就

---

① 《高铁一开，财富就来》，《财经观察》第759期，2012年12月28日。

是我们的奋斗目标。"① 可见解决民生问题是下一届领导人的工作重点，但他同时强调，"保障房建设至今未发生大的资金腐败问题，但要防止因资金问题倒一批干部"。2009—2011 年底，全国开工建设保障性安居工程住房达 2100 多万套（基本建成 1100 万套），其中，租赁型保障房（含廉租住房和公共租赁住房）756 万套；购置型保障房（含经济适用住房和限价商品房）480 万套；棚户区改造住房 882 万套。2011 年的 1000 万套、2012 年的 700 万套，2013 年的保障房建设目标，有可能在 600 万套左右②，同时要加强保障性住房配套设施的建设。虽然保障房建设目标一再回落，但房企调控的监管层正在将对保障房的关注，从"重数量"转换到"重质量"，从"盖房子"转换到"管房子"，而这一切的终极目标，正是"改善"民生的关键所在。

6. 房产税改革试点进一步加大

2013 年 3 月 1 日出台的"国五条"实施细则中最为明确的信号是打击二手房交易的避税行为。要求对出售自有住房者，依法严格按转让所得的 20% 计征。而此前普遍是按交易总额的 1% 纳税。同时，该实施细则并没有将上海、重庆进行的房产税试点方案进一步扩大，一是该试点方案并无太大的推广价值，其试点效果并不理想；二是很难确定在哪些城市推广。哪些城市房价上涨过快呢，在实施细则中并没有明确列出。本书引用统计局网站 2013 年 1 月份全国 70 个大中城市住宅销售价格数据来加以论证，其中，深圳新建商品住宅价格环比上涨 2.2%，涨幅居首；北京环比上涨 2.1% 排第二，广州环比上涨 2.0%，厦门 1.6%，沈阳 1.5%，郑州 1.4%，上海 1.3%，武汉、哈尔滨、南京 1.2%，呼和浩特、乌鲁木齐、重庆、成都的环比涨幅也都超过了 1%。从二手房来看，厦门、南宁、北京、韶关环比涨幅超过 1%。以上这些城市或成为首批提高二套房贷款首付比例和贷款利率的城市。③ 不过，

---

① 《习近平等十八届中共中央政治局常委同中外记者见面》，2012 年 11 月 15 日，新华网（http://news.xinhuanet.com/politics/2012-11/15/c_ 113697411.htm）。

② 同上。

③ 《国 5 条细则不细　调控放权地方》，《腾讯财经观察》第 801 期，2013 年 3 月 2 日。

这也取决于各个地方政府的决心。虽然在该细则中改变了以往"一刀切"的做法，将房价调控权放权给地方政府和市场，但面对地产财政的巨大收益诱惑，地方政府真正自觉调控楼市的动力很小，而没有严厉的调控政策出台，市场自我调节很可能继续向上。截至 2013 年 2 月 25 日，北京前两月土地出让金已达到 368.8 亿元，占 2012 年全年土地出让金收入 647.9 亿元的 57%。北京市 2013 年前两月土地出让金或达到 400 亿元，约占 2012 年全年六成。① 所以在 2013 年年初，对房地产税推广的讨论依然很热烈，但是否定声高于肯定声，官方对此也无明确表态。未来房产税的设计应该是在不增加现有房主负担的前提下，采取累进税制，以新拥有超过多少房子作为纳税对象。拥有越多，税费越高，要控制不合理的住房拥有，特别是要对空置房采取手段，以此解决刚性需求的合理住房问题。如此大的收益，让地方政府如何割舍？地方政府难以出台严厉的调控政策，楼市自身的调节功能在持续上涨的趋势推动下，很可能会继续向上发挥效应。所以，看似严厉的实施细则，其实作用有限。花拳绣腿的做法，已经不能起到抑制房价的作用，不如我们参考一下别的国家的做法②，也许会对我国的房价改革起到借鉴作用。

（1）美国：房地产税是地方政府主要收入来源

在美国，对房地产占有、处置、收益等各个环节征收的各类税项总称为房产税。美国的房产税有狭义和广义之分，狭义的房产税是指对房屋本身征收的税，属于财产税；广义的房产税还包括交易税，也就是在房屋买卖时要缴纳的税。目前，全美 50 个州都征收房产税，这一税目是地方政府的主要收入来源，也是平衡地方财政预算的重要手段。征收房产税的目的是维持地方政府的各项支出、完善公共设施和福利，因此美国房产税的收税主体是郡政府、市政府和学区，联邦政府和州政府都不征收房产税。

（2）韩国：用转让所得税抑制投机

为打击房地产投机行为，韩国政府出台了更为严厉的房产转让所得

---

① 《国 5 条细则不细　调控放权地方》，《腾讯财经观察》第 801 期，2013 年 3 月 2 日。

② 李雁程：《房产税渐近　沪渝试点一年房价未降反涨》，2012 年 9 月 3 日，新文化网（http://finance.sina.com.cn/china/20120903/150013030887.shtml）。

税，即拥有2套住宅的家庭在购买房产2年之内出售，要缴纳50%的房产转让所得税，拥有3套以上住宅的家庭在购买房产2年之内出售，要缴纳60%的房产转让所得税。即使在购买房产2年之后，拥有2套以上住宅的家庭在出售房产时，仍需要缴纳6%—35%不等的房产转让所得税。随着这一政策的出台，再加上之前的综合不动产税，韩国房地产投机现象得到很好的控制，房价也基本得到稳定。

（3）德国：炒房者无利可图

在德国，只要有房产，一般需交纳房产税，只有当房产是文物，而且维护费用超过房产收益时，可以提出免税申请。房产税是地方税，有专门的《房产税法》。计算方式相对简单，是按"统一的征税值"乘以3.5%后，再乘以当地确定的税率。在德国的房地产市场，投机资本难以获得成功，房市发展稳定。就是因为德国政府没有把房地产作为经济增长的"支柱产业"。

在《深化收入分配制度改革若干意见》的加快调节再分配体制中提到：改革完善房地产税等。完善房产保有、交易等环节税收制度，逐步扩大个人住房房产税改革试点范围，细化住房交易差别化税收政策，加强存量房交易税收征管。扩大资源税征收范围，提高资源税税负水平。合理调整部分消费税的税目和税率，将部分高档娱乐消费和高档奢侈消费品纳入征收范围。研究在适当时期开征遗产税问题，[①] 希望尽快制定具体的操作措施，并严加落实。

在我国，房地产税被赋予了太多的含义，成为政府调控房价的一种手段。其实，房地产税的本质是税负，要符合税收的各项条件和国家设置该税种的目的，其实施两年来，收效甚微，功能太多，意味着没有任何功能，期望太高，失望也越大，这就是其推广被推迟的真正原因。借鉴各国的有效做法，也许会更有利。

7. 征地制度改革

十八大报告指出，要推动城乡发展一体化，让广大农民平等参与现

---

① 国务院办公厅：《国务院批转深化收入分配制度改革若干意见》，2013年2月5日，腾讯网（http：//finance. qq. com/a/20130205/007117_ 1. htm）。

代化进程、共同分享现代化成果。改革征地制度，提高农民在土地增值收益中的分配比例。这是征地制度改革内容首次写进中共党代会报告。十七届三中全会提出，要"逐步建立城乡统一的建设用地市场，对依法取得的农村集体经营性建设用地，必须通过统一有形的土地市场、以公开规范的方式转让土地使用权，在符合规划的前提下与国有土地享有平等权益"，这意味着集体土地可以不经过转为国有土地就可以入市交易。而这与现行土地管理法相冲突。后者规定，除了兴办乡镇企业等外，"任何单位和个人进行建设，需要使用土地的，必须依法申请使用国有土地"。据悉，目前国务院法制办正在制定《农村集体土地征收补偿条例》，根据此前透露的进展，修改后的土地管理法将有望提交明年的全国人大会议审议。

　　虽然现有调控措施并没有对症下药，完全抑制住房价的增长，但是在一定程度上反映了政府调控房价的决心与作出的不懈努力。摸着石头过河，这是我国经济建设的道路总结，同样，我国的房地产调控也是在摸索中前进的，众口难调，今后调控措施要针对不同人群，不同需求，房价调控需要精细化地差别对待，政策条款必须对刚需、改善性需求和投机炒房作出区分，以取得更好的效果。相信，经过摸索，不断地积累经验，会对症解决的。且随着我国经济、社会状况的逐步提高，房子这个大问题会最终得到妥善的解决。

　　房价的调控是一个综合的因素，首先，我国拥有世界上 1/4 的人口，住房需求压力大。其次，随着国家经济的发展，人们生活水平的提高，民生状况的改善，对住房的改善性需求也在提高。加之，收入差距的扩大，金融市场投资环境的不景气，房子还变成一种重要的投资理财产品。地价的飙升，投资成本的增加，无疑都是房价过快增长的因素。对症下药，量体裁衣，虽然我国近几年的房价调控力度也一直在加强，但是在我国当前的发展中，房子这种特殊的商品是矛盾的集中者，因此，房价的调控是个长期的过程，也是个复杂的过程，需要各方齐心协力，需要社会经济政治的发展和社会保障体系的逐步完善。

第九章

自然垄断行业产品的价格宏观调控法律问题研究

第一节 自然垄断行业产品的价格宏观调控理论分析

我国已基本形成以市场调节价为主的价格机制，大多数商品的价格由市场自主调节形成。但是由于一些行业或产品的特殊性和国家出于对社会整体利益的维护，除市场调节价外，还有政府定价和政府指导价的价格形成方式。其中，自然垄断行业产品的定价方式即为此种例外情况。当前，资源产品价格的改革还远远没有到位，应通过改革成品油、天然气和电力的价格机制，进一步发挥价格对节约资源和科技创新的作用。

一 对自然垄断行业商品的界定

所谓自然垄断行业，就是由于存在着资源稀缺和规模经济效益、范围经济效益，使提供单一物品和服务的企业形成一家公司（完全垄断）或者极少数企业（寡头垄断）的概率极高的行业。[①] 简单地说，自然垄断行业就是在一个行业中，只要有一家生产者就足够了。

所谓自然垄断行业经营的商品主要是指由于自然资源条件、技术条件以及规模经济的要求无法竞争或不适宜通过竞争形成价格的商品[②]，也即由自然垄断性企业所经营的商品。

因为深知垄断的坏处，人们试图通过各种力量遏制垄断势力的发

---

① ［日］植草益：《微观规制经济学》，朱绍文译，中国发展出版社 1992 年版，第 41 页。
② 漆多俊：《宏观调控法研究》，中国方正出版社 2002 年版，第 361 页。

展，以实现资源的合理优化配置，重新发挥竞争来提高生产力的优势，以确保消费者利益的充分实现。世界许多国家对垄断行业所经营的商品实行价格管制，由政府来统一制定或给出指导价，以维护整体利益和实现总供给与总需求的平衡。具体到我国，价格法规定垄断产品由政府定价或制定指导价，而不是市场形成价格。

在传统上，我们把邮政、电信、电力、铁路运输以及城市公共事业诸如自来水、煤气等归属于自然垄断行业。在计划经济体制下，这些企业具有绝对权力，往往凭借其独特性、重要性形成独家经营的强垄断的一面。然而，在市场经济体制下竞争的介入使这些企业以往的"皇帝"地位受到冲击和动摇，我国目前自然垄断行业的现状和存在的问题有：①

1. 产业的供给大

水、电、天然气等自然垄断行业，不但是企业生产的成本，也是百姓生活的必需品，时时刻刻离不开，可见其基础性的特点。但对于居民供电、供水、供气又带有福利性质的，投资大、周期长、回报低，企业不愿意去经营，为此需要国家投入。

2. 产业受到竞争的严重冲击

自然垄断行业就其成本递减的特征，排除了行业内部的竞争，但是行业之间的竞争在这里仍然无法避免。如邮政业受到国际互联网和电子邮件的挑战出现萎缩；随着科学技术的进一步发展，原来属于自然垄断的行业现在可以引入竞争，自然垄断被打破了，如通信业，原来被认为是不宜竞争的行业，现在也引入竞争机制，且是自然垄断行业中竞争展开最为充分的一个行业。

3. 企业经营效率低下

就整体而言，我国的自然垄断行业效率低下。因为其独家经营的原因，往往使其缺乏动力，而且卖方市场使得消费者无从自主选择。所以，这些企业往往靠国家补贴，旱涝保收，变得牛劲十足。由于没有竞争，结果必然导致企业经营效率低下。

---

① 刘学敏：《中国价格管理研究》，经济管理出版社 2001 年版，第 57、58 页。

4. 价格不合理

在自然垄断行业中，由于缺乏竞争，加之受我国长期以来实行的国有经营的影响，很多地方政府行为不端，在市场上生产者和消费者又面对权利不对称和信息不对称，致使价格不合理问题非常严重，主要表现为：通过各种手段变相涨价以及价格偏高。

正是因为自然垄断行业存在种种的问题，需要我们调整管理模式，加强价格宏观调控在该行业中的作用。

二　外国对自然垄断行业调控的经验

1. 促进竞争

对于自然垄断行业价格的形成，发达国家主要是引入了竞争机制，从而打破其强烈的垄断地位，阻止垄断所带来的负面影响。垄断最大的特点是排斥竞争，垄断企业往往企图凭借其强有力的经济地位来独家经营，攫取高额利润。于是，打破其垄断性的一面，唯有引入竞争机制。美国电信业自20世纪70年代在国际和洲际电话业务中逐步引入竞争机制以来，电信业中引入竞争机制变成一种世界性的潮流。20世纪90年代初英国也出现了100多家经营各种业务的电信公司。[①]

2. 区分自然垄断业务和非自然垄断业务

随着科技的进步，传统的自然垄断行业的范围也受到剥离，以前被认为是纯粹的自然垄断行业中也渐渐分离出非自然垄断行业的成分，对于非自然垄断行业应引入竞争机制，与自然垄断行业实行不同的管理体制，以电力行业为例，发达国家纷纷于20世纪90年代以后开放电力市场，打破垄断，英国规定，发电、输电和供电业务分开经营，在发电市场和售电市场引入竞争，鼓励多家公司开展竞争，而输变电则由国家垄断经营，国家对于输变电价格仍然进行控制，从而形成了英国的多家发电公司、多家配电公司和一家输电公司的格局。[②]

3. 价格调控

由于自然垄断行业定价的特殊性，发达国家对其价格实行调控，例

[①]　王学庆：《邮电资费改革的基本思路》，《中国物价》1998年第6期。
[②]　刘学敏：《中国价格管理研究》，经济管理出版社2001年版，第60页。

如英国实行价格上限制度，其确定原则就是行业价格上涨不能高于通货膨胀率，美国则实行投资回报率价格规制。

总之，发达国家在其市场规制的过程中已对自然垄断行业形成一套行之有效的价格管理和调控办法，从而降低了成本，提高了效率，使自然垄断行业既发挥了独特的行业优势，又打破了其垄断的格局，值得我国学习和借鉴。

三 完善我国自然垄断行业价格宏观调控的对策

从我国自然垄断行业的现状和存在问题来看，要使垄断行业克服垄断性，充满活力，必须改变现状，完善现有体制，而且国外发达国家的先进经验也值得我们借鉴，以更好地与国际接轨，所以，本书欲从以下几个方面来构建我国的自然垄断行业的价格宏观调控体系：

（一）对自然垄断行业产品范围的明确界定

从整体上而言，电信、电力、铁路运输、管道煤气和自来水供应等产业都属于自然垄断行业，但是并不等于这些产业的所有业务都具有自然垄断性质，因此，本书认为，只有对自然垄断性行业及其产品范围作出明确的界定，才能更好地对症下药，实行有效的调控手段。

随着科学技术的发展，传统的自然垄断行业受到挑战，尤其是竞争机制的介入，使垄断性行业的垄断性受到冲击，出现了非自然垄断性因素，而且在特定时期内，自然垄断性业务领域总是具有相对的边界。重要的是，我们应根据本国的技术、经济状况，较为准确地把握具体产业的自然垄断性业务领域的边界，然后，再对其设计相应的价格调控政策。

本书认为，自然垄断性业务是指那些固定网络性操作业务，如电力、煤气和自来水供应产业中的线路、管道等输送网络业务，电信产业中的有线通信网络业务和铁路运输产业中的铁轨网络业务，其他业务则属于非自然垄断性业务。自然垄断经营产品必须是自然垄断性业务领域所提供的产品。也即，自然垄断经营产品通常是由自然垄断性业务领域和非自然垄断性业务领域共同提供的，但可以独立于自然垄断性业务领域提供的产品就不是自然垄断经营产品。以电力产业为例，只有高压输电和低压配电属于自然垄断性业务，而电力设备供应、电力生产和供应则是非自然垄断性业务，因为后者可以独立存在，但要实现电力产品的最终消费，又离不开电力设备供应和电力生产与供应的辅助。[①]

因此，本书认为，只有通过自然垄断性业务领域提供的产品，一般才属于自然垄断经营产品。

（二）对特殊垄断行业实行特别的价格调控机制

随着我国市场经济的进一步发展和完善，我国也应学习发达国家的先进做法，将所有行业区分为一般竞争行业和特殊行业，并实行不同的价格调控机制。对于一般竞争性行业的管理即为反垄断和反不正当竞争。定价权主要在企业和经营者，政府只从宏观整体利益去维护公平有序的市场竞争环境，严厉打击各种不正当价格竞争行为和价格垄断行为。而对特殊行业的价格调控，应由政府来进行，自然垄断行业即为竞争不充分的特殊行业，其所提供的产品应由独立的政府部门来行使定价权，且应提高政府定价的科学性、规范性和透明度。而且政府应针对自然垄断行业制定行业管理法，从其市场准入、资本构成、价格决定、投资收益、产品和服务质量、企业合并等方面进行全方位管理，使垄断行业走向规范化经营。[②]

（三）引入竞争机制，提高自然垄断企业的效率

长期以来，我国的自然垄断行业都实行独家经营的国有国营企业形式。企业依靠国家的庇护缺乏生机和活力。但是随着市场经济体制建立并逐步完善，竞争机制也渗透到该领域，传统的独家经营的格局被打破。作为自然垄断行业的多为资源性产品，而资源价格的推进应该是以市场调控为趋向，再辅之以政府调控。某些环节要引入竞争机制，放松政府的直接管制。在资源价格方面，要兼顾各个领域协调推进。要充分考虑到国家企业和消费者各方面的利益，不能因为价格的提高影响消费者生活水平。另外，要把握价格调整的时机和调整的方式，降低价格改革调整对经济运行和人民生活的冲击作用，这是其价格改革中重点要考

---

① 王俊豪：《对自然垄断经营产品范围的探讨》，《价格理论与实践》2002 年第 2 期。

② 张光远：《对竞争性产业和特殊垄断产业实行不同价格管理体制的探讨》，《价格理论与实践》2002 年第 8 期。

虑的内容。实践证明，自然垄断行业在引入竞争机制后，不但自身搞活了，效率提高了，而且也使广大消费者受益。以电信业为例，电信、网通、移动、联通、铁通等多家运营商的竞争，使手机进入千家万户，且随后进行的移动与铁通、联通与网通的整合，使得电信的竞争更加市场化、科学化、有序化。其他行业，自来水、煤气、铁路运输等也应展开充分的竞争，才能真正搞大搞活。

（四）加快政府职能的转变，完善宏观调控措施

自然垄断行业所提供的产品，是由政府定价和实行指导价的。政府是定价的主体，因而政府定价行为的规范性、政府定价的科学性和透明性的高低直接影响着对自然垄断行业的价格宏观调控目标和效果的实现程度。因此，界定政府定价的自然垄断行业产品的范围，定价过程的公开、透明，完善政府定价听证制度，明确政府定价的法律责任及监督机制相当重要。只有进一步转变职能，做一个"有限、有效、有责"的政府，才能真正完成这一重任。

总之，应根据我国的具体国情和自然垄断行业自身的特殊性，制定出适合、恰当的价格宏观调控措施和方案，以便更好地使价格杠杆在市场经济领域中发挥其应有的功能和作用，从而为我国经济建设的健康、持续、高效发展作出贡献。

第二节　自然垄断行业产品的价格
宏观调控实证分析一
——电价机制改革评析

一　电价体制改革的历程

电价体制改革是电力体制改革的核心。因此，电力体制改革的历程就是电价体制改革的历程。

第一轮电力体制改革在 1998 年国务院机构改革的大背景下推进，前后历时将近 8 年。

第二轮电力体制改革方案在 2002 年形成，也历时近 5 年。

第三轮电力体制改革方案在 2008 年开始酝酿。2010 年国家发展和改革委员会向社会公开征求意见；2011 年在各地展开调研；2012 年 3 月国家发展和改革委员会表示将推阶梯电价；2012 年 5 月各省举行阶梯电价听证会；2012 年 6 月中旬，除新疆、西藏以外，29 省市都已完成阶梯电价听证会；2012 年 7 月 1 日正式实施阶梯电价方案；2012 年年底，国务院批准取消重点电煤合同和电煤价格双轨制。

2013 年 1 月国家发展和改革委员会提出增加风电和光伏发电装机量。紧接着在全国"两会"期间，随着大部制改革落地，电监会被撤销，职能并入国家能源局，成为国家发展和改革委员会管辖下的一个专业职能部门。

二　电价机制改革的核心

电价形成机制改革是电力改革的核心。现状是上网电价已经独立，但输电、配电、售电仍然一体化。按现有的体制实行煤电联动，煤炭价格下降，但如果上网电价和输配电、售电环节电价不变，价格就不能疏导出去，这就导致不论煤炭价格涨或者跌，老百姓总感觉电价上涨。电价形成机制改革，应在体制和机制上双重突破。简单地说，就是输电的不卖电。即由政府制定并出台独立的输配电价，电网企业负责把电网这条"公路"建好，按输配电价收取"过路费"，用于电网投资建设和维护。

电价改革的核心目标是理顺电价定价机制，即实现从上游煤炭价格到下游用电价格联动的市场化调节。这应重点核算输电成本，同时以地区配电公司代表终端用户与电厂进行撮合交易。市场对电力体制改革大方向已有预期，未来改革将是循序渐进的过程，在确保实现电价定价机制的（相对）市场化基础上，电价体制改革首先要做的不是电网分拆，而是业务层面上的输配分离。所谓的输配分离是指将超高压输电网络与中、低压的配电网络资源分开，分别经营核算。

需要指出的是，电网作为二次能源供给的最核心基础设施，国际上普遍采取"保护"和"垄断"的方式。在发电、输电、调度、配电四个环节中，输电和调度环节应当定义为"公益性"并维护相对的"垄断"。因此，所谓分拆电网并不是短期核心矛盾，其实也与改革的核心利益无关，改革首先应当做的是输配分离。

　　基于目前国内发展水平和建设需求，配电公司应当在完成基本建设后逐步分离，并代表当地用户与电厂竞争性谈判——这决定了改革是循序渐进地推进"输配分离"。

三　对电价体制改革的评析

（一）电价改革的意义

1. 电价改革有利于节能减排

　　伴随着我国经济社会的持续快速发展，资源约束、环境污染、气候变化等一系列挑战接踵而至。建立"多用者多付费"的阶梯价格机制，将有助于形成节能减排的社会共识，促进资源节约型、环境友好型社会的建设。

　　我国是一个人口众多、人均能源资源非常匮乏的国家。主要能源资源中，石油、天然气人均储量不足世界平均水平的10%；人均水资源占有量只有世界平均水平的25%。即使是相对丰富的煤炭，人均储量也不到世界平均水平的40%。2000年以来，我国能源消费年均增长约8%，其中电力消费年均增长约12%，天然气约20%，石油约7%。如果不发现可大范围推广的新能源，按照目前的消耗速度推算，我国剩余的石油可采年限不到15年，天然气不到39年，煤炭不到108年。与此同时，能源大量消耗所引发的环境问题也日益突出，如火电排放的二氧化硫占总排放量的42.5%，二氧化碳占总排放量的50%，环境污染问题非常突出。因此，节能减排、转变发展方式已成为实现我国可持续发展，功在当代、利泽子孙的唯一选择。[①]

　　在社会主义市场经济条件下，促进发展方式转变和节能减排主要还是要靠经济手段，而价格机制是最重要的经济杠杆。近年来，通过实行脱硫电价、差别电价的实践已经证明了这一点。通过对脱硫发电制定较高价格，激励了火电企业改造工艺、安装脱硫设备，"十一五"末，我国燃煤电厂脱

---

　　① 《发改委：实行阶梯电价用价格杠杆撬动节能减排》，2012年6月14日，腾讯网（http://finance.qq.com/a/20120614/004918.htm）。

硫装机比重由 2005 年的 17% 增加到 86%，单位电量二氧化硫排放减少了 50%。"十一五"期间，通过对高耗能产业实行差别电价政策，有效限制了高耗能产业的盲目发展，并促进了产业结构升级。我国能源消费弹性系数（能源消费量年均增速/国民经济年均增速）由"十五"期间的 1.04 下降到 0.59，单位 GDP 能耗累计下降了 19.1%。[①]

2. 电价改革向民生方向倾斜

居民阶梯电价制度是利用价格杠杆促进节能减排的又一次实践。由于历史的原因，我国长期实行工业电价补贴居民电价的交叉补贴制度。从我国居民电力消费结构看，5% 的高收入家庭消费了约 24% 的电量，这就意味着低电价政策的福利更多地由高收入群体享受。这既不利于社会公平，无形中也助长了电力资源的浪费。通过划分一、二、三档电量，较大幅提高第三档电量电价水平，在促进社会公平的同时，也可以培养全民节约资源、保护环境的意识，逐步养成节能减排的习惯。在韩国，为避免进入高电价区间，大多数韩国人在不用电时会将家用电器的插头拔掉。价格杠杆对人们消费行为的影响由此可见一斑。

3. 电价改革为天然气、水价提供了经验

从长期发展趋势和我国当前面临的资源能源供需形势看，我国未来可选择的经济发展模式只能是"科技含量高、经济效益好、能源消耗低、环境污染少"。能否实现这一目标，与能否尽快形成节约资源、保护环境的全民共识密切相关。当然，要在全社会形成节能减排共识，决非一朝一夕之功。推行居民阶梯电价只是第一步，天然气、自来水等资源性产品都面临着与电力类似的问题。因此，利用价格杠杆撬动节能减排共识的形成，正当其时。

（二）电价改革的领导机构

把电力市场化改革寄希望于电煤并轨和电监会并入能源局是不现实的。改革后能源管理格局未有实质突破，电力改革领域至关重要的价格制定仍然归属于国家发展和改革委员会价格司。此次合并的积极方面在

---

① 《发改委：实行阶梯电价用价格杠杆撬动节能减排》，2012 年 6 月 14 日，腾讯网（http://finance.qq.com/a/20120614/004918.htm）。

于职能增强后的能源局或许能够助推电力改革，但能源领域目前的问题是过度管制和垄断，两部门合并后应避免出现更多行政之手干预市场运行的情况，并根据机构改革的要求进一步理顺政府与市场的关系。

（三）电价改革的市场化助推力

电价改革是市场化加剧的表现。国家电网是最大的运营商，作为大型国有企业，国家电网占据着我国电业市场的绝大部分江山，机构庞大，有垄断的倾向和嫌疑。为此，我国多次改革电价体制，以期更加合理、透明、人性化。

1. 从尚德破产事件看我国的电价改革

2013 年 3 月 21 日尚德对外宣布破产重组，这个在国内的光伏①业享有盛誉，一度被作为光伏产业领军者的生命即将结束，其掌门人个人身价也在 2006 年最高峰时达到 186 亿元，一度被称做"绿色英雄"的施正荣也因此开始被警方调查。尚德的命运不仅仅是企业自身的命运，而且是我国光伏产业大萧条的一个缩影，更是对我国盲目开拓新能源产业的一次沉痛教训。光伏产业作为一种新能源产业，素有"绿色 GDP"之称，是充实电能的一个重要来源。2005 年尚德完成了私有化，成为中国内地首家登陆纽交易所的光伏民营企业。之后各地政府纷纷效仿，在资金、土地等方面向光伏企业倾斜，仅浙江一省，在高峰时共有光伏企业 205 家，其中有 110 家成立于 2010 年 9 月以后，规模均在 10 万千瓦以下。越来越多的涌入者必然导致竞争加剧。国内行业利润率从139% 下滑到 10% 左右。供严重过于求是光伏产业失败的主要因素，全球市场需求在 2000 万千瓦左右，产能却达到 4000 万至 5000 万千瓦，多余的 2000 万千瓦只能被淘汰。②

为求利益，盲目上马，不从长远考虑，一直是光伏行业的隐患，欧债危机加速了它的爆发。正是我国光伏产业的发展具有投资和扩充的盲

---

① 光伏（PV or photovoltaic）是太阳能光伏发电系统（photovoltaic power system）的简称。是一种利用太阳电池半导体材料的光伏效应，将太阳光辐射能直接转换为电能的一种新型发电系统，有独立运行和并网运行两种方式。

② 《尚德宣告破产谁来为光伏悲剧买单?》，2013 年 3 月 21 日，腾讯网（http：//finance. qq. com/a/20130321/005850. htm）。

目性，严重脱离了市场的需求，加之受到欧洲市场大幅度缩减产能的大形势，主要依靠出口的光伏产业之命运也就可想而知了。① 光伏产业的兴衰荣辱关系到电能产业的前景与未来，尚德的破产重整除了盲目等人为因素外，还预示着新能源产业发展的前景不容乐观，就好比人类的肢体受伤，当然会影响整个肌体的效能。

2. 从电监会被拆分看我国电价改革的走向

2013 年 "两会" 后，电监会被撤销，并入了国家能源总局。国家能源局为副部级单位，由国家发展和改革委员会管理，而国家电监会则是国务院 14 个直属事业单位之一，虽为正部级单位，电监会却一直在尴尬中前行。除了安全监管及部分统筹协调事项，电监会几乎没有其他实质职权。电监会并入后组成的国家能源局职能更加明确、合理。除了 "研究提出能源体制改革建议，负责能源监督管理" 外，还负责 "拟订并组织实施能源发展战略、规划和政策"。这相当于让国家能源局具有或承担研究和监管两大职责，职能增强后的能源局或许能在一定程度上助推电力改革。目前国家能源局下辖有电力司，与电监会的职能相近。如此整合既可减少机构重叠，还可统筹全国能源供求、制定长远能源战略。②

3. 从拆分国家电网质疑透视我国的电价改革

电网通过电力调度控制着发电企业，为了利润，以 "保障运行安全" 为借口隐蔽侵占发电企业的合法权益。电网控制着输电，这种统购统销体制，彻底切断了供应端与需求端之间的信息互动。发电企业和电力用户难有更多的知情权、话语权和选择权，难以真正培育市场主体。电网会利用调度专业性强和信息不对称，躲避电监会的监管和媒体的监督。

输电、配电价格不出台，电网成本就是一个 "黑箱"，政府无从知晓和监管其内部操作，无从监管也就无从改进，从而无从建立自身发展

① 《尚德宣告破产谁来为光伏悲剧买单？》，2013 年 3 月 21 日，腾讯网（http://finance. qq. com/a/20130321/005850. htm）。

② 秦刚：《国家电网拆分方案传出：两会后 "五号文件" 回归》，2013 年 3 月 21 日，搜狐网（http://stock. sohu. com/20130318/n369278025. shtml）。

机制。因此，独立的输电、配电价格措施必须尽快出台。

改革的核心内容应是电价改革，改革的首要步骤应是电网单独竞价，电网单独竞价的要害在于实行准许收入制度，也就是电网不是竞争业务，不能依靠市场，不能依靠盈利，需要国家严格核定它的成本和利润，反之，则不允许，这样一来收入变得透明而又有保障。

总之，我国电价的改革是自然垄断行业产品改革的最早成果。将来，我国的水价、天然气都可以实行阶梯式的价格，所以，电价改革作为龙头，必将起到承前启后的作用。

第三节　自然垄断行业产品的价格宏观调控实证分析二
——水价机制改革评析

阶梯电价改革的实施积累了丰富的经验，水价的改革也被提上了日程。尤其是近几年来，水资源面临着严重的挑战，水越来越成为值得珍惜且绝对经不起浪费的资源。

2013年2月，国务院发布了《关于实行最严格水资源管理制度的意见》，确立了水资源开发利用控制红线，到2015年，全国用水总量力争控制在6350亿立方米以内，万元工业增加值用水量比2010年下降30%以上，农田灌溉水有效利用系数提高到0.53以上。[①] 环保部2013年6月4日公布《2012中国环境状况公报》，2012年超过30%的河流和超过50%的地下水不达标。只有不到11%的人饮用符合我国卫生标准的水，65%的人饮用混浊、苦咸、含氟、含砷、受工业污染、会感染传染疾病的水。[②]

一　水价改革之必要性分析

1. 中国水资源紧缺
目前我国的可再生水资源仅占世界的6%，但是我们却需要保障

---

① 李文龙：《水价改革路在何方》，《金融时报》2013年3月14日第10版。
② 《中国水资源50%被污染》，2013年6月22日，腾讯网（http://news.qq.com/newspedia/165.htm）。

占世界 22% 人口的粮食生产和饮水安全。① 以京、津、冀地区为例，2013 年 3 月下旬官方给出的一份研究京、津、冀地区发展状况的报告称，淡水资源是京、津、冀区域承载力的最大短板。2011 年北京水资源总量为 26.81 亿立方米，按照 2011 年末人口计算，北京市人均水资源占有量仅为 119 立方米，远低于国际人均水资源占有量 1000 立方米的重度缺水标准。与此同时，中国人为水资源支付的价格却比较低，据世界银行报告提出国际通行的水价占居民支付比例标准是 3%—5%，越缺水的地方比例越高，而据研究中国不到 1%，而中国的北京只有约 0.6%。如此看来，"涨价以节水"似乎是理所当然的选择。② 为解决水资源短缺问题，我们不得不开展引黄工程和南水北调工程，尤其是随着城市的发展及扩张，人口的聚集，对水的需求量也越来越大，因此，尤其是像北京、上海这样的特大城市，更需要解决水资源短缺的问题。

2. 资源型产品的价格上涨是大势所趋

很多资源型产品的价格偏低，比如水价，因为在价格扭曲的情况下，这些资源型要素不能得到合理配置，不能发挥最大效益，所以其价格改革是必然的。③ 简单来说，我国的供水价格，是按照合法成本加上一定利润率，再加上税、费组成的。目前，我国的水价制定还比较粗浅，很多城市只由一个自来水公司垄断经营，更重要的是价格形成机制不到位，行业成本不合理。其实水价上涨是国际趋势，尤其在中国这样一个长期把用水作为福利的国家里，水资源的使用由福利性向商品性转变是正常现象，资源型产品价格的上涨是正常趋势。

二　水价改革方案的选择

改革开放以来，各级政府及有关部门在城市供水价格改革方面做了

---

① 李文龙：《水价改革路在何方》，《金融时报》2013 年 3 月 14 日第 10 版。

② 王文柯：《水价要涨十倍至每吨 40 元才行》，2013 年 3 月 9 日，腾讯网（http://news.qq.com/a/20130415/001267.htm）。

③ 发改委：《国内油价还低于国际市场　水价也不到位》，2013 年 3 月 9 日，腾讯网（http://news.qq.com/a/20130309/000092.htm）。

大量工作，基本上完成了城市供水由福利性向商品性转化的过程。水价改革的成效主要表现在三个方面：一是较大幅度地提高城市供水价格，二是建立污水处理收费制度，三是制定相关规章依法推进水价改革，国家计委、建设部制定颁布《城市供水价格管理办法》，明确水价构成，确立阶梯式计量水价等科学的计价方式，目前，中国36个大中城市中已有17个城市实行居民生活用水阶梯式水价，多数城市对非居民用水实行了超计划、超定额加价收费制度①，但不容忽视的是，中国现在的水价改革还不到位。

水价改革重点在于农业水价综合改革。这不仅是因为农业生产用水量大，而且我国目前农田水利设施仍然薄弱，农业用水和水利设施建设还需要大量投入，如果成本过高会影响农民的种粮积极性。

依据《中共中央国务院关于加快水利改革发展的决定》（2011年一号文件，以下简称《决定》），合理调整城市居民生活用水价格，稳步推行阶梯式水价制度。充分发挥水价的调节作用，兼顾效率和公平，大力促进节约用水和产业结构调整。工业和服务业用水要逐步实行超额累进加价制度，拉开高耗水行业与其他行业的水价差价。

《决定》要求，按照促进节约用水、降低农民水费支出、保障灌排工程良性运行的原则，推进农业水价综合改革，农业灌排工程运行管理费用由财政适当补助，探索实行农民定额内用水享受优惠水价、超定额用水累进加价的办法。

同时，《决定》提出，加大公共财政对水利的投入。发挥政府在水利建设中的主导作用，将水利作为公共财政投入的重点领域。各级财政对水利的投入的总量和增量要有明显提高。大幅度增加中央和地方财政专项水利资金，从土地出让收益中提取10%用于农田水利建设。进一步完善水利建设基金政策，延长征收年限，拓宽来源渠道，增加收入规模。加强对水利建设的金融支持，支持农业发展银行积极开展水利建设中长期政策性贷款业务。多渠道筹集资金，力争今后10年全社会水利

---

① 《我国阶梯水价推广难　上涨需公开透明且避免"一刀切"》，2013年6月13日，中国环保设备展览网（http://www.hbzhan.com/news/Detail/79973.html）。

年平均投入比 2010 年高出一倍。①

三　水价改革方案的分析

1. 水价成本形成需加强监管

鉴于水是人类生产最基本的资源要素，人多水少是我国的基本国情，改革水价形成机制，实施阶梯式水价和超定额累计加价制度已经成为大势所趋。这是我国促进水资源可持续利用，破解经济社会发展水资源约束的必由之路。然而，水价改革不是简单地做加减法，而是资源价格改革和重点领域改革中的关键一环，关系到每一位老百姓的日常生活。水价的调整应该公开化，要加强监管。不过水行业比很多其他行业的成本公开做得好，污水有 50% 已进入了市场竞争，供水有 20%—30% 进入了市场竞争。② 水价的决定因素得从取水、治水、输水和污水处理的全环节来看，水价是一个综合性的概念，一般各地的水价至少包括三部分，第一是自来水费，第二是水资源，第三是污水处理费。在各地水价提高的过程中，这三部分提高的比重或者幅度会不一样。水价的提高与水质并没有必然的联系，当然水质提高后成本增加，水价有可能提高，但是水质的提高并不意味着必然会涨价，且也只有符合水质标准的水才应该供百姓生活使用。

2. 建立第三方机构检测水质

现在供水的原水质量很差，全国合格率可能只有 50%，但北京要好些。凭借我国现在的自来水净化设施，根本不可能满足要求。水价不涨，净化设施不能得到提升，水质就一定不会提高。在不了解水质的情况下，老百姓肯定会反对涨价。但如果市民都认识到水价过低不是在保护自己，而是在侵犯自己，就会理性地看待涨价。如果水质能够和矿泉水一样，市民就不会反对涨价。检测行为不能在自来水公司内部进行，自己检查自己，这样的做法是不可靠的，更不具有说服力。因此，应建

---

① 张勤：《一号文件：积极推进水价改革 稳步推行阶梯水价》，2011 年 1 月 30 日，中国新闻网（http://www.chinanews.com/cj/2011/01-30/2820552.shtml）。

② 郭少峰、钟晶晶：《水价改革不是让政府从中挣钱》，2009 年 12 月 17 日，腾讯网（http://finance.qq.com/a/20091217/005417.htm）。

立第三方的检测机构，以加强对水质的监督。

3. 水资源费制约经济发展

水价问题不仅是公众与企业之间的关系，而且是企业、政府、公众之间的三方关系。虽然水是商品，用水要出水费，这部分费用表面是由使用者向自来水公司和污水处理公司付费，但起码有一半要上交到政府财政。可见，水行业的主导是政府，政府在这三者关系中处于核心地位。水价改革要理清居民、企业和政府三方关系。作为公共事业，水行业的保本是对政府而言，而不是指企业保本。政府不能从市民兜里通过供水挣钱，这就是保本的含义，市民支付的成本应覆盖全部成本。但如果企业仅仅是保本了，那就不能形成产业。但政府可以约束自来水公司的成本，按照平均成本定价，才能让好公司获利、让成本高的公司不赚钱，甚至亏损。

4. 水价改革应以保障民生为重

水价的涨幅较低，再加上政府的资金扶持不够，导致供水行业跌至低价。饮用水水质标准日渐严格，管网更新改造压力大，因此治水疏水成本都有较大的提高，供水企业需要提高水价来维持运营。而对于老百姓来说，水价上涨是必然的，也是认可的，但是最担心的还是水的质量问题。看来水价的调整需要政府、百姓、供水企业之间有更多的相互重视和理解。由于阶梯水价实施涉及多方面、多地区，在实际工作中，是否实施阶梯水价应该进行科学论证，因地制宜地实施，避免不切实际的"一刀切"，避免加重使用者的生活负担，也有利于社会节水意识的养成。因此，水价改革需要以保障民生为重。

第四节　自然垄断行业产品的价格宏观调控实证分析三
——成品油定价机制改革

一　成品油定价机制的演变

1998 年以前的长时期内，中国的成品油用户享受着低油价的待遇，那时石油价格的调整，一直由国家确定，往往是一次调整，长时期内不变。但随着 1993 年中国成为石油净进口国，完全由政府定价已经不合时宜，也不符合市场经济的趋势。到了 1998 年，随着中国石油、中国石化两大集团重组，油价改革也拉开了序幕。

1998 年以来国内原油、成品油价格管理体制改革大致经历了三个阶段：

一是 1998 年原油、成品油价格初步与国际市场的接轨阶段，1998 年 6 月 3 日，原国家计委出台了《原油成品油价格改革方案》，规定国内原油、成品油价格按照新加坡市场油价相应确定，原油价格自 1998 年 6 月 1 日起执行，成品油价格自 1998 年 6 月 5 日起执行；

二是 2000 年 6 月份开始的国内成品油价格完全与国际市场的接轨阶段，即国内成品油价格随国际市场油价变化相应调整；

三是 2001 年 11 月份开始的国内成品油价格接轨机制进一步完善阶段，主要内容是由单纯依照新加坡市场油价确定国内成品油价格改为参照新加坡、鹿特丹、纽约三地石油市场价格调整国内成品油价格。

与以上三个阶段相应，中国的成品油价格经历了几番引人注目的波动。1998 年出台油价改革方案规定，原油基准价由国家计委根据国际市场原油上月平均价格确定，每月一调。而汽油和柴油则实行国家指导价，中国石油、中国石化集团在此基础上可上下浮动 5%。1999 年 4 月，国际油价开始上涨，国内油价也常常突破限制，国内炼油企业更是面临生产经营困难。

从 2000 年 5 月至 2001 年 11 月，国内成品油价格随国际市场油价变化累计调整了 17 次。到 2001 年 11 月，成品油定价机制又有新的变化，将每月调整改为按照国际市场油价波幅不定期调整。2001 年 11 月和 12 月成品油价格两次调低，2002 年国内成品油价格又经历了几次涨价。到 2003 年，成品油价格再次成为热点，后半年国内一些地区开始出现"油荒"。在国际油价的推动下，2003 年第一季度国内市场一反淡季的冷清局面，特别是 2003 年 2 月 1 日国家发展和改革委员会将汽、柴油零售基准价每吨分别上调 190 元和 170 元后，进一步加热了国内市场。2003 年 3 月 1 日国家收回了提价通知，2003 年 5 月 10 日大幅度降低了成品油价格（受 SARS 影响），但国内成品油市场经短暂的沉寂后又逐渐加热。2003 年 12 月 6 日国家最终提高了成品油价格，压抑的国内油价才有所释放，市场价格顺势升高。2007 年 1 月，国内成品油价格又改革为参照布伦特、迪拜和米纳斯三地原油价格，加上炼油成本和适当的利润空间以及国内关税、成品油流通费等，共同形成国内成品油零售基准价。至此，我国分阶段实现了国内石油价格与国际市场的间接接轨，由原来的政府直接定价逐步转为间接定价和参考定价。

成品油价格形成机制是由中国国务院职能部门国家发展和改革委员会（简称发改委）牵头于 2008 年 11 月 25 日前后拟定并获审批的国内成品油价格形成机制改革方案，主要内容是：将现行成品油零售基准价格允许上下浮动的定价机制，改为实行最高零售价格，并适当缩小流通环节差价。而最高零售价格，是以出厂价格为基础，加上流通环节差价来确定的。同时，该方案提出，把原来允许企业根据政府指导价格上下浮动 8% 降为 4% 左右，折成额度取整确定。这场 2008 年底进行的成品油价格和燃油税费改革，目的在于理顺成品油和原油的价格关系，形成国内成品油价格与国际市场原油价格有控制地间接接轨的定价机制。

2009 年 5 月 8 日国家发展和改革委员会公布了《石油价格管理办法》，根据新加坡、纽约和鹿特丹三地以 22 个工作日为周期对国际油价进行的评估，当三地成品油加权平均价格变动幅度超过 4% 时，即调整国内成品油的价格并向社会发布相关价格信息。但是该机制因调价周期过长、每次需等待发改委审批，仍存在调价不及时、幅度不到位的问题，导致炼油企业利润下滑甚至亏损。根据该形成办法，若国际油价连续 22 个工作日日均涨幅或跌幅超过 4%，就应考虑对国内成品油价格进行调整，以使成品油价格能够更真实、更灵敏地反映市场供求关系，促进资源合理利用与公平竞争。"新的成品油定价机制形成后，价格有降有涨。在这个过程中，政府机关要逐步完善有关机制和管理办法，市场主体也要逐步适应价格上下波动的经常性情况"。据了解，在此机制下，成品油经营企业可根据市场情况在不超过最高零售价格、最高批发价格或最高供应价格的前提下，自主确定或由供销双方协商确定具体价格。

二　油价上涨的成因分析

（一）"三桶油"的垄断

1. 中石化公司简介

中国石油化工集团公司（英文缩写 Sinopec Group）是 1998 年 7 月国家在原中国石油化工总公司基础上重组成立的特大型石油石化企业集团，是国家独资设立的国有公司、国家授权投资的机构和国家控股公司。中国石化集团公司注册资本 1820 亿元，总部设在北京。中国石化集团公司对其全资企业、控股企业、参股企业的有关国有资产行使资产受益、重大决策和选择管理者等出资人的权力，对国有资产依法进行经营、管理和监督，并相应承担保值增值责任。中国石化集团公司控股的中国石油化工股份有限公司先后于 2000 年 10 月和 2001 年 8 月在境外境内发行 H 股和 A 股，并分别在香港、纽约、伦敦和上海上市。目前，中国石化股份公司总股本 867 亿股，中国石化集团公司持股占 75.84%，外资股占 19.35%，境内公众股占 4.81%。中国石化集团公司主营业务范围包括：实业投资及投资管理；石油、天然气的勘探、开采、储运（含管道运输）、销售和综合利用；石油炼制；汽油、煤油、柴油的批发；石油化工及其他化工产品的生产、销售、储存、运输；石油石化工程的勘探设计、施工、建筑安装；石油石化设备检修维修；机电设备制造；技术及信息、替代能源产品的研究、开发、应用、咨询服务；自营和代理各类商品和技术的进出口（国家限定公司经营或禁止进出口的商品和技术除外）。中石化在《财富》2011 年全球 500 强企业中排名第 5 位。①

2. 中石油公司简介

中国石油天然气集团公司（简称中国石油集团）是一家集油气勘探开发、炼油化工、油品销售、油气储运、石油贸易、工程技术服务和石油装备制造于一体的综合性能源公司。2011 年在世界 50 家大石油公司

---

① 《中国石油化工集团公司简介》，中石化公司官方网站（http://www.cnpc.com.cn/cn/gywm/）。

中排名第 5 位。业务领域涵盖：油气业务：勘探与生产、炼油与化工、销售、天然气与管道；工程技术服务：物探、钻井、测井、井下作业；石油工程建设：油气田地面工程、管道施工、炼化装置建设；石油装备制造：勘探设备、钻采装备、炼化设备、石油专用管、动力设备；金融服务：资金管理、金融保险；新能源开发：非常规油气资源、生物质能等可再生能源。从 2006 年开始一直处于全球 500 强企业中排名的前 7 名。① 2012 年中石油国内外油气产量达到 2.78 亿吨，同比增长 2.8%；加工原油 1.91 亿吨，增长 6.6%；销售成品油 1.63 亿吨、天然气 1012 亿立方米，分别增长 6.2% 和 17.8%。② 中石油未来一段时间的主要发展目标之一是保障能力和综合实力持续增强，公司国内外油气作业产量达到全国油气需求量的 60%，国内油气产量占全国总产量的 60%，海外油气作业产量占公司总产量的 60%③，显然是要变现在的半壁江山为 2/3 的江山。

3. 中海油公司简介

中国海洋石油总公司（简称"中国海油"、"总公司"或"集团"）是中央特大型国有企业，也是中国最大的海上油气生产商。公司成立于 1982 年，注册资本 949 亿元人民币，总部设在北京，现有 98750 名员工。自成立以来，中国海油保持了良好的发展态势，由一家单纯从事油气开采的上游公司，发展成为主业突出、产业链完整的综合型能源集团，形成了油气勘探开发、专业技术服务、炼化销售及化肥、天然气及发电、金融服务、新能源六大业务板块。特别是在 2013 年 2 月 26 日，中海油宣布以 151 亿美元完成对加拿大尼克森的收购，不但创下了中国公司海外收购之最，更使得自己的储量增加 30%，产量增加 20%，并能战略性进入海上油气富集盆地和新兴页岩气盆地，使资产组合更加多样化，同时巩固其在加拿大油砂、墨西哥湾和尼日利亚海上地区的现有

---

① 《中国石油天然气集团公司简介》，中石油公司官方网站（http://www.cnpc.com.cn/cn/gywm/）。

② 薛梅：《周吉平在集团公司工作会议上的工作报告》，2013 年 1 月 25 日，中国石油新闻中心（http://news.cnpc.com.cn/system/2013/01/25/001410425.shtml）。

③ 《中国石油集团 2013 年工作会议开幕》，2013 年 1 月 24 日，中国石油新闻中心（http://news.cnpc.com.cn/system/2013/01/24/001410186.shtml）。

地位①，也因此稳当地奠定了中海油在中外石油界的地位，与中石化、中石油共同对我国甚至世界的石油产业加以控制与垄断。

4. 对"三桶油"的评析

中石油、中石化、中海油作为中国能源产业的三大巨头，其身份是国有企业，其光辉的业绩是靠消耗中国的能源产业取得的，其资金来源是国家投资，靠着国有资产的收益和对中国采油业的垄断而获取利润，同时还能享受到国家的各项优惠补贴，这样一来，这三大石油巨头被人们形象地称为"三桶油"。仅 2011 年前三季度中石化、中石油这两大集团的净利润为 1600 亿元，相当于日赚 6 亿元。② 但同时又有一组数据说中石化、中石油这两大集团 2011 年前三季度炼油业务亏损分别为 415 亿元和 230.9 亿元，总计 646 亿元；而发改委公布的数据则显示，2011 年 1—8 月，炼油行业累计亏损 18.4 亿元，而 9 月，炼油行业利润则达约 4 亿元。而真实的情况是中石化、中石油"两桶油"通过低批发价给油站——油站获取巨额暴利——炼油出现巨额亏损的循环，目的就是强调炼油亏损，从而向发改委施压提高国内成品油油价③，而为提高炼化工艺水平，国家曾一度对中石油、中石化划拨了专项资金，用以升级炼厂装置。中石化、中石油两桶油这种装可怜的做法，不但换回了国家的补贴，而且以高昂价格转嫁给广大的消费者，挤兑民营油企的竞争。而中海油是海上石油的霸主，与中石油、中石化共同控制并垄断着中国乃至世界的石油产业。

（二）油品提升导致价格上涨

2012 年冬天，我国很多地区连续多天出现大范围的雾霾天气，严重影响了居民的正常生活。以北京雾霾的影响因素来看，机动车占 22.2%，燃煤占 16.7%，扬尘占 16.3%，工业占 15.7%。表面来看，机动车是导致雾霾的主要原因，但与汽车排放相关的油品关键指标包括

---

① 李若冰、徐宏：《中海油完成收购尼克森》，《中国海洋石油报》2013 年 2 月 27 日第 12 版。

② 尹一杰：《两桶油隐现利润转移链条谁赚了 633 亿》，2011 年 11 月 29 日，世纪经济报道（http://finance.qq.com/a/20111129/000383.htm）。

③ 王飞：《"两桶油"炼油业务亏 600 亿 哭穷意图是涨价》，《广州日报》2011 年 11 月 28 日（http://finance.qq.com/a/20111128/001272.htm）。

硫、锰、苯、铅、烯烃等，而最主要的是油品中的硫含量，它几乎决定了机动车排放的所有污染物水平，无论是 PM2.5、氮氧化物还是碳氢化合物、一氧化碳，都会随着硫含量的增加而增加。因此油品中的硫含量，是决定油品质量最为关键的因素。[①] 可见，油品质量问题再次成为舆论关注的焦点。由此针对治理空气污染 PM2.5 的呼声越来越高，而机动车排放是治理 PM2.5 的首要问题，油品升级也越来越受到关注。炼油企业是雾霾天气直接责任者之一，但这并非因油企质量不达标，而是中国标准不够，只有北京使用国 V 标准[②]汽柴油，上海、珠三角、江苏等地实施国 IV 标准油品，全国大部分地区的油品实施的仍是国 III 标准。以硫含量来看，国 V 标准硫含量要低于 10ppm，国 IV 标准要低于50ppm，国 III 标准要求低于 150ppm。而美国、欧洲实施的成品油排放标准硫含量分别是低于 30ppm、10ppm。我国早在 2011 年 5 月 12 日就实施了汽油的国 IV 标准，过渡期是到 2014 年 1 月 1 日。按照中石化日前发布的《绿色白皮书》，中石化计划分别于 2014 年和 2015 年起供应符合国 IV 标准的车用汽、柴油，其中 2013 年 1 月 1 日起，江苏沿江 7市（苏州、无锡、常州、镇江、扬州、台州、南通）率先将汽油标准升级至国IV汽油。此外，国家于 2013 年 4 月 1 日起，在海南全省封闭推行国 IV 汽柴油。2013 年 6 月底前，在浙江全省封闭施行国 IV 标准的汽柴油。另外，上海在 2013 年推行沪 V 标准汽柴油。[③] 因此，油品提升会导致成本提高，但提高油品会导致油价再次上调，三大油企升级国IV 汽柴油的成本投入保守估计在 500 亿—600 亿元，成本上涨约为0.12 元/升—0.15 元/升。上海在升级到国 IV 汽柴油时，油价涨了 0.35元/升；北京在油品升级至国 IV 标准时，油价上调了 0.19 元/升[④]，但

---

① 何芳、王曦：《国三油含量是欧洲的 15 倍，央企为利益拖油品的后腿》，2013 年 2 月 1日，腾讯网（http：//finance. qq. com/a/20130130/001597. htm）。

② 国 V 对氧化物排放加严 25%—28%，颗粒物排放加严 82%，并大幅削减了新车排放量，此标准与欧洲正在实施的"欧五"标准相当。

③ 《中石化承认对雾霾天气有责任　归因国标过低遭反驳》，2013 年 2 月 1 日，腾讯网（http：//news. 163. com/13/0201/07/8MK1STG300014JB5. html？from = tag）。

④ 《中石化计划 2014 年供应国IV汽油》，2013 年 2 月 1 日，腾讯网（http：//news. 163. com/13/0201/08/8MK759KI00014JB6. html？from = tag）。

在 2012 年升级使用国 V 标准汽柴油后，价格并未上调，所以，中石化依然在自己负担着这部分成本，油价上涨是迟早的事情。为什么我国制定的排放标准不高？追本溯源，最主要的原因还是符合标准的油品无法满足市场的需求，受制于此，标准也无法提高，同时，我国的油品质量升级换代是各方力量博弈的结果，所以，其过程必定会漫长又充满艰辛。2013 年 2 月 1 日，中石化"突然"宣布 2013 年年底前有 12 家下属企业的提高脱硫装置将全部建成投产，2014 年起全面供应国 IV 标准油品。当然，面对雾霾，国内大范围实施油品标准提升的难点在于价格，如果将油品升级的成本转嫁给市场，那么消费者则需要为成品油升级埋单，从而引发油价的大幅度上涨。油品升级之后，对应的销售价格上涨，消费者消费负担加大，一定程度上会抑制其消费积极性，且高价打压资本市场从业者的操作热情，市场投机性需求也相应减少。从众多因素考虑，国内成品油升级大业仍任重道远，需要各方利益的平衡。

（三）全球石油供应紧张导致油价上涨

国际能源署的预测显示，2013 年全球石油日均需求的预测提高 24 万桶至 9080 万桶，比上年多 1%。国际能源署警告称，全球石油供应情况比预想中糟糕，因为中国对能源的需求增加，且欧佩克产量下降。2012 年衡量美国国内石油（原油与成品油）需求的石油交货量比上年下降 2%，降至日均 1860 万桶。据石油协会的数据显示，2012 年的石油交货量是 1996 年以来的最低水平，其中衡量消费者汽油需求的汽油交货量下降 0.4%，降至日均 870 万桶，为 11 年来的最低水平；蒸馏燃料（柴油与取暖油）日均交货量为 370 万桶，比上年下降 4.0%。[①] 影响油价的因素主要有以下几方面：经济方面，美国暂时调高了债务上限，全球主要经济体数据改善，市场的忧虑情绪暂时得到缓解；供需方面，美国的原油和成品油库存仍然处于较高水平，欧佩克产量仍然维持在限额之上，全球石油供应相对宽松。此外，美联储利率决议维持宽松立场，利空美元；中东、北非局势仍然是一个不确定因素，随时可能左

① 魏书光：《国际能源署：全球石油供应将出现紧张》，《证券时报》2013 年 1 月 24 日（http：//news. hexun. com/2013-01-24/150508889. html）。

右油价的走向。① 中国56%—57%的原油来自进口，但进口原油质量却不高，其中约60%是中硫油，10%为高硫油，从而大大增加了炼油脱硫的难度。②

三　石油定价机制的完善建议

（一）形成新成品油定价机制

实施于2009年的成品油定价机制推动了国内油价与国际接轨，促进了我国炼油行业稳定发展。但涨多跌少、周期过长、反应滞后等问题也饱受质疑。新成品油定价机制改革的思路是缩短调价周期，更加灵敏地反映国际市场变化，增加定价透明度，关键是要保证我国能源安全和市场供应。③ 国际油价和国内通胀较低的时候，是新机制出台的良好时机。2013年3月26日，新的成品油定价机制即《石油价格管理办法（试行）》出台，我国完善后的成品油定价机制将调价周期缩短至10个工作日，取消上下4%的幅度限制④，应验了各方的猜测。但是，该机制还存在种种的不足。例如依据该机制"当调价幅度低于每吨50元时，不作调整，纳入下次调价时累加或冲抵。出现特殊情况时，可以暂停、延迟调价或缩小调价幅度"。所以，在2013年5月23日开启上一轮国内成品油调价时，由于对应的涨价金额每吨不足50元（相当于每升汽柴油价格调整不足5分），故而调价政策搁浅，未调金额纳入下次调价时累加或冲抵。2013年6月6日国内新一轮成品油调价时间窗口再次启动，但依然由于调价幅度小而迟迟未开启。⑤ 按照该新规，只要符合条件油价就应该调整，可是，又因为调价幅度小、调价频繁等因素，使得

---

① 汪珺：《国际油价重拾升势　成品油价节后或上调》，2013年2月5日，腾讯网（http://finance.qq.com/a/20130205/000669.htm? pgv_ ref = aio2012&ptlang = 2052）。

② 李跃群：《中石化高调宣布油品升级　70%成本需消费者埋单》，2013年2月4日，新浪网（http://finance.sina.com.cn/money/future/futuresnyzx/20130204/080814492604.shtml）。

③ 刘铮：《发展改革委：我国将择机推出新的成品油定价机制》，2012年3月28日，中央政府门户网站（http://www.gov.cn/jrzg/2012-03/28/content_ 2102000.htm）。

④ 《新油价定价机制出台　周期缩短取消4%幅度变化》，2013年3月26日，腾讯网（http://finance.qq.com/a/20130326/007058.htm）。

⑤ 刘雪：《成品油调价窗口将开启　油价有望小幅下调》，2013年6月5日，腾讯网（http://finance.qq.com/a/20130605/001342.htm? pgv_ ref = aio2012&ptlang = 2052）。

调价屡屡被搁浅。上次未调价的金额能否累加或折抵最终要看国家油价的走向，从而给人一种不被兑现或者拖延兑现的感觉，结果冲淡了新机制的灵敏性。

（二）我国油品定价机制的改革内容

1. 参考标准由"原油价格"变更为"油品价格"

目前我国内地的成品油调价机制参考的是辛塔、迪拜、布伦特三地原油价格，但有专家称，新定价机制应该更改参考油品，而不是原油。比如 WTI 原油，即为纽约市场的原油期货价格，它被很多投资者视为国际能源市场的基准价。我国挂靠之一的布伦特原油价格则远高于 WTI 的价格。[①]

2. 国家通过财政补贴把企业的一部分毛利让给消费者

从技术方面考虑，通过中外生产销售毛利率的对比，中外成品油炼油成本相差不多，生产、销售各环节的毛利差别是导致各国汽油价差的原因之一。综合来看，日本各个环节毛利水平最高，达到了每升 1.9 元；其次为中国，约为每升 1.2 元；韩国平均每升约为 1.1 元；美国最低，平均每升约为 1.0 元。[②] 所以，如果石油企业能让利，如果国家政府基于石油是公共产品对石油企业加以财政补贴的话，那么，这个毛利可以低油价让利给消费者，从而使得石油价格下调。

3. 降低油品税收

降低油品税收是影响油价的另一个因素，因为各国成品油相关税收差异很大。通过 2009—2011 年 6 月这段时间的世界各地油品税收的对比，可以看出我国的油品税收相对较高，中韩汽油价税差达到每升 3.4 元；中日税差为每升 2.6 元；中美汽油价税差为每升 1.2 元。其中美国不含税汽油价格较中国每升低 0.2 元。[③] 因此，中美汽油价差的 86% 源于税差。所以，我国的油品税收应当适当地降低，从而使得油价下调。

---

① 《我国油价被指重复计税：一升油多算了 1.7 元》，2013 年 3 月 4 日，腾讯网（http://finance.qq.com/a/20130304/001275.htm？pgv_ref=aio2012&ptlang=2052）。

② 同上。

③ 同上。

4. 油价调整比例与周期的变革

现在调价机制被人诟病的还有一个数学问题：上调时按的是低价向高价变动4%，比较容易实现。下调时是按高价向低价下降4%，比较难实现。比如100美元涨到104美元就触动了调价机制。而104美元降到100美元就无法触动调价机制，因为只下降了3.8%，不到4%。这样的机制在长期震荡的市场上也会导致价格不断走高。① 取消涨跌4%的调价界限，调价周期硬性规定为10个工作日，② 油价调整机制会变得更加灵敏。

5. 改革重复计税的问题

依据我国现行的税收体制和税收种类，石油作为商品应该缴纳增值税，同时汽车又是高档消费品，应该缴纳消费税，如果是进口的，还要缴纳关税。这样附着在石油上的税收至少有两种，从而导致石油产品被重复征税。羊毛出在羊身上，最后这些税收都会转嫁给消费者，从而导致油价上涨。据报道在我国一升成品油需缴纳大约一元消费税，而在累加了消费税金额后，总额再乘以17%，是为增值税。如果后一个税种在征收时扣缴了前一个税所缴纳的金额，这样算下来，在我国一升油就可以节约1.7元③，这1.7元就不会再被消费者负担，从而油价也会降下来。

（三）改革能源管理部门

从十八大闭幕后，新一届中央政治局常委会决定启动国务院机构改革和职能转变方案，旨在推动国务院的职能转变。大部制改革涉及能源方面的是将电监会并入了能源局。既然能源是国民经济发展的血液，所以，成立能源部的呼声越来越高。上一轮改革最终设置了高层次的国家能源委员会，办事机构设在能源局，属于国家发展与改革委员会的一个国家局。同时，考虑到中国能源企业往往不是单纯企业，有的还有制定

---

① 《我国油价被指重复计税：一升油多算了1.7元》，2013年3月4日，腾讯网（http：//finance. qq. com/a/20130304/001275. htm？pgv_ ref = aio2012&ptlang = 2052）。

② 《条件逐渐成熟　新成品油定价机制今年将会推出》，2013年1月6日，燃料油网（http：//www. rlyou. com/rly/22343. html）。

③ 《我国油价被指重复计税：一升油多算了1.7元》，2013年3月4日，腾讯网（http：//finance. qq. com/a/20130304/001275. htm？pgv_ ref = aio2012&ptlang = 2052）。

政策的职能，如果再单设一个能源部，面对像中石油公司这样实力很强的能源企业，能否领导好，很难定论。因为国家发展和改革委员会在部委中比较强势，或许协调能力更强，而作为正部级的国家发展和改革委员会管理的国家能源局也只能是副部级部门。所以，最终能源部没有独立出去。成立能源部的想法虽然因为主客观的原因未能实现，但并不能排除其变成现实的可能性。

（四）打破两桶油的垄断

取消对炼油企业的财政补贴，采取市场化定价的方法。国家给中石油、中石化两桶油的补贴固然有原因，就是两企业有历史包袱，有退休人员以及冗员的负担，但这也不是解决问题的手段，因为无止境的补贴，不仅不利于国家财政，更不利于企业长期发展，而且导致价格信号紊乱。中国的汽油零售价高于发达国家，这是在扣除相关税费之后的净利润，国家难免负担过多。同时为了打破两大巨头垄断，可适当放开，允许一些资质合格的地方企业和民营企业进入石油勘探、提炼和销售领域。一个细分市场上，拥有多家不同背景的企业，可以提高市场效率。① 所以，我国石油业的垄断必须被打破。引入竞争，是打破垄断的最好办法。应该把石油作为一种公共产品，强调其服务社会功能的同时，也努力发挥其他能源尤其是可再生能源的填补和替代作用。

（五）控制能源消费总量

国际油价是影响我国油价的一个重要因素。由于能源和民生密切相关，涉及利益群体复杂，改革的推进存在较大难度，但是再艰难也要继续改革。2010 年我国一次能源消费总量为 32.5 亿吨标准煤，要实现2015 年 40 亿吨标准煤的目标，未来 5 年能源消费年均增长率应控制在4.3% 左右。② 要把总量控制目标科学分解到各地区，地方各级政府对本行政区域的控制能源消费总量工作负总责。国家应根据不同地区经济总量和经济发展情况，合理、针对性地制定能源消费控制指标，充分发

---

① 《"两桶油"巨亏 645 亿是"冷笑话"?》，《经济参考报》2011 年 11 月 28 日（ht-tp：//finance. qq. com/a/20111128/000273. htm）。

② 《解读国务院常务会议控制能源消费总量措施》，2013 年 1 月 24 日，中国石油新闻中心（http：//news. cnpc. com. cn/system/2013/02/01/001411717. shtml）。

挥市场机制作用，加强科技创新；完善水电、核电及可再生能源电价定价机制，理顺天然气与可替代能源比价关系和煤电价格关系，以完善差别电价和惩罚性电价政策。理顺能源价格机制，关键是要把能源比价调整好。如天然气和石油的比价、煤炭的比价，天然气发电和煤炭发电的成本和价格比较等，要不断深化改革，探索市场机制。

第十章

农产品价格宏观调控法律问题研究

第一节　农产品价格宏观调控理论研究

广义的农产品是指农业部门所生产出的产品，即包括农、林、牧、副、渔所生产的产品。而狭义的农产品仅指粮食。本书所称的农产品是广义的概念。

近几年来，农产品的价格波动风波不断。"豆你玩"①、"蒜你狠"②、"猪你涨"③、"姜一军"④、"算根葱"⑤，这些名词在我们的记忆中都留下了深深的印记。同时，奶制品、食用油等食品的安全问题更是存在极大的隐患。与每个人的生活息息相关的菜篮子、米袋子工程应该常抓不懈。

正是因为农产品不仅关系农业和农民切身利益，更关系着每一个人的基本生活，因此，农产品应作为特殊产品来看待。在我国，重要农产

---

① "豆你玩"是继大蒜价格突飞猛涨超过猪肉之后，市场上黑豆价格离奇攀升，一度超过肉价。往年2元到3元都卖不出去的黑豆，如今俨然成为菜市场上的新晋明星，最高价达到9元多一斤。国内的网民们给难以控制的五谷杂粮价格取了一个特殊的名字，绿豆、红豆、黑豆涨价被戏称为"豆你玩"。

② "蒜你狠"曾经是中国流行的一句时髦用语，这是源于大陆大蒜疯涨超过100倍，甚至比肉、鸡蛋还贵。

③ 根据全国农副产品和农资价格行情系统监测，2007年7月26日，猪肉价格继续回升；蔬菜、禽蛋、水果、奶类价格以涨为主；食用油价格以降为主；牛羊肉、水产品、食用油、成品粮价格微幅波动。

④ 继"蒜你狠"、"逗你玩"和"猪你涨"这"涨三疯"之后，全国生姜开始涨价，形成涨价"四天王"。2010年7月，根据中国多个省市的信息数据反映，继大蒜、绿豆价格持续上涨后，生姜价格也出现上涨。"姜一军"寓意有"将一军"的意思，此现象已经严重扰乱了市场秩序。

⑤ 2012年大葱的价格也开始疯长，被人们戏称为"算根葱"。

品的价格由国家实行政府定价或指导价。如何更好地作好农产品的价格宏观调控，成为关系国民经济基础和政治安定大局的重要问题。本书正是从这一高度入手来构建我国农产品价格宏观调控体系，以期对我国"三农"问题的解决和农民社会权益的保障有所裨益。

一　农产品价格宏观调控的战略必要性

农业在整个国民经济中的基础地位，决定了农产品的重要地位。这一点，早在马克思主义的经典著作中做了充分的肯定。马克思和恩格斯曾经指出："人们为了能够'创造历史'，必须能够生活。但是为了生活首先需要衣、食、住以及其他东西，因此第一个历史活动就是生产满足这些需要的资料，即生产物质生活本身。"[1] 在这里，他们指出确定人类生存的第一个前提，也是一切历史的第一个前提就是吃饭问题。人类的第一个历史活动就是生产生活资料的农业生产，这是人们从事其他经济活动的前提条件。事实证明，人类的每一个历史形态都是以农业为基础的，没有农业为人们提供衣食的保证，也就无从谈及社会的发展和进步。农业在人类社会中的基础地位主要体现在：农业为人们的生活生存提供了衣食之源；农业为工业提供了主要原料；农业还为工业和其他部门的发展提供了大量的剩余劳动力，也为发展工业和其他部门积累了大量的资本。正是因为农业的重要作用决定了农业部门的产品即农产品的重要地位，因而，做好农产品的价格宏观调控是关系国民经济发展大局的关键。

就我国的政治形势而言，作为一个农业大国，农业、农村、农民问题已经成为关系到中国经济改革和政治改革成败大局的问题。在世界竞争中，我国的农产品的价格普遍高于国际市场价格，从而导致了我国农产品在市场竞争中丧失优势。农业基础比较薄弱，大力发展现代农业的难度比较大，用不到 9% 的耕地养活世界 20% 的人口，而且还要建成全面小康社会，压力很大；自我供给不足，必需依靠进口，但是最近国外转基因农产品在我国进行的试验令人毛骨悚然。如何能保护国人餐桌的

---

[1] 《马克思恩格斯选集》第 1 卷，人民出版社 1972 年版，第 32 页。

安全同时并能在国际市场上充满竞争力，是当前我国农业发展的方向。

正是因为农业在整个国民经济中的基础地位，农民增产增收和保证国人食品安全的需要，我国农产品价格改革提到了战略的高度，政府构建合理有效的农产品价格宏观调控体系成为解决这些问题的有效途径。

二　我国农产品价格市场的不足

与自然垄断行业产品和公共产品不同，农产品是以其基础地位来决定其在价格体系中的重要地位的。目前我国农产品的价格主要是由市场形成的。国家只对少数关系国计民生和国民经济发展大局的重要农产品实行政府定价或政府指导价。既然市场是形成农产品价格的主要因素，"解铃还须系铃人"，农产品价格调控还需从市场本身谈起。

马克思在分析资本主义社会农产品市场价格的形成时指出："最坏土地的生产价格，总是起调节作用的市场价格。"[①] 也就说，农产品的市场价值的决定与工业品的市场价值决定具有不同的特点，农产品的市场价值不是由平均的或是中等的生产条件的劳动决定的，而是由劣等地的劳动[②]决定的，同样，在社会主义的我国，农产品的价格也是由劣等地的劳动决定的。当然，劣等地是相对而言的，随着科技的发展，农业投入的加大，劣等地的肥力也会改变，成为优等地或中等地。

同时，农业和农产品的生产和供给必须依附于气候等自然条件并受其制约。农业生产的变化在很大程度上还受着国家某一时期经济政策的影响。政策的失误会导致农产品供给降低，反之，政策的适宜会促进农产品供给的发展。此外，农业和农产品也受到农业科学技术的影响，农业技术的提高无疑会促进农产品的丰收和产量的增加，从而提高农业和农产品的经济效益。正是因为这些因素的影响，导致了我国农产品市场存在如下的问题。

---

① 毛志鸣、王丽丽：《农产品价格改革问题及对策思考》，《价格理论与实践》2002年第2期。

② 所谓劣等地的劳动，是指农业劳动者在劣等土地上生产某种农产品时，平均花费在单位产品中的劳动量。参见甲克诚《中国社会主义价格问题》，光明日报出版社1988年版，第153页。

（一）农产品市场缺乏竞争，定价机制不科学

农产品的生产看似平淡无奇、节奏缓慢，其实这种平静的外表下所掩盖的是产业内部的激烈竞争。虽然改革开放以来，我国农业取得了巨大的进展，农产品买方市场已基本形成，但由于小农生产的孤立性、分散性和众多性，使得产业结构趋同，这无疑会加剧农产品内部的竞争，使得价格低估，市场价格受压制。又由于农产品市场结构的不合理，使农产品的生产者和消费者之间的流通环节过长，从而肥了中间环节的经营者，损了生产者，坑了消费者，导致生产者丧失积极性、消费者不愿购买的现象。市场信息分布的不对称也是一个诱因。完备的市场信息及其在卖者和买者之间的对称分布是市场定价机制高效率运行的一个基本前提条件。①网络和手机的普及，信息交流加速，但是有多少农民会利用网站去宣传自身产品，通过开设网店，扩大销售呢？可见，大多数农产品依然需要依靠现实的市场交易。

（二）土地流失严重，农业生产结构不合理

近年来，随着农村城镇化发展的加速，农村的很多良田及耕种的土地被征用、征收，虽然部分农民得到了拆迁补偿，并住上了楼房，但是也失去了曾经依赖的土地，不得不进城务工。作为农业大国，农业的生产无疑会受到我国地理和气候的影响。山区和气候干燥的地区永远无法同盆地和湿润的地区相比。地理条件的好坏决定着农产品产量的高低，如果整齐划一，不考虑地区和具体条件的差异也难取得农产品的丰收和促进农业的发展。同时，长期以来我国的农业也受着气候条件的影响，农民基本形成了靠天吃饭的心理，天旱收入自然会减少，天涝又会被淹，遇到冰雹等恶劣天气甚至颗粒无收。因而自然条件使农民形成了消极心理，无心去考虑生产结构的合理与否。

（三）人才投入少，农业科技含量不高

科学技术的进步，虽然促进了农业的发展，尤其是各种农业机械的使用，使农民基本摆脱了纯体力的耕作，但是，困扰农民的仍然是农业科学技术问题。农民自身素质的低下也使农业科学技术不能被很好领悟

---

① 马克思：《资本论》第3卷，商务印书馆1972年版，第724页。

和掌握，从而不能真正发挥其应有的作用。因而，农产品的生产仍然处于粗放型阶段，农业投入高，产出少，消耗大，技术含量不高。

（四）功利心太重，社会责任心缺失

之所以会出现地沟油、劣质奶粉等事件，关键是这些食品的源头质量不好，这就关乎产品的质量问题，所以，只有从源头上抓食品和农产品的原材料安全问题，才能更好地解决食品安全问题。功利心使然，只注重短期利益，却忽视了有毒有害食品对人身体的伤害及带来的严重后果。功利心强，社会责任心弱，双眼被利益蒙蔽，法律意识就会淡薄，结果各种图财害命的食品也就出来了。同时，随着耕地的大量减少，必然也会影响农业生产的质量。所以，各种添加剂，不管是能不能添加的，允不允许的，化工的还是食品的，都有人敢添加到食品中，这正是功利心使然的缘故。

三 对农产品价格宏观调控完善的构想

虽然"三农"问题在我国已经有了很大的改观与提高，但农村与城市相比，依然处于落后状态。尤其是在城镇化的建设中，如何缩小城乡差距，保持耕地不减少和保障农民收入，是我国农村改革的关键。

政府干预的目的是弥补农产品市场定价机制的缺陷，矫正市场机制的定价行为，并使之更好地发挥应有的作用。但是必须明确，政府干预并不意味着要用政府定价去取代市场定价，也即剩余农产品的价格是由市场来形成。为巩固和加强农业基础地位，应从以下几个方面来构建农产品价格宏观调控体系：

（一）深化农村综合改革

目前，我国在保证联产承包责任制的基础上，全面推进农村集体土地确权颁证工作，开展农村土地承包经营权登记试点。

1. 继续稳定联产承包责任制，保护耕地的数量

据国家统计局的数据，我国耕地面积 1957 年达到高峰，其后经历了一次大幅度的减少；第二次大的滑坡发生在 1965—1977 年；第三次耕地面积减少集中在 1980—1988 年；第四次耕地面积缩小始于 1992年。"十五"期间，全国耕地面积净减少 9240 万亩，年均减少 1848 万

亩，人均耕地面积减少 15 ％。1996—2005 年，全国耕地面积从 19.51 亿亩减少到 18.31 亿亩。我国人均耕地已从新中国成立初期的 2.5 亩减少到 1.4 亩，仅为世界人均耕地的 1/3。全国已有 1/3 的省市人均耕地不足 1 亩，666 个县（区）人均耕地低于联合国粮农组织确定的 0.8 亩警戒线。2008 年 10 月 19 日新华社播发的《中共中央关于推进农村改革发展若干重大问题的决定》指出：赋予农民更加充分而有保障的土地承包经营权，现有土地承包关系保持稳定并长久不变。2008 年 10 月 23 日国务院发布的《全国土地利用总体规划纲要（2006—2020 年）》提出规划期内全国耕地保有量 2010 年和 2020 年分别保持在 18.18 亿亩和 18.05 亿亩。①《物权法》的颁布实施，使得农民对土地的使用权和承包权更加巩固。农业税的减免是最大的改革决策之一，农民的种粮积极性大大提高，不但可以活跃农产品市场，还能获得国家的补贴，享受到国家的优惠政策。

2. 实行农村土地确权登记颁证工作

健全农村土地承包经营权登记制度，强化对农村耕地、林地等各类土地承包经营权的物权保护。我国计划用 5 年时间基本完成农村土地承包经营权确权登记颁证工作，妥善解决农户承包地块面积不准、边界不清等问题。加快包括农村宅基地在内的农村集体土地所有权和建设用地使用权地籍调查，尽快完成确权登记颁证工作。深化集体林权制度改革，提高林权证发证率和到户率。推进国有林场改革试点，探索国有林区改革。加快推进牧区草原承包工作，启动牧区草原承包经营权确权登记颁证试点。农村土地确权登记颁证工作经费纳入地方财政预算，由中央财政予以补助。同时各省市也在加紧确权登记的各项工作，以配合完成各项目标。

3. 严厉打击破坏和违法占用耕地的一切行为

我国占用耕地的现象极其严重。中国固定资产投资拉动的土地资源的消耗量是美国的 2 倍，德国的 6 倍，日本、英国和韩国的几十倍。根

---

① 李长久、刘丽：《全球耕地减少：人类与地球共生的困惑》，2010 年 7 月 8 日，新华网（http：//finance.qq.com/a/20100708/002581.htm）。

据《2008 年国土资源公报》，2008 年底，居民点及独立工矿用地占 4.04 亿亩，交通用地占 0.37 亿亩，水利设施用地占 0.55 亿亩。当前发达国家人均城市建设用地约 82.4 平方米，发展中国家人均为 83.3 平方米，2008 年末中国城乡人均建设用地 249 平方米，居世界前列。①

很多国家都依法严肃处理破坏和浪费农地资源的行为，有效保护农业资源。美国在 19 世纪林肯时期通过《宅基地法》，20 世纪 30 年代大危机时期通过《农业调整法》，1946 年通过《农业市场法》和 1996 年通过的《农业法》，核心是控制土地利用密度和容积、控制城市规模和保护农地。为了实现农业可持续发展，1999 年加拿大将农业用地和林地保护两个委员会合并为一个土地保护委员会，从联邦政府、省政府到农场和农民，协力妥善处理土地开发和保护的关系，形成具有独特完整的土地利用规划体系，通过一系列强制措施控制土地用途变更，实行严格的土地用途管理制度。美国和加拿大两国土地用途管理制度的特点是：社会公共利益是土地利用的最高原则；土地未经规划不得开发；土地利用规划具有法律效力；对农地实行特殊保护。美国、加拿大土地用途管理制度对我国的启示是：土地用途管制制度应成为我国土地管理的核心；土地利用规划是土地用途管制的基本依据；在制定土地利用规划过程中应该提高公众参与的程度；实施土地用途管制要有完善的法律保障体系；建立与土地用途管制相适应的土地管理体制。

为打击耕地破坏行为，我国应做好以下工作：（1）制定《严惩破坏农地法》，对破坏农地和违规建筑，不能罚点钱就不了了之，形成不良示范；（2）深化国土资源管理体制改革，进一步强化国土资源部对各省国土资源厅的业务领导，加强监管，县城以上城区大规模改造或搬迁以及相似大规模占用农地工程项目，需由国土资源部、建设部等相关部门共同周密论证后严格审批；（3）强化问责制和反腐力度，对重大破坏农地和违规建筑案件，要追究有关主管者的责任，严重失职者要严肃处理。

---

① 李长久、刘丽：《全球耕地减少：人类与地球共生的困惑》，2010 年 7 月 8 日，新华网（http://finance.qq.com/a/20100708/002581.htm）。

（二）引进竞争，完善定价机制

农产品价格的形成还主要依赖市场机制。因而，引入充分的竞争，克服市场机制的缺陷，理顺农产品市场的流通渠道，缩小中间流通环节，提供给生产者和消费者的信息对称是解决的办法。农产品价格是在市场中形成的，因而保证市场竞争的充分性是形成合理价格的关键。因而政府首先应该保证市场竞争的有序性，改革农产品的流通体制，保证农业生产者尤其是农民作为"原料"输出者的利益。通过遏制中间商的不正当竞争行为，保护消费者的利益。同时，政府也应通过通信、网络等各种渠道，完善农产品市场信息服务网络系统，制定行之有效的调控政策，并及时传达给农业生产者和消费者。同时，也应集思广益，多到农民中去体验生活，真正了解百姓的疾苦，并努力减轻农民负担，或提供宽松的政策，以刺激农民生产的积极性。政府还要从宏观的角度出发，及时协调各地区之间的差异，因地制宜、因时制宜地采取不同的政策以向农民倾斜。只有针对地区特色，发挥地区之长，对症下药，才能真正有成效。例如在平地发展种植业，在山区发展养殖业等。

完善农产品市场调控。充分发挥价格对农业生产和农民增收的激励作用，按照生产成本加合理利润的原则，继续提高小麦、稻谷最低收购价，适时启动玉米、大豆、油菜籽、棉花、食糖等农产品临时收储。优化粮食等大宗农产品储备品种结构和区域布局，完善粮、棉、油、糖进口转储制度。健全重要农产品市场监测预警机制，认真执行生猪市场价格调控预案，改善鲜活农产品调控办法。完善农产品进出口税收调控政策，加强进口关税配额管理，健全大宗品种进口报告制度，强化敏感品种进口监测。推动进口来源多元化，规范进出口秩序，打击走私行为。加强和完善农产品信息统计发布制度，建立市场调控效果评估制度。扩大农资产品储备品种。

（三）抑制土地流失，调整生产结构

农民被上楼的事件是农村土地流失的标志之一。我国的农民有两种，一是扛着锄头住楼；二是游走在城市的大街上而无安身之地。前者与农业生产不相适应，也带来诸多的不便，比如无法养鸡、养猪以自给，后者是进程的农民工，想融入到城市的生活中，却又因为种种条件而被隔离在城市之外。农产品的生产以土地为依托,农民失地,就像孩子失去娘,所以,国家应减少工业用地和建设用地的审批,尽可能地保护他们的命根子。因此,1.8 亿亩的耕地红线永远不能破。我国农业生产结构调整的方向应该是:从追求数量转向追求品种、质量,发展畜牧、乳品加工等优势产品,把不同地区的资源、区域和市场优势发挥出来。同时,大力发展非农产业,重点进行小城镇建设,加速农村劳动力向乡镇企业和小城镇转移,加快土地流转,尽快发挥出规模效应。同时,在调整农业生产结构中,要根据自身的比较优势,科学合理地配置资源,发展有竞争力的行业和产业,根据市场需求变化随时调整生产结构,而且结构调整要适应我国入世和对外开放的形势,要有一定规模和档次,根据我国人力资源优势,大力发展劳动和技术密集型农产品生产,减少资源密集型产品生产。①

(四)发展新型农业合作,提供经营水平

大力支持发展多种形式的新型农民合作组织。农民合作社是带动农户进入市场的基本主体,是发展农村集体经济的新型实体,是创新农村社会管理的有效载体。但传统的农业合作将土地分割成多个小块,不便于开展大面积的种植。比如"公司+若干家庭农场"的合作发展模式,整合当地农民的土地,规模种植,不但可以解决进城务工而被荒芜的土地,更主要的是可以向农民提供有机肥、种子、机械和技术的扶持,改变传统农业靠天吃饭的现状,使得农业的产量大大提高。努力提高农户集约经营水平,按照规模化、专业化、标准化发展要求,引导农户采用先进适用技术和现代生产要素,加快转变农业生产经营方式。创造良好的政策和法律环境,采取奖励补助等多种办法,扶持联户经营、专业大户、家庭农场。

(五)加大投入,提高科技含量

科学技术是第一生产力,我国农业落后状况的改变,同样离不开科学技术的支持。政府应提倡知识密集型和技术密集型农产品,提高农产

---

① 孟庆波:《入世后如何进一步提高农产品竞争力》,《价格理论与实践》2003 年第 5 期。

品的科技含量，加大对良种繁育、动植物疫病防控、基层农技推广的支持力度；政府应加大投入，多为农民提供学习机会。同时，多培养专业的农业科技人才，把先进的科学技术及时传送到农民身边，定期为农民做讲座，长期为农民提供科技指导和帮助；并引导有条件的农民上互联网，以及时了解国内外的最新动态；吸收有知识的大学生或研究生回农村工作；大力培育新型农民和农村实用人才，着力加强农业职业教育和职业培训。充分利用各类培训资源，加大专业大户、家庭农场经营者培训力度，提高他们的生产技能和经营管理水平。制订专门计划，对符合条件的中高等学校毕业生、退役军人、返乡农民工务农创业给予补助和贷款支持。

（六）加强农村水电路气等基础设施建设

想要富先修路，这是不变的真理。基础设施的建设，是农村发达的硬件条件。"十二五"期间基本解决农村饮水安全问题；持续支持农村水电供电区电网改造和农村水电增效扩容改造，农村电网升级改造要注重改善农村居民用电和农业生产经营供电设施两不误原则；推进西部地区、连片特困地区乡镇、建制村通沥青（水泥）路建设和东中部地区县乡公路改造、连通工程建设，加大农村公路桥梁、安保工程建设和渡口改造力度，继续推进农村乡镇客运站网建设。加快宽带网络等农村信息基础设施建设；促进农村沼气可持续发展，优化项目结构，创新管理方式，鼓励新技术研发应用；加大力度推进农村危房改造和国有林区（场）棚户区、国有垦区危房改造，加快实施游牧民定居工程和以船为家渔民上岸安居工程。[①]

总之，鉴于农产品的基础性地位，我国政府应加大对其调控力度，寻找出适合、恰当、高效的调控体系，从而促进农业的进步、农村的发展和农民的富裕。只有农业发达了，农民富裕了，我们的社会主义现代化建设的目标才能最终得以实现。

---

① 《中共中央国务院关于加快发展现代农业进一步增强农村发展活力的若干意见》（2013年中央1号文件），2013年2月1日，中国农业科学院网（http：//www.caas.net.cn/caasnew/nykjxx/nyxz/70397.shtml）。

第二节　农产品价格宏观调控实证分析
——转基因农产品的价格宏观调控法律研究

一　转基因农产品的发展情况简介

通过生物技术，科学家可以把某个基因从生物中分离出来，然后植入另一种生物体内。例如，北极鱼体内的某个基因有防冻作用，科学家将它抽出，植入西红柿里，于是就制造出新品种的耐寒西红柿。像这样含有转基因成分的农产品就是转基因农产品。

转基因农产品的安全问题备受置疑。普遍认为，转基因食品非天然，会对健康和环境造成破坏。为了克服公众疑虑，为研究转基因技术的生物安全性，欧盟已经投入3亿欧元。在超过25年的时间里，有500多个独立研究小组的多个研究项目得出结论：转基因技术并不比常规育种技术风险更大。尽管如此，类似的消息总是能挑动公众对食品安全脆弱的信心，对"非天然"粮食作物的恐惧依然坚挺。美国是转基因技术研发的大国，也是转基因食品生产和应用的大国。美国转基因大豆、玉米和棉花平均种植比例占该作物种植比例为90%以上。据不完全统计，美国国内生产和销售的转基因大豆、玉米、油菜、番茄和番木瓜等植物来源的转基因食品超过3000个种类和品牌，加上凝乳酶等转基因微生物来源的食品，美国市场销售的含转基因成分的食品则超过5000种。许多品牌的色拉油、面包、饼干、薯片、蛋糕、巧克力、番茄酱、鲜食番木瓜、酸奶、奶酪等或多或少都含有转基因成分，可见，美国是吃转基因食品种类最多、时间最长的国家，美国公民对转基因食品习以为常，并不是传言所说美国人自己不吃转基因农产品。[①] 更有甚者说，转基因农产品是强国入侵弱国的政治阴谋，究其原因还是对转基因缺乏了解的缘故。其实转基因只是一种农业技术，通过基因的组合，使得农

---

① 《美国加州"全民公投"转基因食品标识　53%反对》，2013年7月3日，人民网（http：//khnews.zjol.com.cn/khnews/system/2013/07/09/016631358.shtml）。

产品抗病性等能力增强，产量提高。

十多年前，许多欧洲公司也担心销售转基因食品会导致消费者不再购买他们的产品，于是要求供应商必须提供非转基因产品。为了生产非转基因食用油，很多公司想到的办法是用菜籽、葵花子代替大豆生产食用油，结果这两类产品的采购被逐步推高，导致很多公司面临成本压力，于是个别公司开始尝试用转基因大豆生产食用油，结果发现85%以上的消费者只对销售价格感兴趣，可见，是不是转基因农产品并不能影响消费者购买行为。以营利为目的的公司自然会抓住商机，于是以转基因为为原料的农产品被推广开来。根据国际谷物协会对大豆和玉米的统计，2011年到2012年年度，全球大豆贸易量为9360万吨，其中来自美国、巴西、阿根廷和巴拉圭出口的转基因大豆为8600万吨，占91%，我国2010年进口5740万吨转基因大豆。全球的玉米贸易量，2011年和2012年是9690万吨，其中美国、阿根廷、巴西和南非出口的转基因玉米为6570万吨，占67%，我国进口530万吨。[①]

二　价格是消费者购买转基因农产品的决定因素

据中国科学院农业政策研究中心的一项调查显示，完全接受或比较接受转基因农产品的消费者占比为53%，比较反对和强烈反对转基因农产品的占16%，持中立态度的占27%。欧盟的类似调查也显示出类似的结果，但具体到消费行为时，消费者会表现出与调查截然不同的选择，基本是价格在起作用。可见，中国和欧盟的调查数据显示，真正决定消费者是否购买转基因食品的因素是价格。[②]

目前，我国各大城市市场上的豆油及大豆色拉油中，转基因农产品占多数。除了豆油外，不少菜籽油也是"转基因"产品，其配料表里明确标出"加工原料为转基因菜籽"。此外，配料中有大豆油和菜籽油的调和油大多数使用的也是"转基因"大豆和菜籽，但这些产品的

---

① 张旭：《中国进口大豆背后：转基因大豆榨油起七成份额》，2013年6月21日，搜狐网（http://business. sohu. lom/20130621/n379428291. shtml）。

② 陈冉：《价格是转基因产品消费的决定因素》，2011年7月19日，和讯网（http://news. hexun. com/2011-07-19/131560341. html）。

"转基因"字样并不明显。与转基因农产品的"低调"不同，非转基因农产品基本将"非转基因"作为卖点。多个食用油品牌均推出了非转基因的大豆油、调和油等产品，"非转基因"4个字常常被标注在外包装醒目处。但是二者相比，谁卖得好呢？"转基因"与"非转基因"产品相比，价格便宜近一半，且打折促销的基本都是转基因，价格更低。由此可见，对于大多数消费者来说，价格依然是其选择食用油时的主要参考依据。①

可见，对于消费者而言，真正影响消费者购买的是食用油的颜色、品牌和价格，而其中最重要的因素就是价格，这被中国科学院农业政策研究中心此前所作的一项调查所证实。

三　转基因农产品价格宏观调控的完善建议

（一）加快转基因农产品的立法

对转基因立法，各部门都表现出浓厚兴趣。自2001年国务院颁布《农业转基因生物安全管理条例》后，农业部和质检总局陆续发布了五个配套规章，属于国务院和部门的法规；科技部也在为启动转基因生物安全立法做前期准备工作；环保部曾准备着手进行转基因生物安全法的制定，目前尚无明显进展；商务部则建议结合《粮食法》起草加强对转基因立法的研究。农业部的观点则是，现有的法规能够确保转基因食品安全，不用再出台新的法规。可见，对转基因的有关法规是相关部门从自身管理角度制定的，并没有一部从转基因生物安全角度出发的立法。②

2007年我国制定了《农业转基因生物标签的标识》，规定了转基因农产品标识文字的大小以及标注的方法，最核心的要求是转基因标识标注的文字不得小于标签上其他强制性标识的文字，用显著标志来提醒人们注意选择。

2010年"中央一号"文件提出，"在科学评估、依法管理基础上，

---

① 黄超：《百姓买食用油看重价格　"转基因"并未成消费障碍》，2013年7月3日，慧聪食品工业网（http://info.food.hc360.com/2013/07/031519729555.shtml）。

② 《传我国微调转基因政策：限制进口尝试规模化生产》，2013年9月9日，《财经》2013年第26期。

推进转基因新品种产业化。"国务院建立了农业转基因生物安全管理部际联席会议制度，原则上每年举行一次，农业部部长为召集人，各部委指定一名副部级领导出席会议。

2011 年，发改委和商务部联合提出，禁止外商投资转基因生物研发和转基因农作物种子生产。此外，中国《种子法》规定，外资企业不能在中国独立运作，必须和中国企业组成合资公司，而且也不能控股，最多只能占 49% 的股份。这是政府在一个良性的育种系统没有理顺时采取的"保护措施"，以为种业争取一定的时间和空间。为保护知识产权，国际上成立有植物新品种保护联盟，分别在 1978 年和 1991 年通过了两个公约，中国加入了老版本的公约。主要农作物种质创新国家重点实验室研究员吴锁伟分析，"新版本公约对知识产权的保护措施更加严格，中国暂时不加入，以给中国企业留一个缓冲期"。

2012 年 2 月，国家发改委和粮食局在牵头起草《粮食法（征求意见稿）》中明确提及任何单位和个人不得擅自在主要粮食品种上应用转基因技术。业内将其解读为对转基因粮食作物的"禁令"。但到目前为止，还没有一部统一的法规出台，因此，本书呼吁加强立法。

（二）加强对转基因农产品的监管

迄今没有一例由转基因引起的食用安全事件被证实。因此，不论是在中国，还是在世界范围内，公众对转基因农产品安全的疑虑，对转基因作物的审批和推广都形成了很大压力。

对于转基因产品，世界上存在两大截然不同的阵营：美国、加拿大、阿根廷等国组成的"迈阿密集团"，生产和出口转基因产品，支持转基因生物和产品越境转移；欧盟和部分富裕亚洲国家，以保护消费者和生态环境为由，提出"谨慎原则"和"身份标识"管理制度。美国如何监管转基因商业化？美国政府对转基因技术商业化的审批极为严格，在转基因种子投放市场前，有严格的评审过程，由多个部门负责评审，整个过程历时 5 至 10 年，乃至更长时间，种子公司需要支付 1000 万至 3000 万美元的巨额评审费。① 负责农业生物技术评审的美国政府机

---

① 《美国如何监管调转基因商品化》，《人民日报》2012 年 12 月 19 日 A10 版。

构主要包括美国农业部下属的动植物卫生检疫局、环境保护署，以及食品与药品管理局，每个部门侧重不同的方面。动植物卫生检疫局检验一个转基因品种是否会对农业或环境构成重大风险；环境保护署规范农药的使用；食品与药品管理局要确保经过生物工程改造的植物新品种所制成的食物可以安全食用。可见，即便是在美国国家内部，对待转基因农产品也是慎之又慎的。而我国不属于两大阵营中的任何一种，但是，我国执行的转基因产品进口政策几乎堪称"全球最严"，依据2001年国务院颁布的《农业转基因生物安全管理条例》，中国对转基因农产品的进口实施审批制，且进口到中国的转基因农产品只能用作加工原料，或饲料加工。迄今，中国陆续批准了20余种转基因玉米和转基因大豆的进口，但全部只作为加工原料，不能食用。而欧盟批准了30余种转基因玉米、大豆，以及几种甜菜、油菜和土豆上市，且绝大部分可用于食物用途。且我国目前实行的是多头监管的方式，可见其慎重性与严格性。

（三）加强信息公开的程度

人们对转基因产品的认识还不是很清晰，有抵触心理是难免的，因此，需要按照《中华人民共和国信息公开条例》和《农业部信息公开规定》的要求，在农业部网站上公布审批进口转基因农产品所依据的法律法规，及时公布并发放安全证书的审批清单，包括项目名称、项目编号、研发单位，有效期等内容，甚至包括所有颁发转基因生物安全证书项目的申请资料，都可以通过申请政府信息公开来进行查询。且要进一步来加大信息公开的力度，比如，参与安全评审的转基因生物安全委员会的委员的名单、安委会工作规则、转基因行政审批工作规范都可以在农业部及相关网站等转基因权威关注栏目上公开，一方面可以向人们宣传转基因方面的知识，以提高认识，同时还可以起到一定的督促与协调作用。

总之，转基因农产品的价格相对较低，百姓愿意选择，但又担心其存在食品安全隐患。因此，加快立法、加强监管、进行信息公开，让百姓多了解转基因农产品的特性，是最好的方法。

第三编

价格宏观调控相关法律制度建设

第十一章

财税金融体制的完善对
价格宏观调控的影响

一 财政补贴政策的完善对价格宏观调控的影响

财政补贴与价格有着紧密的联系，比如在 2011 年物价通胀时，中央财政补贴力度进一步加大，部分财政资金支出进度加快，以通过财政政策来稳定物价。可见财政补贴政策有利于控制物价过快上涨，与价格调控有着千丝万缕的紧密联系。

（一）我国的财政补贴政策

财政补贴政策：即在结构失衡或出现供给"瓶颈"时，提供各种形式的财政补贴，以保护特定的产业及地区经济。财政补贴政策是国家协调经济运行和社会各方面利益分配关系的经济杠杆，是发挥财政分配机制作用的特定手段，也是世界上许多国家政府运用的一项重要经济政策。

中国自 50 年代起实行的财政补贴政策，重点体现了国家保持社会政治、经济和人民生活稳定的要求。一是支持农业生产发展。中国的财政补贴大部分用于以粮、棉、油、猪为主的农产品价格补贴。农产品补贴在全部财政补贴中占据重要地位。二是稳定人民生活。政府长期以来保持人民生活基本必需品特别是粮油、猪肉、民用煤等价格基本稳定的政策，并对城市住房、水电、公共交通等实行低租金、低收费制度，由此发生的政策性亏损由国家给予财政补贴。或者，在提高与人民生活关系密切的商品价格后，对职工或城镇居民给予适当的物价补贴。因此，中国的财政补贴具有绝大部分直接或间接用于人民生活的特点。

此外，在中国经济体制改革特别是价格改革的不断深入过程中，适当运用财政补贴政策，在一定程度上可以缓解因价格和利益关系变动带来的矛盾，为价格改革的顺利进行和社会稳定创造条件。财政补贴作为一种宏观调控手段，可被政府用来实现多种政策目标，如对促进生产和流通的发展稳定市场价格、保障人民生活，以及扩大国际贸易等都有积极作用。但是，如果运用不当，补贴范围过宽，数额过大，就会超出财政的承受能力；如果补贴造成了某些产品的价格扭曲和企业的经营机制混乱，就会使之从调节社会经济活动的杠杆变为抑制经济发展的包袱。所以，正确处理财政补贴与价格宏观调控的关系至关重要。

（二）财政补贴政策的完善

我国财政补贴主要包括价格补贴和企业亏损补贴两大类。价格补贴主要是粮、棉、油补贴，企业亏损补贴的范围几乎涵盖了国民经济的主要行业。目前我国补贴的比重仍然较高，随着改革的深入，对现行财政补贴制度应进行清理和整顿，减少补贴项目，压缩补贴规模，规范补贴方式，提高补贴效益，是财政补贴政策改革的方向。

1. 压缩"三公"经费开支

财政部要求中央国家机关各部门对 2013 年一般性支出统一按 5% 比例压减。[①] 重点是压减办公楼和业务用房建设及修缮支出、会议费、办公设备购置费、差旅费、车辆购置和运行经费、公务接待费、因公出国（境）经费等，体现了新一届政府厉行节约的精神。中央层面各部门带头主动压缩降低行政运行成本，有利于提升政府执政的公信力。同时，也反映了在当前财政收入增长不乐观的背景下，减轻财政支出的刚性压力，使有限的财政资金用到改善民生等刀刃上。该次压缩的是消费性支出，而非投资性支出，总体对经济运行的影响比较有限。但如果将节省下的支出用于社保等改善民生领域，就会促进消费，对经济运行产生正向激励效应。从行业上看，政府机关压缩一般性支出，可能会对相关的餐饮、交通、会务等行业产生一定负面影响。

2. 增加民生财政支出

预算支出执行管理进一步加强，切实保障民生等重点支出。2012

---

① 张艳丽：《财政部：中央机关今年一般性支出压减 5%》，《北京青年报》2013 年 7 月8 日。

年1—7月累计，教育支出9326亿元，增长32%；文化体育与传媒支出925亿元，增长19.5%；医疗卫生支出3662亿元，增长25%；社会保障和就业支出7517亿元，增长16.3%；住房保障支出2029亿元，增长39.2%（其中保障性安居工程支出1315亿元，增长56%）；农林水事务支出5376亿元，增长26.1%；城乡社区事务支出4893亿元，增长29.1%；节能环保支出1105亿元，增长28.8%；交通运输支出4452亿元，增长34.9%；资源勘探电力信息等事务支出2139亿元，增长23.2%；粮油物资储备事务支出868亿元，增长19.4%；国债付息支出1525亿元，增长23.9%。①，可见，我国的财政支出对民生问题的扶植力度。

3. 中央财政农业保险保费补贴范围扩大

据《关于2013年度中央财政农业保险保费补贴有关事项的通知》，2013年中央财政奶牛保险保费补贴区域增加了海南、大连；育肥猪保险保费补贴区域增加福建、河南、广东、广西、新疆、大连，新疆生产建设兵团，中央直属垦区；中央财政森林保险保费补贴区域增加山西、内蒙古、吉林、甘肃、青海、大连、宁波、青岛，大兴安岭林业集团公司。财政部表示，上述新增加的补贴区域应选择有条件、有能力、有意愿的地区先行试点，待条件成熟后再逐步推开。此外，已纳入中央财政农业保险保费补贴范围的地区可自主开展相关险种，按规定获得中央财政补贴资金。可见，我国财政补贴中农业补贴依然占据着重要的地位。

4. 建立铁路公益性、政策性运输补贴的制度

建立铁路公益性、政策性运输补贴的制度，为社会资本进入铁路创造条件。对于铁路承担的学生、伤残军人、涉农物资和紧急救援等公益性运输任务，以及青藏线等有关公益性铁路的经营亏损，要建立健全核算制度，形成合理的补贴机制。中央财政将在2013年和明后两年对中国铁路总公司实行过渡性补贴。

---

① 《财政部：1—7月全国医疗卫生财政支出3662亿元》，2012年8月13日，中国新闻网（http://www.51emo.com/Read.Asp？PPNewsID=1189）。

二 流转税制度的完善对价格宏观调控的影响

(一) 流转税制度的完善

1. "营业税" 改 "增值税" 的改革

(1) 扩大增值税征税范围

自 1994 年税制改革以来，我国基本上确立了对货物和加工、修理修配劳务征收增值税，对其他劳务和销售无形资产、销售不动产征收营业税，增值税和营业税同时并存的流转税格局。这基本上是与我国市场经济发展阶段相适应的，同时有力地促进了我国市场经济的发展。从 2012 年 1 月 1 日起，在部分地区和行业开展深化增值税制度改革试点，逐步将目前征收营业税的行业改为征收增值税。先在上海市交通运输业和部分现代服务业等开展试点，条件成熟时可选择部分行业在全国范围进行试点；试点期间原归属试点地区的营业税收入，改征增值税后收入仍归属试点地区。试点行业原营业税优惠政策可以延续，并根据增值税特点调整。纳入改革试点的纳税人缴纳的增值税可按规定抵扣。从 2013 年 8 月 1 日起将交通运输业和部分现代服务业 "营改增" 试点在全国范围内推开，并适当扩大部分现代服务业范围；同时扩大行业试点，择机将铁路运输和邮电通信等行业纳入试点，力争 "十二五" 期间全面完成 "营改增" 改革，届时，营业税会被增值税全面取代。

(2) 降低增值税税率

除了增值税扩容，增值税税率的降低也是增值税改革的目标之一。中国17%的增值税水平在国际上属于较高的水平。因此，在现行增值税17%标准税率和13%低税率基础上，新增11%和6%两档低税率，一方面是对部分营业税的税收优惠，另一方面也是对增值税率的降低，以减轻企业的生产成本与负担。

(3) 提升增值税法的法律效力

中国现行税制结构中，增值税和营业税是最为重要的两个流转税税种，几乎涉及中国所有行业，"营改增" 影响之大可想而知。"营改增" 绝不仅限于宏观调控、结构性减税的层面，由于财税体制可以延伸到政府职能的各个层面，甚至可以牵动政府和企业之间的关系、政府和居民之间的关系，因此，"营改增"已经点燃了新一轮中国重大经济体制改革的导火索。所以，流转税改革的目标不仅仅是为增值税扩容，更要将增值税的法律层级从暂行条例提高至法律的档次，以巩固改革的成果。

（4）扩大增值税改革的波及力

经过一年多的试点实践，营改增已经取得较好的经济社会效益，起到了放水养鱼、培育税源，进一步搞活地方经济、增强地方财力的作用。但是"营改增"的改革绝不仅限于税收制度改革层面，对财政体制的相应调整和完善必然会产生连锁效应，会涉及转移支付、中央与地方、地方各级政府间的收入划分及事权和支出责任划分，甚至涉及政府与企业、居民之间的关系，因此，应抓住"营改增"改革契机，扩大其波及力，以加快推进新一轮经济体制改革，为经济的发展添加动力。

2. 消费税制度的完善

众所周知，消费税作为流转税的主体税种，不仅可以保证国家财政收入稳定增长，而且还可以调整产业结构和消费结构，限制部分奢侈品、高能耗品的生产，正确引导消费。同时，它也体现了一个国家的产业政策和消费政策。消费税发展至今已成为世界各国普遍征收的税种。但是，目前我国的消费税存在很多不合理的地方，需要通过改革使其顺应并进而促进经济的发展。从 2013 年年初开始，中央多次提出要建设地方税体系，而目前地方的主体税种是营业税，当"营改增"在全国全面铺开以后，其主体税种的地位被动摇。在此背景下，为地方税体系寻找到一个新的主体税种是财税改革最迫切的问题。因此，消费税被寄予了厚望。消费税也将从主要在生产环节征收转为在零售环节征收，并取代"营改增"试点中受到冲击的营业税，成为未来地方政府的主体税种。因此，消费税改革是中国税制改革中继营改增后的又一重头戏。改革的内容是对消费税的征收范围、税率、征收环节、扣除政策、纳税评估等进行调整，尤其是对消费税征税范围的改革是重中之重。①

---

① 徐科：《消费税改革有望推出"升级版"》，2013 年 7 月 25 日，新华网（http：//finance. qq. com/a/20130725/004942. htm）。

（1）划分档次确定征税范围

消费税的改革应该按照结构性减税的要求，坚持税率有升有降，税目有增有减的原则进行。对消费税现有征税范围未进行档次划分的部分重新分档，在此基础上确定是否纳入征收范围。划分类型可分为高档消费品，高污染消费品，高能耗消费品，危害身体健康消费品，中档消费品，低档或普通消费品，生产和生活必需品。具体做法为：首先，可以选择诸如保健食品、高档家用电器和电子产品、美术艺术制品、皮革制品等宽税基、消费普遍、课税后不会影响人民生活水平的奢侈品课征消费税；其次，可以借鉴美国的有关经验，对网球、跑马、狩猎、夜总会等少数高档娱乐消费品和高档消费娱乐课征消费税；最后，建议将生产、生活必需品、普通消费品剔除在消费税之外，如对酒精、公共汽车轮胎、矿山建筑车辆等生产资料以及黄酒、啤酒、化妆品、护肤护发等人们生活必需品停止征收消费税。①

（2）不同档次课以不同类别的税率

对纳入征税范围的消费品再根据消费品类型确定税率：危害身体健康消费品如烟类产品征以 50%—100% 的最高税，达到寓禁于征的目的；高档消费品、高污染消费品、高能耗消费品征以 30%—50% 的高税，如高档酒、高档手表、游艇、高档化妆品、名贵首饰、高尔夫球及球具、豪华轿车、鞭炮焰火、木制一次性筷子、实木地板等，以达到调节收入分配和保护环境的目的；对中档消费品征以 1%—20% 的消费税，如中档的酒、化妆品、小轿车等，以降低中低收入阶层的税收负担和保护消费需求。

（3）改变纳税环节保障地方税权

将消费税从流通环节征收改为在零售环节征收，更符合消费税的属性，有助于促进地方政府转变行为模式，不单纯依靠投资，鼓励地方政府从消费者处获得收入，在一定程度上可以减轻地方的"投资冲动"。地方政府在消费税税目的增减和税率方面可以拥有比较大的税收权限，

---

① 《消费税改革应扩大课税范围》，2012 年 1 月 16 日，东方财富网（http：//finance. eastmoney. com/news/1350，20120116187502095. html）。

为地方财政提供了可靠的税源保障。

（4）扩大消费税征收范围应解决的问题

在当前税制下，对高档消费行为征收消费税涉及三个问题：①娱乐业已通过征收5%—20%的高营业税进行调节，如果再加征一道消费税纳税人难以承受；②服务业具有吸纳就业能力强和对环境破坏低的特点，是急需发展的产业，如果征税过高会抑制服务业的发展；③服务业的营业税是地方税务局征收并归地方财政所有的主要税种，而消费税是国家税务局征收并归中央财政所有的主要税种。那么，在服务业征收的消费税归谁所有和由谁征收呢？解决办法是将娱乐业税率统一降为5%，再根据调节需要加征一道消费税；对高档消费行为征收范围不能太大并且税率要低于高档消费品的税率；将服务业消费税交由地方税务局征收并归地方财政所有。具体征税范围可以考虑将高级夜总会、五星级饭店、高级会员俱乐部、高尔夫球、赛马、网吧、歌舞厅、游艺厅、高档桑拿、美容、健身等消费行为列入征税范围，税率在5%—20%之间。

（二）流转税制度的完善对价格的影响

1. "营改增"对价格的影响

"营改增"可以克服重复征税的弊端，对于大部分企业可以降低税负；尤其对于小企业，提高了增值税一般纳税人认定标准后，众多小规模纳税人企业可以按3%的征收率纳税，税负降低明显。从上海试点第一季度的反馈来看，70%的企业实现了税负下降。由于营业税没有抵扣机制，营业税成本只能由企业自行承担。这种"价内税成本"将包含在服务价格中，并随着供应链的上升而逐渐增加，最终侵蚀企业的边际利润，增加最终消费者采购货物和服务的成本。对于企业而言，营改增能降低重复征税对企业的负面影响，使企业享受到结构性减税带来的税负下降，对消费者来说购买货物和服务所支付的税额也将整体下降。在目前税收负担较重的情况下，"营改增"在全国正式实施无疑是个好消息。但是从以往试点地区的情况来看，有的企业税负减轻，有的加重。所以，"营改增"的深度、力度还需要进一步的推进。

2. 消费税改革对价格的影响

消费税范围的调整，将那些已经变成日常生活必需品的消费品调出消费税的范围，直接使老百姓都受益。同时，将高档消费品纳入征税范围，有利于抑制消费，给消费以正确的导向，以分流消费，引导生产发展。而且改革完成后，消费税税收将由中央政府所有变更为地方政府所有，激励地方政府将投资转向和居民消费有关的领域和行业。例如医疗、教育、服务行业等，吸引更多的投资和消费，不仅会带动一方经济的发展，加大养老保险、医疗和就业等投资，而且消费税成为地方主体税源后会使地方发展受益。

三　金融利率市场化改革对价格宏观调控的影响

资金是重要的生产要素，利率是资金的价格，利率市场化是生产要素价格市场化的重要方面。没有利率市场化就没有统一的市场，就没有健全的货币政策传导机制可言。从目前国内金融市场环境来看，由于利率市场管制下的存贷款利率与市场利率之间存在较大差异，市场竞争已经开始驱动银行通过各种创新业务对现行利率管制进行突破。如发行高利率理财产品变向"揽存"、帮助企业发行短期融资券置换贷款，等等。金融机构之间的业务竞争和信贷市场上的利率扭曲已开始"倒逼"利率市场化改革。我国利率市场化改革是建立以市场经济资金供求关系为基础，以中央基准利率为核心，以货币市场利率为中介的市场利率体系。我国利率市场改革形成了先外币，后本币，先贷款，后存款，先长期、大额，后短期、小额的顺序。

存款利率的市场化是我国利率市场化改革最后也是最难的一个阶段。从我国目前商业银行的经营管理水平看，各分行可以在总行确定的利率基准和浮动范围内，综合考虑成本费用分摊、客户让利程度、产品收益相关性及因提前还款、违约和展期等导致的必要的价格调整等因素，最终确定价格水平。即建立起"以同业拆借利率为基准，以贷款风险溢价为核心，兼顾银行的目标利润及客户整体关系"为主要内容的定价模式。[①]

---

① 《我国利率市场化改革和商业银行贷款定价研究》，2013 年 6 月 6 日，银行界网（ht-tp：//www.tbankw.com/lwjj/114754.html）。

在推动利率市场化的过程中，相关配套制度的改革也必须跟上。第一，继续加强金融市场基准利率体系建设，提高银行间同业拆借利率的基准性，同时引导金融机构完善利率定价机制，增强风险定价能力；第二，建立存款保险制度，逐步完善金融安全网，在促进优胜劣汰的过程中有效保护存款人的利益，维护金融体系的整体稳定；第三，同步推进汇率市场化改革，进一步理顺国内外价格之间的传导机制，逐步形成开放统一的金融市场和价格体系；第四，完善金融监管制度，有效把握资本账户开放的节奏和秩序，使利率市场化改革与资本账户开放的实际进程相匹配，防止改革进程错配所导致的各种潜在风险；① 第五，完善中央银行的调控能力、市场参与主体的适应能力。

四　货币汇率市场化改革对价格宏观调控的影响

货币是一个国家经济好坏的温度计，当经济处于稳定增长时，货币会比较坚挺，比如，中国在过去几年中一直面临着人民币升值的压力。一个国家经济处于快速增长期间，其利率、汇率以及资本流动之间存在着非常敏感的关系。汇率改革无论是国内国际市场，还是期货现货市场，将发生更多的价格波动和价值回归，获得更高的利润增长点。

固定汇率制和浮动汇率制都不适合我国的国情，有管理的浮动汇率制度是较优的选择，因为它吸收了浮动汇率制下汇率的灵活性和固定汇率之下汇率相对稳定性的特点，是一种较为灵活的汇率机制，比较适合我国的国情以及我国经济、金融未来发展的态势。有管理的浮动汇率制的管理表现在人民币汇率改革的方向被明确为：实行以市场供求为基础、参考一篮子货币进行调节、有管理的浮动汇率制度。增加了人民币汇率的弹性，同时又给中央银行干预外汇市场留下了足够的空间，从而保证了人民币汇率在合理均衡水平上的基本稳定。该体制还表现了人民币汇率改革坚持主动性、可控性和渐进性的原则，这正是我国有管理的浮动汇率制的科学性和正确性所在。

---

① 陈雨露：《中国利率市场化三五年内或可完成》，2013 年 5 月 26 日，新浪财经网（http://www.zgjrw.com/News/2013526/home/75758024200.shtml）。

　　当前，要坚持市场化改革的基本取向，积极稳妥地推进利率、汇率的市场化，逐步推进人民币资本项下可兑换的体制。而且要推进金融机构的改革，特别是要放宽市场准入，让多种所有制金融机构有更多的发展空间，也使多层次的金融体系得以培育。要拓宽投融资的渠道，使社会、企业、个人有更多的选择，市场更有活力。①

---

　　① 李克强：《推进利率和汇率改革 推动资本项目开放》，2013年9月11日，财经网（ht-tp：//money. 163. com/13/0911/18/98GV0AQE00253B0H. html）。

第十二章

价格微观规制法律制度的完善

价格宏观调控虽然以市场的宏观价格为调整对象，但是如果微观的价格行为存在严厉的不正当性，就会无视和阻碍价格宏观调控措施的实施。离开微观，就无从谈宏观，同样，离开宏观的指导，微观市场也会一片混乱。因为，价格的微观规制与宏观调控是保证我国物价稳定的两种方式与手段，二者紧密相连，必不可少。严厉打击与惩处不正当价格行为，规范企业和经营者的行为，保护消费者和经营者的合法权益，创造微观领域公平合理的价格竞争环境，是实现价格宏观调控的必要保障。

所谓不正当价格行为，是指商业经营者违反价格和不正当竞争法的规定，损害其他经营者和消费者的合法权益，扰乱社会经济秩序的行为。不正当竞争行为的特征为：（1）是发生在商业领域的一种不法行为，但在商业活动中，执行政府定价和政府指导价的部分不在此列，仅指实行市场调节价的商品和服务；（2）其行为主体是一切参与商品经济活动的有责任能力的经营者，即从事生产、经营商品或者提供有偿服务的法人、其他组织和个人；（3）不正当价格行为是违反价格法和反不正当竞争法的行为，当然也包括违反商业交易道德的行为；（4）不正当价格行为是侵犯其他经营者和消费者的合法权益，牟取不法利益、损害社会利益、扰乱社会经济秩序的行为。①

判断一个行为是否为不正当竞争行为，应依据以下四个构成要件：一是行为人的主观过错，即心理上是明知故犯；二是行为的违法性；三是行为人损害了或可能损害了他人利益及社会公共利益；四是违法行为

---

① 方可佳：《不正当价格行为研究》，《中央政法管理干部学院学报》2000 年第 6 期。

同损害结果及可能造成的损害之间具有因果关系。且上述四个要件是不正当竞争行为的必要构成要件，缺一不可，否则，难以判定不正当竞争行为与其他不法行为的界限。对不正当竞争行为作出界定的目的在于认清各种不正当竞争行为的表现，找出防范对策。本书拟从以下价格垄断、掠夺性定价、价格欺诈、价格歧视的角度展开详细论述。

一 对价格垄断之宏观调控法完善思考

对于价格垄断问题，在人们的心目中早已将其定格为市场规制法的研究范围，认为价格垄断是破坏市场有序竞争，损害消费者合法权益的行为，这不无道理。因为价格是商品经济社会一切经济利益的逻辑起点，是微观经济运行的基础。所以，世界各国纷纷在反垄断法中对其加以禁止和规范。然而，价格垄断之根源并不仅仅在于市场本身，而是更多地根植于政治、经济体制，因而，单纯地规范市场竞争，反对价格垄断，不可能真正制止或杜绝价格垄断的发生。本书认为，价格垄断之所以屡禁不止，更重要的是目前对价格垄断的认识存在误区，价格垄断不仅是市场规制法所研究的问题，更是宏观调控法所研究的内容。

（一）价格垄断需要宏观调控的必要性

1. 对价格垄断之界定

价格垄断，即恶意串通，操纵市场价格，是指双方或多方经营者相互勾结，非法串通一气，直接利用价格共同进行的在相关市场上消除或限制价格竞争，损害其他经营者或消费者的合法权益的不正当经济行为。其特征为：首先，主观上出于恶意，具有违法的意图，如果双方或一方经营者不知或不应知道其行为的损害后果，不构成恶意；其次，经营者之间相互勾结、串通一气，即经营者具有共同的目的，都希望通过实施不正当价格行为来损害其他经营者和消费者的利益；再次，形成价格垄断的主要方式是独占或有组织地联合行动，垄断者凭借自己在市场中的独占地位，靠操纵市场价格来牟取非法利润；不具有独占地位的经营者则依靠组织的联合性行为，通过不合理的企业规模和减少竞争者数量以及对具有竞争性的企业实行控制等方式排挤竞争对手，控制市场价格；最后，垄断者之所以能形成垄断势力凭借的是经济优势或行政权力，目的在于操纵或支配市场价格，获得垄断利润。

价格垄断有多种形式和分类，依其产生原因的不同可分为三类：由竞争而产生的价格垄断属经营性价格垄断；基于资源控制和规模优势，仅由一家生产者提供全部产品而产生的垄断属自然价格垄断；由政府立法或授权形成的价格垄断属政策性价格垄断或行政性价格垄断。① 经营性价格垄断在我国只是一个概念。因为我国的市场经济没有经历过自由竞争时期，很少有生产的集中和积聚，企业自身积累也不可能产生经营性价格垄断，因而无需对经营性价格进行反垄断。② 对于自然价格垄断的行业在我国由政府实行定价和指导价，对其进行价格宏观调控。市场经济国家中，政府有时需要控制某些行业的市场准入，限制行业竞争，这就导致了政策性垄断或行业性垄断的产生。因而，对于后两种价格垄断，由于其经营者的特定性或特殊性，单纯的市场是无法对其加以规制的。传统观念认为：价格垄断是市场规制法律体系中反垄断法的重要内容，而垄断法之所以关注价格，是因为价格可以反映出市场的竞争程度，价格是反垄断法关注市场竞争状况的风向标，商品生产经营者之间的竞争是市场经济的活力所在，而价格的竞争无疑是市场竞争最直接和最重要的表现方式。③

价格作为经济学上的重要概念，一直是微观经济领域的重要杠杆和工具。价格在市场经济中发挥着重要作用：价格作为商品价值的货币表现，具有核算工具的职能；价格通过对价值的偏离（即价格的上下波动）实现价值规律调节社会生产，促进供求平衡和资源优化配置，发挥调节杠杆的作用；价格通过其高低涨落传递市场供需信息，刺激生产者生产和进行收入的再分配；价格还可以影响消费者购买力的投向，在一定程度上调节消费者结构与可供商品之间的平衡。④ 但是价格杠杆作用的发挥必须以公平的市场竞争为依托，只有这样，才能使交换双方的利益和意志充分地、淋漓尽致地发挥出来。但是，这种竞争性市场只有在

---

① 张光远：《经济转轨中的价格机制》，中国物价出版社 2002 年版，第 257—269 页。
② 同上。
③ 韦烁：《价格垄断问题的经济法学思考》，《中国企业报》2004 年第 1 期。
④ 卢炯星：《宏观经济法》，厦门大学出版社 2000 年版，第 453—454 页。

没有任何一个供给者或者需求者可以影响市场价格的情况下才能存在。然而现实中的市场往往会受到各种不正当竞争行为和垄断行为的影响而使竞争不公正、不公平，从而影响价格杠杆作用的充分发挥，价格垄断行为即为最大的阻力。因而为规范公平有序的市场竞争秩序，世界各国都把价格垄断作为竞争法的禁止对象和调整的内容。美国的《谢尔曼法》、《克莱顿法》和《联邦贸易委员会法》三部法所构成的独特的竞争法体例即为典型。我国现行的《反垄断法》只是对经济垄断作了明确规定，但对行政垄断却规定的甚少，所以《反垄断法》还需要进一步的明确与完善。因为，目前我国的经济体制仍处于转型时期，市场经济体制还尚待完善，不存在经营性价格垄断。而自然价格垄断和行政性价格垄断又往往交织在一起，许多自然价格垄断行业的经营者本身就是管理者或政府部门。有时很难区分其行为是行政行为还是单纯市场经营者的行为。现实中，即使是本着单纯经营者的目的参与市场竞争，也难免会以其独特的行政主体的身份介入其中，结果不但不能制止价格垄断，有时甚至使矛盾更加激化，从而走向竞争的反面——垄断。这种与生俱来的优越性是单纯的市场规制法无法克服和避免的，这为反价格垄断提出了难题，该如何解决，必须寻求新的办法。

但并不是所有的垄断都有悖竞争，为适应经济生活的复杂性，各国在制定反垄断法时普遍作了保留，国家基于社会经济发展和公共利益考虑，从立法政策上对某些特定行业、特定行为或在特定时期、特定情况下对某些特定内容的行为赋予法律适用的豁免权。各国反垄断法规定的例外情况有：一是特定的经济部门，一般是指具有一定的自然垄断性质的公用公益事业，如电力、交通运输、水、煤气、银行等行业，还有比较分散、易波动的农业以及不应过多过滥开采自然资源的开采业；二是知识产权领域，因其自身的独占性和垄断性，不适用反垄断法；三是特定时期和特定情况下的垄断行为和联合行为，是指在经济不景气时期为调整产业结构的合并、兼并以及发生严重灾害及战争情况下的垄断行为[①]，是正当合理的行为。那这些例外情况又受什么法的调整，该如何

---

① 杨紫烜：《经济法》，北京大学出版社、高等教育出版社 1999 年版，第 161 页。

规范和约束？如果拥有豁免权的经营者一味地对其加以滥用，又该如何？这样的情况又对我们提出了挑战。

市场规制法是国家依法干预市场交易活动的法律。市场规制法的本质是国家权力对市场交易活动的依法适度干预，其宗旨是重现和复制公平的市场交易活动。市场失灵是国家干预的重要根源，是市场规制法存在的重要理由，导致市场失灵的重要原因即为垄断，价格垄断是不正当竞争行为最大的罪魁祸首。所以政府借助于法律化的经济、行政手段直接干预市场、管理经济，以克服市场失灵，使市场恢复自由、公平、有序，这在一定程度上提高了交易的效率，维护了消费者和国家的合法权益。然而，政府作为管理主体以公法手段介入市场管理关系，难免会以自己特殊的身份而导致政府干预的失灵，如干预过度、滥用干预权等官僚主义行为的发生，滋生腐败，使价格垄断等行为加剧，因此，需要建立政府干预的规范来约束政府干预的权力，推进管理的民主化和法制化。

综上所述，市场规制法建立的理论基础应该是市场失灵和政府失灵的双重基础。反垄断法作为市场规制法的重要内容，是反价格垄断的专门法、特别法。但是由于市场规制法对市场竞争的直接干预性，决定了其不能从根本上杜绝价格垄断的局限性。因为政府作为市场规制主体，不可能从根本上去约束自己，就好比医生不能给自己治病一样，政府也无法做到彻底的自我医治。可见，价格垄断不仅是个单纯的市场规制法问题，更是个宏观调控法问题。

2. 价格垄断的宏观调控法新论

在现代市场经济一般理论中，宏观调控和市场规制是国家干预经济的两个基本手段。[①] 宏观调控法和市场规制法都以市场失灵、政府失败和国家干预理论为理论基础，强调国家应该介入市场经济领域，以促进公平竞争、引导市场经济有序、健康地发展，但是，宏观调控法和市场规制法具有明显区别：其一，二者的调整对象不同：宏观调控法以宏观调控关系为调整对象，即以国家对国民经济总体活动进行调节和控制过

---

① 吴敬琏：《市场经济的培育和运作》，中国发展出版社1993年版，第199页。

程中发生的经济关系为调整对象，而市场规制法则以市场管理关系为调整对象，即以政府对微观经济领域进行管理所形成的经济关系为调整对象。其二，二者所依据的国家干预理论的范畴不同：宏观调控法所依据的国家干预理论属宏观经济学的范畴；而市场规制法所依据的国家干预理论属微观经济法的范畴。其三，二者所采用的手段不同：宏观调控法以经济、法律手段为主，辅以必要的行政手段，是间接调控；而市场规制法用法律化的经济、行政手段来直接参与经济管理。其四，二者的目的不同：宏观经济法具有宏观性、指导性、政策性等特点，目的在于保持全社会产品总供给与总需求的基本平衡；而市场规制法则以市场为对象，在于促进市场竞争的公平、公正，维护消费者和经营者的合法权益，规制微观经济领域的利益平衡。

稳定物价、充分就业、促进经济发展和平衡国际收支是宏观调控的四大目标，其中物价的稳定首当其冲。价格在市场经济中的重要作用表明"价格好比国民经济的一面镜子，它的变动影响生产、流通、交换和消费领域，反映着价格总水平和经济结构的调整、变化，是调节国民经济发展和各方面利益最重要最敏感的经济杠杆"。"价格不仅是微观经济运行的基础，也是宏观经济调控的目标、对象和主要的宏观调控手段"。[①] 因此，价格机制的正常运行和价格体系的合理化是国民经济协调、稳定、健康发展的重要保证。而价格垄断行为破坏了市场的公平竞争，阻碍了价格机制的正常运行，因此，国家从保持价格总水平的基本稳定和全社会总供给与总需求基本平衡的全局出发，应该对其加以调控。国家通过宏观经济政策，主要运用法律、经济手段并辅之以必要的行政手段，来实现对垄断的规范和约束，因此，价格垄断问题，首先应该是一个宏观调控政策法律的选择与调控问题。

（二）对价格垄断两部规章的解读

1. 实施的意义

作为价格垄断实施细则的《反价格垄断规定》和《反价格垄断行政执法程序规定》规章于 2012 年 2 月 1 日正式施行。

---

① 卢炯星：《宏观经济法》，厦门大学出版社 2000 年版，第 453—454 页。

　　一是有利于维护公平竞争的市场环境。竞争是市场经济的本质属性和基本特征。建设社会主义市场经济必须严厉打击各种排除、限制竞争的行为。两部规章对《反垄断法》作了必要的细化，有利于准确判断各种价格垄断行为，把握处罚依据，加大对价格垄断行为的打击力度，优化市场竞争环境，提高经济运行效率。

　　二是有利于促使经营者自觉遵守法律。两部规章进一步界定了合法与违法的界限，明确了市场主体开展价格竞争应遵守的行为准则，使经营者形成明确的法律预期。同时，也有利于社会各界了解国家反价格垄断政策，形成有效的社会监督，规范经营者的价格行为。

　　三是有利于价格主管部门依法实施监管。两部规章对各种价格垄断行为的法律构成要件、表现形式、法律责任，以及执法程序等问题作出了比较具体的规定，有利于价格主管部门依法实施监管，准确分析定性，更好地实现反垄断法的立法目的。

　　2. 两部规章的内容简介

　　（1）《反价格垄断规定》的内容简介

　　《反价格垄断规定》属于实体性规定，共29条，《反价格垄断规定》详细明确了一些禁止的价格垄断行为，包括禁止具有竞争关系的经营者达成固定或者变更价格的8种价格垄断协议；禁止经营者与交易相对人达成固定商品转售价格和限定商品最低转售价格的协议；具有市场支配地位的经营者，不得从事不公平高价销售、不公平低价购买、在价格上实行差别待遇、附加不合理费用等6类价格垄断行为。

　　此外，还规定了行政机关和法律、法规授权的具有管理公共事务职能的组织不得滥用行政权力，强制经营者从事价格垄断行为，或者制定含有排除、限制价格竞争内容的规定；不得对外地商品设定歧视性收费项目、实行歧视性收费标准或者规定歧视性价格。

　　（2）《反价格垄断行政执法程序规定》的内容简介

　　《反价格垄断行政执法程序规定》属于程序性规定，是规范价格行政执法部门自身行为的，共26条，对举报受理、调查措施、依法处理、中止调查、宽大政策等程序制度，以及价格主管部门的责任作了规定。其中一个重要亮点是，违法经营者中，第一个主动报告达成价格垄断协议的有关情况并提供重要证据的，可以免除处罚。对涉嫌价格垄断行为，任何单位和个人有权向政府价格主管部门举报。国务院价格主管部门和经授权的省、自治区、直辖市人民政府价格主管部门作为反价格垄断执法主体，有权对管辖范围内的垄断案件进行查处，并可以委托下一级政府价格主管部门实施调查。政府价格主管部门可以依法进入被调查经营者的营业场所或者其他有关场所，采取询问、查封、扣押、查询银行账户等调查措施。

3. 两部规章的实施保障

两部规章出台后，国家发改委从三方面采取措施，保证反价格垄断规定的贯彻实施。

一是整合执法资源，加大监管力度。特别是省级以上价格主管部门，将整合和加强反价格垄断执法力量，成立专门的反垄断执法机构，为监管工作提供人员和组织保证。并进一步加大对价格垄断行为的监管力度，组织开展对重点行业和重点领域的执法检查，查处各种违反反垄断法的价格违法行为，曝光一批典型案件。

二是反垄断法实施以来，国家发改委与商务部、工商总局等反垄断执法机构形成了良好的分工合作机制。下一步，价格主管部门将与有关部门密切配合，加强协调，建立健全分工管辖、案件移送、联合办案等制度，形成反垄断监管的合力，共同维护公平竞争的市场环境。

三是各级价格主管部门将通过各种方式积极宣传反价格垄断规章。引导相关企业和市场主体知法、懂法、自觉守法；让群众进一步了解国家反价格垄断政策，形成有效的社会监督。

4. 对两部规章的评析

（1）自 2010 年 7 月以来，在我国 CPI 连续走高的背景下，各级价格主管部门依法查处并公开曝光了绿豆、大蒜、电力、成品油等一批价格违法典型案例，两部规章的出台，也是国家一系列稳定物价的举措之一。未来一段时期内，部分涉及价格垄断的行业协会、企业将受到制约，这在政策层面对因垄断造成的价格上涨将起到一定遏制作用。尤其是集中程度较高、在价格上易于进行垄断操作的行业，如石油、电信、交运行业未来将受到此规定的约束。对于进口依存度较高的行业而言，在国际贸易中出现的价格垄断争议，将可以通过上述规定进入调查程序，这将增强相关企业在对外谈判中的筹码。但《反价格垄断规定》主要针对的是市场调节价和一部分政府指导价，它是对企业、对经营者的价格行为进行监管。与老百姓生活密切的水、电、气、成品油等商品价格属于政府定价的，就通过政府价格政策的制定和调整来解决，比如说，电价是自然垄断，国家主要应加强成本监审，合理确定价格，因此不属于《反价格垄断规定》的监管范围。

（2）《反价格垄断规定》中有一些概念比较模糊的字眼，比如"过高的销售价格"或者"过低的购买价格"，这对该规定会有影响吗？虽然该规定是个具体实施细则，但是对每一个词语做到量化确实比较困难。建议在适用法律时不但要根据前一个周期的水平，或者周边地区、相同类似产品的价格水平进行比较，还要综合考虑其他方面的很多因素，比如有没有从中获利等。但总的来说，要把所有的操作都量化也是很困难的，各行各业的价格情况是不一样的。所以，很难作出一个放诸四海皆准的标准，即使作出了，对某些方面或者行业会很不公平。所以面对这样的问题，只能要求执法者根据多方面因素综合判断。

（三）打破价格垄断的措施

1. 引进竞争机制，打破垄断

如上所述，困扰我国反垄断的难题是政府行政性价格垄断和自然价格垄断，且二者又常常交织在一起，呈一体化垂直垄断结构，即：自然垄断环节与附着在自然垄断环节的可竞争环节往往为同一行政管理部门或行业所拥有，实行一揽子统一管理或经营。自然价格垄断行业受到政府行政保护，缺乏为保护自己垄断地位而进行竞争的动力。打破垄断，引入竞争，首先使垄断行业脱离政府的行政管理①。对于自然垄断行业，要先进行区分，分离出自然垄断行业中的非垄断行业并引入竞争，鼓励民间投资主体进入，实行产权的多元化，进行股份制改造，使其成为独立自主的不受政府行政权力影响的现代化企业。对于纯粹自然垄断行业的产品实行政府定价或政府指导价，并由政府根据市场供求变化、

---

① 张光远：《经济转轨中的价格机制》，中国物价出版社 2002 年版，第 257—269 页。

社会平均生产成本、宏观调控形势、社会承受能力，实行合理的购销、批零、地区、季节差价，并作出相应的调整和变动，且随着市场季节体制的进一步完善，纯粹的自然垄断行业产品在逐步递减，竞争机制的引入可以打破自然垄断行业以往的垄断地位，使其充满活力。同时，政府可以出台并实施相关的政策来维护、引导企业进行公平竞争，制定市场准入规则限制企业进入，以管制垄断企业的价格和服务质量，限制垄断企业利用其垄断地位压制潜在竞争对手，损害消费者利益。

2. 政府应当具有超前意识

政府要做好宏观调控，为自然垄断行业引入竞争机制创造有利条件，多数基础设施如邮政、电信、供水等部门都具有自然垄断性质，还有公用事业如城市供水、供暖、供气等往往具有自然垄断性质。这两种行业具有投资大、规模大、使用广等特点，如果引入竞争，政府首先应该承担基础设施的发展前景预测和总体布局规划，并制订基础设施建设的中长期计划，消除市场机制的盲目性，为提高基础设施投资效率打下基础。良好的规划又可以大大提高基础设施的投资效率。① 同时政府应该订立明确的奖惩制度，对于符合基础设施和公用事业投资计划的，应加以奖励，以鼓励其引进民间投资，开展竞争。对于不符合基础设施和公用事业投资计划的，应当运用其行政权力加以制止，以避免恶性的价格垄断和竞争。

3. 转变政府职能，树立服务意识

导致我国价格垄断的主要原因是政府行政权力的干预和介入太多，因此，政府行政垄断行业成为价格垄断最严重的行业，而利益驱动是滥用行政权力妨碍市场的根本动力。但是反行政垄断②并不是一件轻而易举的事，因为反垄断的主体和对象是同一的，更何况并不是所有的行政垄断应该被反，深化体制改革，转变政府职能，促进政企分离，树立服务意识是最为有效的办法。

---

① 张光远：《经济转轨中的价格机制》，中国物价出版社 2002 年版，第 257—269 页。

② 此处所说的反行政垄断仅指那些滥用行政权力，限制、排斥或妨碍市场竞争的行为，仅指那些来自市场之外，与市场运行机制和构成要素没有直接联系的行政强制力量形成的妨碍市场竞争的垄断，如地区封锁、部门分割等。

转变政府职能，不仅要转变管理职能、工作方式，还要转变机关作风，政府要按照市场经济发展的要求进一步调整现有管理职能，正确处理宏观调控和微观管理的关系，充分发挥综合研究能力，拟定经济和社会发展政策，进行总量平衡。加强和完善宏观调控，综合运用各种经济杠杆，搞好宏观经济政策的协调配合。同时，要突出工作的宏观性、战略性和政策性，真正把主要精力放在研究制定实施发展战略、长期规划、产业政策、搞好经济总量配合、优化经济结构等方面上来。

总之，一般认为，在经济法内部分工之上，价格垄断问题应是市场规制法的调整范围，但是本书认为，就价格垄断的现状和发展来看，其首先是个宏观调控政策法律的选择与调控问题。适当的宏观经济政策与法律的选择是抑制行政权力滥用，制止价格垄断的第一道屏障，而市场规制法则构成第二道保护屏障。宏观调控法和市场规制法同作为国家干预、校正市场失灵的手段，分别从宏观和微观的角度来反对价格垄断，维护公平竞争，保护消费者和国家的合法权益，做到双管齐下、两手齐抓，且价格垄断的宏观调控法归属，与我国稳定物价的宏观经济政策目标和实行宏观经济调控下主要由市场形成价格的机制相吻合，也与价格法的宗旨、精神相一致。

二　掠夺性价格及其法律规制

掠夺性价格，即低价倾销，低于成本价格倾销，是指经营者为了排挤竞争对手或者长期独占市场，采取阶段性的以低于成本的价格进行商品销售或提供服务的行为，这一行为的特点是：首先，行为人销售商品或提供服务是低于成本价格进行的。其次，行为人只是在一段时间内实施低价的倾销，而不是长此以往。再次，低价倾销的目的，是排挤竞争对手或者独占市场。最后，其后果是扰乱了正常的价格秩序，损害了其他经营者的合法权益或国家利益。

如何确定某种商品或服务的价格为低价倾销？本书认为判断标准为是否以低于成本价来销售，但以下四种情况例外，也即不属于掠夺性价格，即销售鲜活商品；处理有效期限即将到期的商品或者其他积压的商品；季节性降价；因清偿债务、转产、歇业降价销售商品。

（一）现行法律的不足

《价格法》和《关于制止低价倾销行为的规定》具体规定了掠夺性价格行为的各种表现。但是现有的规定存在种种不足：

1. 《价格法》第14条第2款中使用"倾销"一词不准确。倾销是指不低于国内市场的价格在海外市场大宗销售商品的行为，与"掠夺性价格"具有明显的区别：首先，两者的使用范围不同。倾销适用国际贸易，而掠夺性价格适用于国内贸易。其次，两者的认定标准不同。倾销以国内同类产品在正常交易时适用的价格为其标准；而掠夺性价格以成本价为标准。再次，两者适用的法律不同。倾销主要适用国际条约或外国法律，而掠夺性价格主要适用国内法律。最后，两者的法律后果不同。对倾销的法律制裁为征收反倾销税，而对掠夺性价格的法律制裁则为损害赔偿或行政处罚。

2. 《价格法》对掠夺性价格规定得过于原则性、简单、抽象、缺乏可操作性。表现为：条文中仅规定不得以低于成本的价格销售，却对成本价没有作出明确界定；条文仅简单列举了几种例外情况，却未能进一步对其作出具体的规定或限制等。

3. 关于掠夺性价格的责任设置不科学。掠夺性价格从其性质而言，是民事侵权行为的一种，但《价格法》中的责任条款中却没有对其规定民事责任，所规定的责任形式全部都是行政责任，显然有悖于其行为的本性。

4. 对掠夺性价格的执行机构规定不统一。《价格法》中规定县级以上地方各级人民政府价格主管部门负责本行政区域内的价格工作。而《反不正当竞争法》中规定的管理机关为工商行政管理部门和价格主管部门，有可能导致两机构间相互扯皮，推卸责任。

（二）对现行法律不足的完善建议

鉴于以上的种种不足，本书提出了完善掠夺性价格理论的设想。

1. 在法律条文中取消"倾销"一词的用法，代之以"销售商品或提供服务"。

2. 扩大例外情况的范围，并给予严格的界定：首先，例外情况除上面提到的4种外还应包括以下几类行为：不会对竞争产业带来损害的行为；商品价格差异只是反映合法的商品成本的差异，或是为了应对竞争对手的价格等。其次，对于清仓、歇业、转产、季节性降价等抗辩事由应予以一定的国家权力的干预，以确保正常的竞争秩序。[①]

3. 修正掠夺性价格责任条款

本书认为，该责任应采取以民事责任为主，行政责任、刑事责任为辅的责任方式。民事责任形式除赔偿损失外，还应包括停止违法行为，恢复原有状态，责令违法者以声明或其他形式作出不再违反的保证等责任方式。对情节严重的，还可以用刑事责任来保障。

4. 统一执法机构

掠夺性价格应由竞争法执行机构负责监督管理，即由县级以上人民政府工商行政管理部门为掠夺性价格的执行机构，但是由于工商行政管理部门的独立性和权威性不够高，由其单独执行也许不合适，建议设立一个专门的机构来管理和监督不正当竞争行为的案件。

5. 制定成本价的具体认定办法

因为掠夺性价格以成本价为认定标准，因而确定成本对其认定的重大意义是重要的，成本也称生产费用，是生产中使用的各种要素支出的总和。虽然国家计委、国家经贸委于 1998 年 11 月 16 日下发的通知中将成本价界定为行业平均生产成本（指生产企业）和进货成本（指销售企业），然而由于不是正式的法律文件，又缺乏对成本的具体认定办法，操作起来具有困难。因而对成本价需要立法或司法解释予以明确的界定。

三 价格欺诈及其法律规制

（一）价格欺诈的 13 种行为

《价格法》第 14 条第 4 项规定，经营者不得利用虚假或者使人误解的价格手段，诱骗消费者或者其他经营者与其进行交易。这种价格违法行为通常称作价格欺诈行为，是指经营者利用虚假或者使人误解的价格条件，诱骗消费者或者其他经营者与其进行交易的行为。

---

① 周和敏：《浅评〈价格法〉中的"掠夺性价格"条款》，《经济与法》1998 年第 8 期。

《禁止价格欺诈行为的规定》第 3 条:"价格欺诈行为是指经营者利用虚假的或者使人误解的标价形式或者价格手段,欺骗、诱导消费者或者其他经营者与其进行交易的行为。"

根据《价格违法行为行政处罚规定》第 7 条规定:"对经营者的价格欺诈行为,责令改正,没收违法所得,并处违法所得 5 倍以下的罚款;没有违法所得的,处 5 万元以上 50 万元以下的罚款;情节严重的,责令停业整顿,或者由工商行政管理机关吊销营业执照。"

《禁止价格欺诈行为的规定》中认定以下 13 种价格行为为价格欺诈行为:

1. 标价签、价目表等所标示商品的品名、产地、规格、等级、质地、计价单位、价格等或者服务的项目、收费标准等有关内容与实际不符,并以此诱骗消费者或其他经营者购买的。

2. 对同一商品或者服务,在同一交易场所同时使用两种标价签或者价目表,以低价招徕顾客并以高价进行结算的。

3. 使用欺骗性或者误导性的语言、文字、图片、计量单位等标价,诱导他人与其交易的。

4. 标示的市场最低价、出厂价、批发价、特价、极品价等价格标识无依据或无从比较的。

5. 降价销售所标示的折扣商品或者服务,其折扣幅度与实际不符的。

6. 销售处理商品时,不标示处理品和处理品价格的。

7. 采取价外馈赠方式销售商品和提供服务时,不如实标示馈赠物品的品名、数量或者馈赠物品为假劣商品的。

8. 收购、销售商品和提供服务带有价格附加条件时,不标示或者含糊标示附加条件的。

9. 虚构原价,虚构降价原因,虚假优惠折价,谎称降价或者将要提价,诱骗他人购买的。

10. 收购、销售商品和提供服务前有价格承诺,不履行或者不完全履行的。

11. 谎称收购、销售价格高于或者低于其他经营者的收购、销售价格，诱骗消费者或经营者与其进行交易的。

12. 采取掺杂、掺假、以假充真、以次充好、缺斤短两等手段，使数量、质量与价格不符。

13. 对实行市场调节价的商品和服务价格，谎称为政府定价或者政府指导价的。

（二）价格欺诈的 10 种表现形式

国家计委（原国家发改委）在各地禁止价格欺诈的市场检查中发现的价格欺诈行为，主要有以下 10 种表现形式：

1. 虚假标价。如某饭店餐饮部在商品标价签上标明象鼻蚌价格每斤 78 元，但顾客结账时却按每斤 200 元结算，并且称其标价签标的是小象鼻蚌，以虚假标价误导消费者。再如某家具城，在一款真皮沙发商品标价签上标明产地是"意大利"，而实际产地却是广东省。

2. 两套价格。如某酒店采用两套标价簿欺诈消费者。在顾客点菜时提供价格低的标价簿，在结账时按价格高的标价簿结算，某顾客点了 12 种炒菜，在结算时即发现其中 10 种菜肴的价格高于提供的标价簿所标的价格，最高的超出 9 元，最低的超出 2 元，共多收 36 元。

3. 模糊标价。如某商厦以"出厂价"搞促销活动，销售某品牌洗衣机误导性文字明示"出厂价"950 元，实际该型号洗衣机出厂价是920 元。再如某酒店在门口迎宾处以"特价烤鸭每只 38 元"进行价格宣传，实际却按 48 元结算。当消费者质问何为"特价"时，该酒店谎称每天前三位顾客才能享受"特价"。

4. 虚夸标价。如某家公司在其经营场所以"全市最低价"、"所有商品价格低于同行"等文字进行宣传，而实际其家电商品价格多数高于其他商家，误导消费者购买。再如某公司在其店面显著位置标示"消费各类手机全市最低价"，而实际该店所称"全市最低价"不仅无依据，而且也无从比较。

5. 虚假折价。如某商店以"全场 2 折"的文字进行价格宣传，但消费者发现全场上百种商品中，只有两种商品按 2 折销售。再如某服装商店用公告牌向顾客推荐某品牌服装全场 8.5 折，但消费者购买该品牌貂领大衣，原价为 1998 元，打 8.5 折销售价应 1698.3 元，而实际标价为 1798 元。

6. 模糊赠售。如某餐饮公司在经营场所打出"肥牛午市买一送一，晚市买二送一"的条幅，但未标明赠送商品的品名和数量。在顾客消费一斤肥牛后，仅赠送价值较低的一碟羊肉。

7. 隐蔽价格附加条件。如某百货公司采取"购物返 A、B 券"的手段促销，其中 A 券可当现金使用，而没有事先告知消费者 B 券只能付等值人民币现钞才能使用，误导消费者在店内循环消费。

8. 虚构原价。如某商场销售皮夹子，使用降价标价签标示原价 158元，现价 98 元，但却不能提供原价的交易票据。再如某百货商场降价销售某品牌服装，虚构原价 3500 元，现价 190 元，不能提供此次降价前一次在本交易场所成交的原价交易票据。

9. 不履行价格承诺。如某超市向消费者承诺在 2009 年 1 月 12 日至1 月 15 日期间，凡购买某品牌清洁抹布实行买三送一，而实际消费者购买后并未获得赠送。销售某品牌酸奶，向消费者承诺：凡购买 5 杯125 克装酸奶，实行"特惠家庭装优惠 20%"，原价 6.2 元，优惠后价格应是 4.96 元，但顾客结算时仍以原价结算。

10. 质量、数量与价格不符。如某机电产品商店将因有质量问题而返修的某品牌电冰箱按正品价格销售，质量与价格不符。再如某商店销售价格 3 元的袋装白糖，标示每袋重量 1000 克，而实际每袋重量仅有750 克，数量与价格不符。

（三）对价格欺诈的完善建议

价格欺诈行为不但侵害了消费者和竞争者的合法权益，而且还给监管带来困难，不但扰乱了正常的市场秩序还造成资源的浪费。因此，需要对其加以规制，并通过立法对其加以完善。

1. 完善价格欺诈法体系

目前调整我国的价格欺诈法律有《禁止价格欺诈行为的规定》、《关于〈禁止价格欺诈行为的规定〉有关条款解释意见的通知》，还包括在《反不正当竞争法》、《产品质量法》及有关价格管理部门颁布的规范性文件，比如《关于在全国开展查处价格欺诈专项行动的通知》等。现有的法律法规参差不齐，效力低，且大多是行政性法规。随着市场的进一步发展，价格欺诈的方式也在发生着变化，例如："建议零售价"、"奢华包装"等表现形式的出现，需要消费者具有更高的识别与应对能力。可见，列举式的价格欺诈表现形式已经不能适应市场发展的需要，需进一步完善。

2. 统一价格欺诈的地方规范性文件

除国家层面的价格法规外，我国还存在着很多地方性价格欺诈的法规，由于受地域经济、文化等因素的限制，这些法规难免会存在着相互矛盾及不协调的因素。所以，应该按照我国《立法法》的规定，对这些矛盾的法规加以清理，以与国家层面的法规相一致、相协调。

3. 明确和细化价格欺诈的界定

只有把价格欺诈的概念、表现形式、后果等明确界定且细化后，才能使价格欺诈的行为更易于被识别。同时，价格欺诈的主体、被欺诈主体、行为及主观要件都需要进一步细化，以易于操作和执行。

4. 完善法律责任

价格欺诈的责任应该包括行政责任、刑事责任及经济责任。在行政责任中，现有的方式是能力罚，本书建议增加资格罚和声望罚，以从某些方面对欺诈主体进行限制，从而起到一种惩戒作用；在刑事责任方面可以考虑把价格欺诈作为罪名入刑，用最严厉的处罚方式以对价格欺诈行为起到一定的惩罚作用；在经济责任方面，可以引入惩罚性赔偿机制对价格欺诈行为进行惩治，以削弱其经济能力。

四 价格歧视及其法律规制

（一）价格歧视的含义

价格歧视（price discrimination）实质上是一种价格差异，通常指商品或服务的提供者在向不同的接受者提供相同等级、相同质量的商品或服务时，在接受者之间实行不同的销售价格或收费标准。经营者没有正当理由，就同一种商品或者服务，对若干买主实行不同的售价，则构成价格歧视行为。价格歧视是一种重要的垄断定价行为，是垄断企业通过差别价格来获取超额利润的一种定价策略。价格歧视作为一种垄断价格，既是垄断者获取最大垄断利润导致不公平竞争的一种手段，又使条件相同的若干买主处于不公平的地位，妨碍了正当竞争，具有限制竞争的危害。因而，世界各国的反垄断法规基本上都对它作出了限制。但是，限制价格歧视并非要取消一切价格歧视。在具有自然垄断性的公用事业中，对于一些不能贮存的劳务，采用高峰时期和非高峰时期的差别价格，将某些高峰需求调向低峰时期，可以更充分地利用其设备资源，对社会具有一定的积极意义。

美国等西方国家的竞争法律均涉及价格歧视问题，美国反托拉斯法律制度一直将某些对市场竞争造成损害的价格歧视作为典型的不正当竞争行为加以研究和规范。根据《克莱顿法》和《鲁宾逊帕特曼法》的规定，从事商业的人在其商业过程中，直接或间接地对同一等级和质量商品的买者实行价格歧视，如果价格歧视的结果实质上减少竞争或旨在形成对商业的垄断，或对竞争造成其他损害，则是非法的。违法价格歧视的构成要件是：实施价格歧视的主体包括商品的销售者和购买者；价格歧视的标的物只能是商品，不包括服务及无形物，且这种商品必须是相同等级、相同质量，商品的销售发生在美国境内的商业过程中；实施价格歧视的后果对市场竞争造成损害。

我国《价格法》第14条第5项规定："经营者提供相同商品或者服务，不得对具有同等条件的其他经营者实行价格歧视。"这里所称的"价格歧视"，是指商品或服务的提供者提供相同等级、相同质量的商品或服务时，使同等交易条件的接受者在价格上处于不平等地位。经营者没有正当理由，就同一种商品或者服务，对条件相同的若干买主实行不同的交易待遇，例如，对具有同等条件的甲、乙企业，对甲可以实行批量作价，对乙则不允许享受批量作价；或对甲可以讨价还价，对乙则不允许；或因甲是本地企业，乙是外地企业就实行不同价格待遇等，从而构成价格歧视行为。

（二）价格歧视在现实经济生活中的体现

价格歧视的实施方式与信息密切相关，一级价格歧视对信息量的要求最大，三级价格歧视次之，二级价格歧视对信息量的要求最小。现实生活中，一级价格歧视不大可能发生，而三级价格歧视和二级价格歧视非常普遍。

1. 价格歧视在电信业中的体现

电信业定价实践中普遍存在着价格歧视的现象，具体表现在顾客购买其产品或服务时所面临的多种资费选择方式。选择资费的定价模式实际上是由多个二部资费定价方案组成，且二部资费中还可进一步包括分时段资费或分距离资费。所谓二部资费是指价格方案由两部分构成，一是与电信用户通信时间无关的基本费，如"月租费"；二是按通信时间支付的从量费。日常的工作生活规律决定了人们在不同时间段对通信服务需求的不同，通过在不同时段制定不同的资费标准，厂商达到了三级价格歧视的目的。更进一步，通过制定包含多个二部定价的选择资费，对高需求者索取较低的边际价格（从量费）和较高的基本费，对低需求者索取较高的边际价格和较低基本费，厂商又达到了二级价格歧视的目的。可见，通过将分时段定价和二部定价相结合，电信业厂商实际上对用户同时实施了三级和二级价格歧视。

2. 价格歧视在电子商务中的体现

与实物市场相比较，电子商务市场的价格歧视无论是表现形式还是适用程度都呈现出不同的特点。其具体表现为：一是个人化定价，对应于实物市场的一级价格歧视，即以不同的价格向每位用户出售，而销售商可以获得用户的全部详细资料；二是版本划分，对应于实物市场的二级价格歧视，即提供一个产品系列，让用户选择适合自己的版本；三是群体定价，对应于实物市场的三级价格歧视，即对不同群体的消费者设置不同的价格，网络外部效应、数字产品的锁定效应和共享效应使得在电子商务市场上实行三级价格歧视更加具有优势。

3. 价格歧视在民航业中的体现

航空公司通过严格地运用一些限制条件，把具有不同支付意愿的旅客划分为不同的群体，达到了三级价格歧视的目的。在上述分类的基础上，再根据提供的服务等级不同，在质量维度上对消费者实行二级价格歧视。民航业实施价格歧视的主要措施有：针对低价格机票设定提前购买或最短停留期限，规定不能退换或不能完全退换；针对非经停航班、经停航班、衔接航班，在某些具体时刻实行折扣；采用吸引旅客购买经济舱的全价票，如提供头等舱及公务舱的服务，对经济舱全票价旅客提供附加服务等。航空公司通过以上方法使市场上的旅客更加明确分化为不同的群体，使群体之间的差异更加明显，从而在不同市场对基本相同的服务实行更有效的价格歧视。

（三）对价格歧视的法律规制

1. 修补现有立法的缺陷

（1）立法分散

我国现有的价格歧视立法分散在不同的法律、法规及规章中，其致命缺陷是规定得较为原则和笼统，可操作性不强。比如对价格歧视的具体表现形式、构成要件、例外豁免、举证责任等方面都没有明确，需要进一步修补完善。

（2）价格歧视对象的规定不统一

《价格法》、《反不正当竞争法》将价格歧视的对象限于经营者之间，《制止价格垄断行为的暂行规定》表述为交易对象，而在《反垄断法》中又表述为交易相对人。是不是消费者也被纳入到其调整对象中呢？从现有其调整对象逐步扩大的趋势来看，不是没有可能性。即便是"价格歧视"，有时候也被表述为"差别待遇"，正是这种不严密性导致了价格歧视在立法上出现了一定的分歧，需要进一步调整。

2. 引入私人诉讼制度

英国是最早在反垄断法中使用私人诉讼的国家，但在法律上最早规定私人诉讼制度的却是美国，在美国90%的案件是由私人到法院提起的，公共执法机构参与处理只约占10%的案件。[①] 而我国当前大多反价格歧视是靠行政管理来进行的，对处理不服的，可以提出行政复议或者行政诉讼。维权途径较为复杂，过程较长。如果赋予当事人直接诉讼的权利，救济途径就会大大缩短，且价格歧视发生在平等地位的经营者与购买者之间，比较符合民事诉讼的特征，将私人诉讼制度引入具有可行性。但由于经营者与购买者在信息、经济上存在不对称性，所以，建议在举证责任的分担上也要采取照顾购买者的原则。同时，应采用合理、

---

① 胡守维：《价格歧视新探及其法律规制》，硕士论文，华东政法大学，2010年，第24页。

审慎的原则来衡量价格歧视与正常价格差价的区别，以防止私人主体滥用诉权。

此外，还有哄抬价格、压级压价收购、牟取暴利等不正当价格行为需要我们作出明确的界定。而且随着市场经济的进一步发展，还会有其他形式的不正当价格行为出现。因而，我们要从根本上杜绝这些不正当的价格行为，必须完善《反不正当竞争法》和《反垄断法》，使价格的微观环境得以彻底的改善。

第十三章

价格违法及犯罪行为的法律责任

一 价格违法行为的行政责任

价格违法行为是指经营者违反了价格活动的基本规范，采用不正当竞争的手段，侵害消费者和其他经营者的合法权益，干扰并破坏正常的价格竞争秩序的行为。目前，我国对价格违法行为的处罚主要采用行政手段，涉及的法律有《中华人民共和国行政处罚法》、《中华人民共和国行政强制法》、《中华人民共和国价格法》、《中华人民共和国反垄断法》、《价格违法行为行政处罚规定》、《价格行政处罚程序规定》、《关于商品和服务明码标价的规定》等法律、行政法规。可见，我国对价格违法行为的行政处罚从法律依据、程序到措施都有相应的规定。价格违法行为的行政处罚具备的要素如下。

行政处罚的主体是县级以上各级人民政府价格主管部门，按照价格违法行为实行属地管辖的原则，违法行为一般由价格违法行为发生地的地方人民政府价格主管部门决定，但如果国务院价格主管部门规定由其上级价格主管部门决定的除外。

被处罚的对象主要是经营者，但对行业协会或者为商品交易提供服务的单位机构操纵市场价格的行为也是行政处罚的对象，《价格违法行为行政处罚规定》（以下简称《规定》）第 6 条："行业协会或者其他单位组织经营者相互串通，操纵市场价格的，对经营者依照前两款的规定处罚；对行业协会或者其他单位，可以处 50 万元以下的罚款，情节严重的，由登记管理机关依法撤销登记、吊销执照。"

行政处罚的客体主要是价格违法行为及违反政府价格宏观调控的行为。《价格法》第 14 条列举了相互串通，操纵市场价格；低价倾销；经营者哄抬价格；价格欺骗；价格歧视；变相提高或者压低价格；牟取暴利等经营者的 8 种不正当价格行为。《规定》不但对该条涉及的价格违法行为的行政处罚做出详细规定，还对经营者不执行政府指导价、政府定价，不执行法定的价格干预措施、紧急措施的价格违法行为做出了规定。《规定》细化了对多种价格违法行为的认定，加大了对有关操纵市场价格，造成商品价格较大幅度上涨等违法行为的处罚力度，是行使行政处罚权的直接法律依据。

行政处罚的方式有罚款、没收违法所得、责令停业整顿，或者由工商行政管理机关吊销营业执照，且视违法情节的轻重来采取。针对情节严重、拒不改正的任何单位和个人，政府价格主管部门除依照本规定给予处罚外，还可以公告其价格违法行为，通过名誉的警告、公众的压力来迫使其改正。

行政处罚的程序法定。于 2013 年 7 月 1 日开始施行的《价格行政处罚程序规定》不但为价格行政处罚量身定做了专业的执法程序，还增加了相关法律的协调性，使得执法更加明确。在执法的程序上分为一般程序与简易程序。一般程序包括立案、调查取证、陈述、申辩和听证、处罚决定、送达与执行等五个环节。使得整个执法程序更加合理、顺畅。价格主管部门应当依照法律、法规、规章的规定实施行政处罚，否则行政处罚无效。价格主管部门在依法调查或者检查时，执法人员不得少于两人，并应当向当事人或者有关人员出示行政执法证件。价格主管部门实施行政处罚必须以事实为依据，与违法行为的事实、性质、从宽与从重处罚以及社会危害程度相当。

二　价格犯罪行为的刑事责任

依据《价格法》、《价格行政处罚程序规定》及相关规定，在我国对价格犯罪没有专门的规定，一般散见于价格违法行为的行政处罚中，"情节严重，构成犯罪的依法追究刑事责任"，可见，较为模糊、分散。我国现行刑法与价格犯罪相关的罪名第 225 条，但该条是对非法经营罪的规定，与我国价格方面的犯罪在犯罪构成、定性等方面还存在极大的差距，如依据该条对价格犯罪行为处罚不利于发挥价格杠杆的调控作

用。所以，本书建议在《价格法》修订时，最好将价格犯罪作为一个
单独的节，将我国现行的价格犯罪分为操纵市场价格罪、低价倾销罪、
价格欺诈罪、牟取暴利罪、哄抬价格罪、价格歧视罪、不执行政府指导
价与政府定价罪、不执行价格干预措施与紧急措施罪，以及行政性收费
犯罪中的扰乱国家行政机关收费秩序罪、违法审批国家行政机关收费罪
等的罪名，通过对每一个罪名加以明确规定，以与行政处罚行为衔接、
配套。在刑法的《破坏社会主义市场经济秩序罪》一章中，也应该增
加相应的罪名，以便保证所有价格法规的配套实施。在修订之前，对价
格方面的犯罪，应适用刑法的处罚原则与量刑标准，以事实为根据，以
法律为准绳，对其进行从宽、从严或应然的处罚，以维护良好的价格宏
观调控秩序与市场竞争秩序。

三　治理价格违法及犯罪行为的完善建议

1. 强化执法的效力

本书认为，目前我国的价格行政处罚的法律体系基本健全，关键是
如何执行及协调的问题。各级价格主管部门应该在执法的过程中认真贯
彻与执行这些法律。在管理微观市场价格秩序的同时，把国家的价格宏
观调控政策执行到工作中。"徒法不足以自行"，执法必严，是立法的
保障，更是司法的保证。

2. 加大地方法规的配套建设

2013 年 6 月 27 日苏州市人民政府第 128 号令公开发布《苏州市市
场行为价格监督管理办法》，这是国内首部专门规范市场价格行为的政
府规章，其制定实施，有利于完善市场价格行为监管体系，营造公平竞
争的市场价格环境，促进经济社会健康发展。[①] 其他省市也应效仿苏州
市的做法，尽早出台适合本辖区的配套法规。

3. 多使用行政调解的方式

发生价格争议的，当事人可以向政府价格主管部门及其价格认证机

---

① 朱颖、胡永昌：《国内首部专门规范市场价格行为的政府规章在苏州诞生》，《吴江日
报》2013 年 8 月 26 日第 1 版。

构，以及镇、街道价格监督服务站申请调解，政府价格主管部门应当建立价格争议调解员队伍和价格调解专家库，调解员队伍由专职和兼职调解员组成，价格争议调解应当遵循自愿、合法、平等、效益的原则，进行原则性规定，为更好地推进这项工作打下基础。

4. 增强对价格主管部门负责人及工作人员的法律责任

针对违法行为的严重程度，设置不同责任形式，可以有行为罚、财产罚、人身罚、资格罚等，但在《价格违法行为行政处罚规定》、《价格行政处罚程序规定》中对价格主管部门的工作人员在执法时的违法犯罪行为的规定较为笼统。固然，价格主管部门的工作人员属于国家工作人员，适用我国的公务员法、刑法等法律的相关规定，但是作为价格违法行为处罚法在规范经营者行为的同时，也应该提高自我约束的能力，否则会为权力的寻租埋下祸患。例如，《苏州市市场行为价格监督管理办法》明确规定，政府价格主管部门及其工作人员违反本办法规定，玩忽职守、滥用职权、徇私舞弊的，由其所在单位或者上级主管部门对直接负责的主管人员和其他直接责任人员依法给予行政处分，构成犯罪的，依法追究刑事责任。本书认为，其做法较好，其他地区可以适当地参考与借鉴。

5. 更好地利用举报投诉制度

依据《价格违法案件举报奖励办法》各级政府价格主管部门设置了价格违法专项举报电话 12358，以鼓励民众进行监督，积极举报与投诉价格违法行为。同时应公布举报投诉渠道，受理举报投诉的政府价格主管部门应当按照规定调查处理，并将处理结果告知举报人或者投诉人，为举报人保密，对举报有功人员给予奖励，因为举报是提供线索，发现违法的最好方法。

6. 重视行政指导的作用

所谓价格行政指导是指价格主管部门和其他有关部门在履行价格管理职责过程中，采用建议、劝告、鼓励、限制等非强制性手段，促使广大经营者和收费单位自觉遵守国家的价格（收费）政策，维护市场正常的价格（收费）秩序，促使经济健康发展的行为。[①] 价格行政

---

① 王连生：《价格违法犯罪研究》，博士论文，吉林大学，2005 年，第 223 页。

指导行为对预防犯罪、及时纠正轻微价格违法行为、改造价格违法者等起到了极好的作用，且行政指导的主体与价格执法主体具有同一性，便于及时开展工作，其方式灵活多样，更有利于发现问题，打击违法犯罪行为。

参 考 文 献

一 著作类

[1]［美］萨缪尔森：《分析经济学中的最大原理》，王宏昌译，中国社会科学出版社 1997 年版。

[2]［德］马克思：《资本论》（第 3 卷），人民出版社 1975 年版。

[3]［美］保罗·萨缪尔森、威廉·诺德豪斯：《经济学》，萧琛译，华夏出版社 1999 年第 15 版。

[4]［美］斯蒂格勒：《价格理论》，施仁译，北京经济学院出版社 1990 年版。

[5]［美］罗宾逊：《现代经济学导论》，陈彪如译，商务印书馆 1982 年版。

[6]［美］W. 阿瑟·刘易斯：《经济增长理论》，梁小民译，上海三联书店 1990 年版。

[7]［日］植草益：《微观规制经济学》，朱绍文译，中国发展出版社 1992 年版。

[8]［德］马克思、恩格斯：《马克思恩格斯选集》（第 1 卷），人民出版社 1972 年版。

[9] 吴铎：《社会学》，高等教育出版社 1992 年版。

[10] 张敦福：《现代社会学教程》，高等教育出版社 2001 年版。

[11] 卢炯星：《宏观经济法》，厦门大学出版社 2005 年版。

[12] 叶秋华、宋凯利、郝刚：《西方宏观调控法与市场规制法研究》，中国人民大学出版社 1999 年版。

[13] 魏礼存、利广安：《国外市场经济的宏观调控模式与借鉴》，中国计划出版社 1994 年版。

[14] 黄范章：《外国市场经济的理论分析与实践》，商务印书馆 1998 年版。

[15] 左大陪、裴小革：《现代市场经济的不同类型》，经济科学出版社 1997 年版。

［16］姚先国、罗卫东：《比较经济体制分析》，浙江大学出版社 2000 年版。

［17］朱延福、刘可风：《市场经济国家中的计划》，人民出版社 1996 年版。

［18］王振之、乔荣章：《价格改革与价格管理》，中国物资出版社 1987 年版。

［19］胡乃武、魏杰：《中国宏观经济管理》，中国人民大学出版社 1989 年版。

［20］白暴力：《价值与价格理论》，中国经济出版社 1999 年版。

［21］董玉明：《与改革同行——经济法理论与实践问题研究》，知识产权出版社 2007 年版。

［22］董玉明、王华梅：《入世与我国宏观调控法制的完善》，转引自刘文华《宏观调控法制文集》，法律出版社 2002 年版。

［23］胡昌暖：《价格学原理》，中国人民大学出版社 1991 年版。

［24］张卓元：《社会主义价格理论与价格改革》，中国社会科学出版社 1987 年版。

［25］刘卓甫、王振之：《社会主义价格学》，中国财政经济出版社 1987 年版。

［26］薛暮桥：《我国物价和货币问题研究》，红旗出版社 1986 年版。

［27］宋承先：《现代西方经济学（宏观经济学）》，复旦大学出版社 1997 年版。

［28］王乃静、李宝元：《市场经济中的国家计划》，济南出版社 1997 年版。

［29］魏礼群：《社会主义市场经济与计划模式改革》，中国计划出版社 1994 年版。

［30］甲克诚：《中国社会主义价格问题》，光明日报出版社 1988 年版。

［31］漆多俊：《宏观调控法研究》，中国方正出版社 2002 年版。

［32］杨紫烜：《经济法》，北京大学出版社、高等教育出版社 1999 年版。

［33］王全兴：《经济法基础理论专题研究》，中国监察出版社 2004 年版。

［34］张光远：《经济转轨中的价格机制》，中国物价出版社 2002 年版。

［35］陈学彬：《价格宏观调控论》，上海财经大学出版社 1995 年版。

［36］聂辰常、耿杰、王秀玲：《宏观经济运行与调控》，社会科学文献出版社 1999 年版。

［37］张幼文、陈林：《市场经济体制国际比较概论》，东方出版中心 1998 年版。

［38］许思青：《日本市场经济法制》，辽宁大学出版社 1995 年版。

［39］刘瑞、周人杰：《论宏观调控的法理基础》，载《政治经济学评论》2008 年第 1 辑，中国人民大学出版社 2008 年版。

［40］骆耕漠：《关于社会主义计划经济的几个理论问题》，上海人民出版社 1982 年版。

［41］刘学敏：《中国价格管理研究》，中国社会科学出版社 2000 年版。

［42］徐康宁、张宗庆：《宏观经济学》，石油工业出版社 2003 年版。

［43］刘定华、肖海军：《宏观调控法律制度》，人民法院出版社 2002 年版。

［44］吴敬琏：《市场经济的培育和运作》，中国发展出版社 1993 年版。

［45］李昌麒：《经济法——国家干预经济的基本法律形式》，四川人民出版社 1995 年版。

［46］刘剑文：《财税法》，法律出版社 1995 年版。

［47］刘溶沧：《调控与发展理论及政策研究》，社会科学文献出版社 2000 年版。

［48］杜世镛：《中国计划体制改革》，中国财政经济出版社 1994 年版。

［49］高尚全：《论计划与市场》，人民日报出版社 1992 年版。

［50］Jeffrey. L. Harrision：*Law and Economics*，West Pulishing. co. 1995.

［51］MERCURO. N. AND S. MEDEMA：*Ecomomics and the law*，*from Posner to Post-Modernism*. Princeton. NJ：Princeton University Press.

二　期刊类

［1］陈为毅：《价格理论新探》，《经济师》2002 年第 9 期。

［2］程信和：《中国经济法向何处去》，《经济法制论坛》2003 年第 1 期。

［3］刘晓星：《西方价格理论对我国建立市场经济价格机制的启示》，《贵州财经学院学报》2001 年第 5 期。

［4］韦大乐：《〈价格法〉的成效与完善建议》，《法学杂志》2003 年第 4 期。

［5］刘汉文：《发展社会主义市场价格机制的法律保障》，《中国物价》1999 年第 4 期。

［6］江水法、伍世安：《〈价格法〉实施五年的效应、存在的缺陷及其修改建议》，《价格月刊》2003 年第 9 期。

［7］梁化坤：《我国行政听证制度的法规范分析及其完善》，《法制与社会》2007 年第 12 期。

［8］赵小平：《修改〈价格法〉应注意把握的几个问题》，《中国物价》2003 年第 7 期。

［9］童珂：《公共事业价格市场化改革问题探讨》，《价格理论与实践》2003 年

第 10 期。

[10] 杨洁、王振平：《经营城市中公共产品定价策略研究》，《价格理论与实践》2004 年第 1 期。

[11] 韦烁：《价格垄断问题的经济法学思考》，《中国企业报》2004 年第 1 期

[12] 王学庆：《邮电资费改革的基本思路》，《中国物价》1998 年第 6 期。

[13] 晓文：《日本消费者权益保护政策和立法》，《中国工商管理研究》1999 年第 10 期。

[14] 谢增毅：《德国经济稳定与增长促进法及其新启示》，《当代法学》2002 年第 3 期。

[15] 刘树成、姚愉芳、陈黎：《德国的经济波动、预测与宏观调控——赴德学术考察报告》，《数量经济技术经济研究》1995 年第 12 期。

[16] 王少锋：《对修改〈价格法〉的几点看法》《价格与市场》2002 年第 10 期。

[17] 王俊豪：《对自然垄断经营产品范围的探讨》，《价格理论与实践》2002 年第 2 期。

[18] 张光远：《对竞争性产业和特殊垄断产业实行不同价格管理体制的探讨》，《价格理论与实践》2002 年第 8 期。

[19] 漆丹、漆多俊：《科学发展观：当代中国经济法良法观之核心》，《法学评论》2006 年第 6 期。

[20] 孟庆波：《入世后如何进一步提高农产品竞争力》，《价格理论与实践》2003 年第 5 期。

[21]《国 5 条细则不细调控放权地方》，《腾讯财经观察》2013 年 3 月 2 日第 801 期。

[22]《高铁一开，财富就来》，《腾讯财经观察》2012 年 12 月 28 日第 759 期。

[23] 樊秀峰：《〈价格法〉亟待完善与配套》，《价格与市场》1999 年第 5 期。

三 报纸类

[1] 顾俊：《改革发改委是政府转变职能的关键》，《中国经营报》2013 年 3 月 9 日第 1 版。

[2] 马汉青：《消费对 GDP 贡献 5 年来首超投资"十年首超"有误》，《羊城晚报》2012 年 10 月 24 日第 8 版。

[3] 徐建清：《七五计划（1986—1990）：改革闯关治理整顿》，《中国青年报》

2006 年 3 月 20 日第 1 版。

　　［4］王萍:《乘客状告北京铁路局:坐票站票一个价不合理》,《北京晚报》2006 年 7 月 4 日第 10 版。

　　［5］《2012 年全国铁路运输旅客 18.93 亿人》,《人民铁道》报 2013 年 1 月 18 日第 12 版。

　　［6］沈颖、赵蕾:《铁路法院该姓啥——从曹大和案看铁路法院改革之路》,《南方周末》2009 年 6 月 4 日 A22 版。

　　［7］李若冰、徐宏:《中海油完成收购尼克森》,《中国海洋石油报》2013 年 2 月 27 日第 12 版。

　　［8］刘勇:《房价收入比被扭曲 80 后买房梦渐行渐远》,《华夏时报》2013 年 3 月 2 日第 1 版。

　　［9］李文龙:《水价改革路在何方》,《金融时报》2013 年 3 月 14 日第 10 版。

四　网络类

　　［1］《后十八大楼市去房地产化已成共识》,《南方都市报》2012 年 11 月 23 日(http://qg.house.163.com/12/1123/13/8H0FM2T500074LLB.html#from = relevant)。

　　［2］《习近平等十八届中共中央政治局常委同中外记者见面》,2012 年 11 月 15 日,新华网(http://news.xinhuanet.com/politics/2012-11/15/c_ 113697411.htm)。

　　［3］李雁程:《房产税渐近沪渝试点一年房价未降反涨》,2012 年 9 月 3 日,新文化网(http://finance.sina.com.cn/china/20120903/150013030887.shtml)。

　　［4］国务院办公厅:《国务院批转深化收入分配制度改革若干意见》,2013 年 2 月 5 日,腾讯网(http://finance.qq.com/a/20130205/007117_ 1.htm)。

　　［5］《2008 年投资出口消费"三驾马车"如何协调发展》,2007 年 12 月 23 日,搜狐网(http://business.sohu.com/20071223/n254248836.shtml)。

　　［6］巫继学:《回望社会主义市场经济的曲折路径》,理论网(http://theory.people.com.cn/GB/49154/49155/4594143.html)。

　　［7］张勤:《一号文件:积极推进水价改革稳步推行阶梯水价》,2011 年 1 月 30 日,中国新闻网(http://www.chinanews.com/cj/2011/01-30/2820552.shtml)。

　　［8］《我国阶梯水价推广难上涨需公开透明且避免"一刀切"》,2013 年 6 月 13 日,中国环保设备展览网(http://www.hbzhan.com/news/Detail/79973.html)。

　　［9］赵淑敏:《2006 年 CPI 物价分析及预测》,2006 年 9 月 5 日,金都信息港(http://www.jdxx.cn/tjfx/200695164323.html)。

［10］丁任重：《资源性产品的价格现状及改革趋向》，2006 年 9 月 4 日，理论网（http：//theory. people. com. cn/GB/49154/49155/4775255. html）。

［11］《2008 年铁路概况》，2011 年 10 月 12 日，铁道部官方网站（http：//www. china-mor. gov. cn/zwzc/tdgk/201012/t20101228_ 3499. html）。

［12］《中国铁路工作会议召开高铁运营里程居世界第一》，2013 年 1 月 18 日，红网（http：//jt. rednet. cn/c/2013/01/18/2884225. htm）。

［13］《央行：中国铁路总公司继承原来铁道部贷款》，2013 年 3 月 13 日，腾讯网（http：//news. 163. com/13/0313/15/8PRTLQTI0001124J. html）。

［14］《状告铁路局收取退票费侵权原告当庭要求铁路法官回避》，2008 年 4 月 18 日，《北京商报》（http：//www. huochepiao. com/hezuo/lida/train/display. asp? DirectoryID = 37214）。

［15］《铁路司法机构移交地方背后：收入每月降低数千元》，2012 年 7 月 9 日，新浪网（http：//finance. sina. com. cn/china/20120709/104912513480. shtml）。

［16］《铁路基准票价率 16 年未变世行建议中国改革定价机制》，2012 年 1 月 10 日，客运站（http：//www. keyunzhan. com/knews-288001）。

［17］张遇哲：《误读"降价 2%"拷问火车票定价机制》，2012 年 12 月 25 日，华声在线（http：//opinion. voc. com. cn/article/201212/201212250918004314. html）。

［18］《17 个城市"国五条细则"落地北京版表述最严厉》，2013 年 4 月 1 日，赢商网（http：//news. winshang. com/news-158048. html）。

［19］发改委：《实行阶梯电价 用价格杠杆撬动节能减排》，2012 年 6 月 14 日，腾讯网（http：//finance. qq. com/a/20120614/004918. htm）。

［20］《尚德宣告破产谁来为光伏悲剧买单?》，2013 年 3 月 21 日，腾讯网（http：//finance. qq. com/a/20130321/005850. htm）。

［21］秦刚：《国家电网拆分方案传出：两会后"五号文件"回归》，2013 年 3 月 21 日，搜狐网（http：//stock. sohu. com/20130318/n369278025. shtml）。

［22］《中国石油化工集团公司简介》，中石化公司官方网站（http：//www. cnpc. com. cn/cn/gywm/）。

［23］薛梅：《周吉平在集团公司工作会议上做工作报告强调坚持稳中求进大力开拓创新确保企业持续健康发展与和谐稳定》，2013 年 1 月 25 日，中国石油新闻中心（http：//news. cnpc. com. cn/system/2013/01/25/001410425. shtml）。

［24］郭少峰、钟晶晶：《水价改革不是让政府从中挣钱》，2009 年 12 月 17 日，腾讯网（http：//finance. qq. com/a/20091217/005417. htm）。

［25］何芳、王曦：《国三油含量是欧洲的 15 倍，央企为利益拖油品的后腿》，2013 年 2 月 1 日，腾讯网（http：//finance. qq. com/a/20130130/001597. htm）。

［26］《中石化承认对雾霾天气有责任归因国标过低遭反驳》，2013 年 2 月 1 日，腾讯网（http：//news. 163. com/13/0201/07/8MK1STG300014JB5. html？from = tag）。

［27］《中石化计划 2014 年供应国Ⅳ汽油》，2013 年 2 月 1 日，腾讯网（http：//news. 163. com/13/0201/08/8MK759KI00014JB6. html？from = tag）。

［28］尹一杰：《两桶油隐现利润转移链条谁赚了 633 亿》，2011 年 11 月 29 日，世纪经济报道（http：//finance. qq. com/a/20111129/000383. htm）。

［29］王飞：《"两桶油"炼油业务亏 600 亿哭穷意图是涨价》，2011 年 11 月 28 日，腾讯网（http：//finance. qq. com/a/20111128/001272. htm）。

［30］魏书光：《国际能源署：全球石油供应将出现紧张》，2013 年 1 月 24 日，证券时报（http：//news. hexun. com/2013-01-24/150508889. html）。

［31］汪珺：《国际油价重拾升势成品油价节后或上调》，2013 年 2 月 5 日，腾讯网（http：//finance. qq. com/a/20130205/000669. htm？pgv_ ref = aio2012&ptlang = 2052）。

［32］李跃群：《中石化高调宣布油品升级 70% 成本需消费者埋单》，2013 年 2 月 4 日，新浪网（http：//finance. sina. com. cn/money/future/futuresnyzx/20130204/080814492604. shtml）。

［33］刘铮：《发展改革委：我国将择机推出新的成品油定价机制》，2012 年 3 月 28 日，中央政府门户网站（http：//www. gov. cn/jrzg/2012-03-28/content _ 2102000. htm）。

［34］安蓓、罗沙：《条件逐渐成熟新成品油定价机制今年将会推出》，2013 年 1 月 6 日，燃料油网（http：//www. rlyou. com/rly/22343. html）。

［35］《发改委：将缩短油价调价周期取消 4% 幅度限制》，2013 年 3 月 6 日，腾讯网（http：//news. qq. com/a/20130306/001202. htm）。

［36］《新油价定价机制出台周期缩短取消 4% 幅度变化》，2013 年 3 月 26 日，腾讯网（http：//finance. qq. com/a/20130326/007058. htm）。

［37］《我国油价被指重复计税：一升油多算了 1.7 元》，2013 年 3 月 4 日，腾讯网（http：//finance. qq. com/a/20130304/001275. htm？pgv_ ref = aio2012&ptlang = 2052）。

［38］《任志强：国五条重复过去的错误弊大于利》，2013 年 3 月 1 日，腾讯网

（http：//finance. qq. com/a/20130303/000111. htm？pgv ＿ ref ＝ aio2012&ptlang ＝ 205）。

［39］《条件逐渐成熟新成品油定价机制今年将会推出》，2013 年 1 月 6 日，燃料油网（http：//www. rlyou. com/rly/22343. html）。

［40］《"两桶油"巨亏 645 亿是"冷笑话"？》，2011 年 11 月 28 日，《经济参考报》（http：//finance. qq. com/a/20111128/000273. htm）。

［41］《解读国务院常务会议控制能源消费总量措施》，2013 年 1 月 24 日，中国石油新闻中心（http：//news. cnpc. com. cn/system/2013/02/01/001411717. shtml）。

［42］李长久、刘丽：《全球耕地减少：人类与地球共生的困惑》，2010 年 7 月 8 日，新华网（http：//finance. qq. com/a/20100708/002581. htm）。

［43］《温家宝 2013 年两会政府工作报告全文》，2013 年 3 月 5 日，每经网（http：//www. nbd. com. cn/articles/2013-03-05/719952/page/3）。

［44］《中共中央国务院关于加快发展现代农业进一步增强农村发展活力的若干意见》（2013 年中央 1 号文件），2013 年 2 月 1 日，中国农业科学院网（http：//www. caas. net. cn/caasnew/nykjxx/nyxz/70397. shtml）。

［45］《2003—2013 年中国房地产调控政策一览表》，2013 年 2 月 27 日，搜狐网（http：//business. sohu. com/20130227/n367325551. shtml）。

［46］叶前：《新华社称房价屡调屡高让很多人没有购房资格》，2013 年 3 月 2 日，新 华 网（http：//finance. qq. com/a/20130303/000116. htm？pgv ＿ ref ＝ aio2012&ptlang ＝ 2052）。

［47］胡家源：《房产税改革已届两年，被指名不正言不顺》，2013 年 2 月 1 日《经济观察报》 （http：//finance. qq. com/a/20130202/000466. htm？pgv ＿ ref ＝ aio2012&ptlang ＝ 2052）。

后　记

　　之所以选择这个题目写作，还得从我读研究生时说起。宏观调控法是我读研究生时选择的方向，所以，从一入学，我就要为自己将来的毕业论文选择一个具体的写作方向。在导师董玉明教授的指导下，我选择了价格宏观调控，一是因为价格问题关系我们生活的各个方面，其重要性不言自明。二是也想找个资料多的题材，为写作做好准备。果然，我的论文顺利完成了，而我也因此顺利获得了法学硕士学位。

　　毕业后，走向了工作岗位，我自己也由一名学生变成一位高校教师。虽然没有机会担任经济法的教学，但我对经济法研究的热情却一点都没有减少，尤其是对价格宏观调控法的研究。刚入校，单位给了我们新引进的研究生科研启动经费，我的硕士论文《价格宏观调控法律问题研究》成了我获得经费支持的第一个课题，也为我以后科研的顺利继续赚来了第一桶金。我也因此围绕着价格宏观调控问题展开了系列研究，这为本书的顺利完成奠定了基本框架。

　　2012 年 3 月，我应邀到德州市物价局讲课，在与他们交流时，提到了我 7 年前的毕业论文，并分享了其中的观点。这些真正搞物价的朋友说我论文的很多观点现在依然闪现着智慧的火花与光芒，有些观点现在还没有变成现实，但已经在立法研究了，也就意味着我的论文还具有一定的理论与实践价值，这一意外收获无疑再次激发了我继续研究的激情与信心。所以，我开始着手整理这些散落的文稿，并加以补充、系统、完善，这才有了本书的问世。

　　虽然自己的研究断断续续，也因为种种原因多次被搁置，但终能如愿，这当然得益于自己多年的执着。但是，我最先感谢的是我导师董玉明教授。虽然我们不常见面，但是老师对我的关怀与牵挂却一刻也未曾中断，所以，每每听到昔日的老同学讲起导师对我的关心，我就倍感惭愧。这些年，由于工作和家事缠身，忽略了与老师的联络，但是老师依然会记起我这个学生，我俨然已是他众多桃李中最灿烂的那枝。因此，在我的内心深处始终萌生着一种感激、愧疚之情，也渐渐明白恩师的良苦，唯有把工作努力做好、把科研搞好、把自己的小日子过好才是对恩师最好的报答。正是在恩师的指引下我的思想才得以成型、努力才会结果。2013 年的春节我去拜访恩师，当我把自己曾经出版的两本专著送给导师时，导师说这是我带给他最好的礼物。从他的眼神中我读出了肯定、赞许与鼓励。而在我眼里，导师早已是兄长、益友，更是时时处处督促我前行的风向标。踏踏实实做事，勤勤恳恳做人，导师的治学精神是激励我不断前行的动力。我常常感慨遇到这样好的老师是何等的幸运！除了感激，更多的是前行的勇气与坚守的执着。

导师的指点与鼓励使我在科研领域不断前行。与物价部门的合作使得我的理论研究接了地气，根基也变得更加牢固。德州市物价局于喆、杨军志局长和陈雷主任的支持，让我的研究更加丰富与充实。所以，在此，对这些朋友表示衷心的感谢！

当然最为感谢的应该是家人。亲人的默默支持，为我营造了静谧、舒适的写作空间。儿子的香吻更是让我信心倍增、动力十足。爱与情驱走了写作的寂寞与孤独，思想的火花在键盘的敲击声中慢慢生成。

每一本书都是自己心爱的孩子，充满作者的母爱情怀。作为母亲，当然希望自己的孩子非常优秀。但是受到种种限制，难免有些不尽人意的地方，所以，本书的些许纰漏犹如自己孩子的某些缺陷，虽然有些遗憾，但还是充满爱意。希望有幸读到本书的人也能体会。

这是我与中国社会科学出版社的第三次合作了，尤其是像我这种粗枝大叶的人，在校对工作上没少让编辑们费心，因此正是他们的工作才使得我的书最终变得更加精美、完善。感谢这些兢兢业业的幕后朋友们！

徐丽红

于德州学院学府家园

2013 年 6 月 6 日